# JavaScript Programmieren für Einsteiger

Paul Fuchs

Bibliografische Information der Deutschen Nationalbibliothek
Die Deutsche Nationalbibliothek verzeichnet diese Publikation in der Deutschen Nationalbibliografie;
detaillierte bibliografische Informationen sind im Internet über http://dnb.d-nb.de abrufbar.


www.bmu-verlag.de
support@bmu-verlag.de

Lektorat: Matthias Kaiser
Einbandgestaltung: Pro ebookcovers Angie
Druck und Bindung: Wydawnictwo Poligraf sp. zo.o. (Polen)

Taschenbuch-ISBN: 978-3-96645-019-5
Hardcover-ISBN: 978-3-96645-036-2
E-Book-ISBN: 978-3-96645-015-7

# JavaScript Programmieren für Einsteiger

# Inhaltsverzeichnis

Alle Programmcodes aus diesem Buch sind als PDF zum Download verfügbar. Dadurch müssen Sie sie nicht abtippen: https://bmu-verlag.de/books/javascript/

Außerdem erhalten Sie die eBook Ausgabe zum Buch im PDF Format kostenlos auf unserer Website:

https://bmu-verlag.de/books/javascript/
**Downloadcode:** siehe Kapitel 20

Kapitel 1

# Einleitung



Eine *Programmiersprache* zu erlernen, stellt eine spannende Aufgabe dar, die allerdings auch viel Zeit und ein erhebliches Durchhaltevermögen erfordert. Insbesondere wenn man gerade erst mit dem Programmieren anfängt und noch keine anderen Sprachen beherrscht, ist der Einstieg mit viel Mühe verbunden. JavaScript – die Programmiersprache, die hier behandelt wird – stellt dabei keine Ausnahme dar. Dieses Buch richtet sich jedoch speziell an Programmier-Anfänger. Selbst einfache Schritte werden dabei detailliert erklärt, sodass keine Verständnisschwierigkeiten auftreten sollten. Der erklärende Text wird durch zahlreiche Code-Beispiele ergänzt, die es erlauben, die Funktionen gleich auszuprobieren. Hinzu kommen Übungsaufgaben, die es ermöglichen, mit den erworbenen Fähigkeiten einfache Programme selbst zu entwerfen.

Bevor wir mit der praktischen Arbeit beginnen, sollen jedoch die wesentlichen Eigenschaften von JavaScript vorgestellt werden. Das ist wichtig, um die Anwendungsmöglichkeiten kennenzulernen und um zu wissen, was mit JavaScript alles möglich ist. Der Leser kann anhand dieser Informationen überprüfen, ob sich diese Programmiersprache für die eigenen Ziele eignet.

## 1.1 JavaScript: eine Programmiersprache für dynamische Internetseiten

Bei den meisten Programmiersprachen handelt es sich um sogenannte „General Purpose Languages“ („GPL“) – um Sprachen mit einem allgemeinen Anwendungsbereich. Damit ist es möglich, Desktop-Anwendungen und viele weitere Programme zu gestalten. JavaScript wird offiziell ebenfalls als GPL eingestuft. Allerdings ist der allgemeine Anwendungsbereich hierbei nur theoretischer Natur. Der wesentliche Einsatzzweck dieser Sprache besteht darin, dynamische Internetseiten zu erstellen.

Internetseiten wurden ursprünglich in HTML verfasst. Dabei handelt es sich jedoch um keine Programmiersprache, die einen Ablauf vorgeben und auf Eingaben des Anwenders reagieren kann. HTML ist eine reine *Auszeichnungssprache*, die verschiedene Elemente des Texts markiert. Diese Markierungen ermöglichen daraufhin eine passende Anordnung und ein ansprechendes Layout. Die Seiten sind jedoch statisch: Wenn der Server sie einmal ausgeliefert hat, sind keine Änderungen mehr möglich.

Als sich das Internet immer weiter ausbreitete, bestand bei vielen Webdesignern der Wunsch, dynamische Seiten zu erzeugen. Das bedeutet, dass diese nicht immer die gleichen Inhalte bereitstellen. Stattdessen sollen sie diese dynamisch erzeugen und an die aktuellen Anforderungen anpassen können. Für die Erzeugung dynamischer Internetseiten entstanden im Laufe der Zeit viele verschiedene Techniken. Eine von ihnen ist die Programmiersprache JavaScript. Die Funktionen, die sie anbietet, sind speziell auf diesen Anwendungsbereich ausgelegt. Sie stellt vielfältige Möglichkeiten bereit, um den Aufbau, das *Layout* und den Inhalt zu verändern. Aufgrund der hohen Spezialisierung konnte sich JavaScript in diesem Bereich durchsetzen und zählt mittlerweile zu den etablierten Web-Technologien.

Die Anwendungsmöglichkeiten für andere Bereiche waren jedoch lange Zeit nur theoretischer Natur. JavaScript enthält zwar viele Befehle, die man auch in Desktop-Anwendungen und in anderen Bereichen verwenden könnte. Allerdings stand keine passende Umgebung für die Umsetzung zur Verfügung. JavaScript wurde ausschließlich im Web-Browser ausgeführt und kam daher nur für Internetanwendungen zum Einsatz.

Aufgrund der großen Beliebtheit dieser Sprache hat sich der Anwendungsbereich jedoch inzwischen ausgeweitet. 2009 erschien beispielsweise Node.js. Dabei handelt es sich um eine Plattform, über die sich mit JavaScript *Serveranwendungen* programmieren lassen. Später kamen auch Entwicklungsumgebungen wie Electron oder NW.js hinzu, mit denen es möglich ist, Desktop-Anwendungen mit dieser Programmiersprache zu erstellen.



Dennoch bleiben Browser-Anwendungen das mit großem Abstand häufigste Einsatzgebiet von Javascript. In den übrigen Bereichen kommt die Sprache nach wie vor selten zum Einsatz. Daher empfiehlt sich dieses Buch in erster Linie für Leser, die lernen möchten, dynamische Webseiten zu gestalten. Wenn man hingegen Desktop- oder Serveranwendungen erstellen will, ist es sinnvoller, eine andere Programmiersprache auszuwählen. Auch die Anwendungsbeispiele in diesem Buch beziehen sich ausschließlich auf Browser-Anwendungen.

## 1.2 Die Entstehung von JavaScript

Die Entstehung von JavaScript ist eng mit der Entwicklung der Webbrowser verbunden. In den Anfangszeiten des Internets waren die Browser nur dazu in der Lage, Texte darzustellen. Das änderte sich 1993 mit der Entwicklung von NCSA Mosaic. Dieser Browser ermöglichte erstmals eine grafische Darstellung und trug erheblich zur Ausbreitung des Internets bei. Im Folgejahr entstand das Unternehmen Mosaic Communications, das viele der ursprünglichen Entwickler von NCSA Mosaic beschäftigte. Dieses entwarfen den neuen Webbrowser Mosaic Netscape, der Ende 1994 erschien. Trotz des ähnlich lautenden Namens handelte es sich dabei um eine vollständige Neuentwicklung. Um Rechtsstreitigkeiten mit dem Unternehmen NCSA, das den ersten Mosaic-Webbrowser entwickelt hatte, zu vermeiden, wurde dieser kurze Zeit später in „Netscape Navigator“ umbenannt.

Der Unternehmensgründer Marc Andreessen war jedoch überzeugt davon, dass die Entwicklung des Internets alleine mit statischen HTML-Seiten nur langsam voranschreiten würde. Daher entstand die Idee, eine weitere Sprache zu entwickeln, die es ermöglichen sollte, dynamische Inhalte im Internet darzustellen.

Die neue Sprache sollte die Seiten nicht eigenständig erzeugen. Die Idee bestand darin, sie in den HTML-Code zu integrieren, um diesen mit dynamischen Inhalten zu ergänzen. Die Anforderung an diese Sprache bestand außerdem darin, dass sie einfach zu erlernen sein muss. Das war notwendig, um die Anwendung Web-Designern, bei denen es sich meistens nicht um professionelle Programmierer handelt, schmackhaft zu machen. Außerdem entstehen viele Web-Projekte als private Initiativen. Dafür sind häufig Personen ohne große Programmier-Erfahrung verantwortlich. Damit diese die neue Technik ebenfalls nutzen können, ist ein einfacher Aufbau sehr wichtig.

1995 stellte Netscape Communications den Programmierer Brendan Eich ein. Dieser wurde mit der Entwicklung der neuen Programmiersprache beauftragt. Doch kam es bereits kurze Zeit später zu einer Kooperation mit Sun Microsystems. Dieses Unternehmen hatte die Programmiersprache „Java“ entwickelt und begann damit, sie für Webanwendungen einzusetzen. Trotzdem entschied Netscape Communications, die Entwicklung der neuen Programmiersprache voranzutreiben. Sie sollte jedoch keine Konkurrenz zu Java sein, sondern eine Ergänzung dazu. Diese Zusammenarbeit führte allerdings dazu, dass sich die neue Sprache hinsichtlich ihrer Syntax an Java orientierte. Die erste Version erschien 1995 unter der Bezeichnung „LiveScript“ und wurde im Netscape Navigator 2.0 umgesetzt.

Abgesehen von einigen syntaktischen Gemeinsamkeiten war LiveScript jedoch ganz anders aufgebaut als Java. Dennoch entschied sich das Unternehmen nur wenige Monate nach der Ersterscheinung, die Programmiersprache in „JavaScript“ umzubenennen. Dafür gab es jedoch keine technischen Gründe. Die Umbenennung diente lediglich dem Marketing, um von der großen Beliebtheit von Java zu profitieren. Die ähnliche Namensgebung führt jedoch noch heute manchmal zu Verwechslungen. Es ist daher stets wichtig, zu berücksichtigen, dass Java und JavaScript zwei vollkommen unterschiedliche Programmiersprachen darstellen.

## 1.3 Die Sicherheit bei JavaScript-Anwendungen

Wenn man sich mit JavaScript befasst, stößt man früher oder später auf den Aspekt der Sicherheit. Dieser spielt bei dieser Programmiersprache eine entscheidende Rolle. Das liegt daran, dass die Anwender hierbei ein Programm auf ihrem Computer ausführen, das meistens von einer für sie unbekannten Quelle stammt. Wenn man im Internet surft, dann trifft man dabei auf unzählige Seiten, deren Seriosität man nur schwer einschätzen kann. Daher besteht dabei immer die Möglichkeit, dass es sich um einen zwielichtigen Anbieter handelt, der versucht, sensible Daten zu entwenden oder den Computer lahmzulegen.



Wenn man ein Programm im Fachhandel kauft oder aus dem Internet herunterlädt, muss man die Installation immer zunächst bestätigen. Das *Betriebssystem* gibt dabei den Urheber des Programms an und fragt den Anwender, ob er dieses ausführen will. Dabei sollte man nur zustimmen, wenn die Software von einer vertrauenswürdigen Quelle stammt. Bei einem JavaScript-Programm ist der Ablauf jedoch ganz anders. Wenn man die Ausführung dieser Programmiersprache im Browser erlaubt hat, werden die Programme, die in die Webseiten eingefügt sind, automatisch ausgeführt. Dabei muss der Anwender keine gesonderte Zustimmung abgeben.

Das könnte für den Anwender sehr riskant sein. Auf diese Weise wäre es möglich, dass er einen *Virus* installiert oder zulässt, dass das Programm Daten entwendet. Aus diesem Grund gibt es ein spezielles Sicherheitssystem, das für einen zuverlässigen Schutz sorgt. Dieses wird als *„Sandbox"* bezeichnet. Das bedeutet, dass der Browser hierfür eine spezielle Umgebung schafft und diese von den übrigen Funktionen des Rechners abschirmt. JavaScript-Programme können daher nur Elemente verwenden, die der Browser ihnen zur Verfügung stellt. Es ist jedoch nicht möglich, auf das Dateisystem zuzugreifen. Das verhindert es beispielsweise, dass ein JavaScript-Programm Dateien ausliest. Das ist sehr wichtig, da es diese sonst ohne Zustimmung des Anwenders an einen beliebigen Server übermitteln könnte. Außerdem kann es keine Programme auf dem Computer installieren. Das beugt der Ausbreitung von Schadsoftware vor.

Die Sandbox sorgt zwar für eine hohe Sicherheit, allerdings schränkt sie die Möglichkeiten des Programmierers deutlich ein. In anderen Sprachen ist es beispielsweise üblich, neue Dateien zu erstellen, um Daten dauerhaft zu speichern. Das Programm liest diese dann beim Start ein, damit der Anwender auf die bereits bei vorherigen Sitzungen erstellten Werte zugreifen kann. Das ist aufgrund des Sandbox-Prinzips mit JavaScript jedoch nicht möglich – zumindest solange es sich um eine Browser-Anwendung handelt. Das ist bei der Konzeption derartiger Anwendungen stets zu berücksichtigen.

Obwohl das Sandbox-Prinzip bei der Ausführung von JavaScript-Programmen für eine gute Sicherheit sorgt, gibt es viele Anwender, die dennoch Bedenken haben. Aus Furcht vor Viren und anderen Schadprogrammen deaktivieren sie die Ausführung von JavaScript-Programmen daher vollständig. Diesen Aspekt muss der Programmierer bei der Gestaltung seiner Programme ebenfalls berücksichtigen. Wenn man eine Internetseite mit JavaScript erstellt, sollte man stets darauf achten, dass diese auch dann ausführbar sein muss, wenn der Anwender diese Programmiersprache deaktiviert hat. Falls man diesen Aspekt nicht berücksichtigt, schließt man zahlreiche Anwender von der Nutzung der Seite aus.

## 1.4 JavaScript und HTML

Ursprünglich bestanden Internetseiten aus Text, dessen einzelne Bestandteile mit HTML ausgezeichnet wurden. Diese Abkürzung steht für „Hypertext Markup Language“. Markup Language bedeutet übersetzt „Auszeichnungssprache“. Das sagt aus, dass es sich hierbei nicht um eine Programmiersprache handelt. Die HTML-Tags dienen lediglich dazu, die Funktion einzelner Textelemente festzulegen und der Seite auf diese Weise eine Struktur zu verleihen.

HTML-Seiten sind stets statisch. Das bedeutet, dass sie immer den gleichen Inhalt haben, unabhängig davon, wer die Seite aufruft und zu welchem Zeitpunkt dies geschieht. Eine individuelle Anpassung der Inhalte ist damit nicht möglich. In den Anfangszeiten des Internets, als dieses vorwiegend dazu diente, wissenschaftliche Informationen auszutauschen, war diese Funktionsweise ausreichend. Als es in den 90er Jahren eine immer größere Bedeutung für den Handel und für die Freizeitgestaltung erlangte, wurden jedoch schon bald die Grenzen dieser Technik deutlich.



Wie bereits in Kapitel 1.2 beschrieben, führten diese Einschränkungen von HTML zur Entwicklung von JavaScript und von weiteren Techniken, die eine dynamische Erzeugung von Webinhalten ermöglichen. Dabei ist es jedoch wichtig, zu beachten, dass JavaScript HTML nicht vollständig ersetzt. Vielmehr handelt es sich hierbei um eine Ergänzung zu dieser Auszeichnungssprache.

Das führt dazu, dass die JavaScript-Elemente stets in den HTML-Code eingefügt werden. Eine eigenständige Verwendung von JavaScript – ganz ohne HTML – ist nicht sinnvoll. Das bedeutet, dass ein JavaScript-Entwickler stets über solide HTML-Kenntnisse verfügen muss.

Dieses Lehrbuch setzt voraus, dass der Leser bereits die wichtigsten Grundlagen von HTML beherrscht. Wenn dies nicht der Fall ist, sollte man zunächst ein Lehrbuch zu diesem Thema lesen. Die Grundlagen von HTML sind jedoch innerhalb kurzer Zeit zu erlernen. Da es sich hierbei nicht um eine Programmiersprache, sondern um eine einfache Auszeichnungssprache handelt, sollte sich der Aufwand hierfür in Grenzen halten. Außerdem verwenden die Beispiele in diesem Buch einen möglichst einfachen HTML-Code. Daher sind nur die wichtigsten Grundkenntnisse erforderlich, um die Bedeutung zu verstehen.

## 1.5 Serverseitige und clientseitige Anwendungen

Um dynamische Internetseiten zu erstellen, ist es notwendig, ein Computerprogramm auszuführen und die Inhalte an die individuellen Anforderungen anzupassen. Dieses Programm kann an zwei unterschiedlichen Orten ausgeführt werden: entweder auf dem Server oder auf dem Rechner des Anwenders. Im ersten Fall spricht man von serverseitigen Programmierung, im zweiten Fall von clientseitigen Programmen.

Beide Alternativen weisen in der Praxis recht große Unterschiede auf. Bei der serverseitigen Programmierung erzeugt das Programm bei jedem Aufruf eine neue Seite. Daher kann es die Inhalte dynamisch anpassen. Dabei erstellt es jedoch reinen HTML-Code. Das bedeutet, dass die Seite statisch wird, sobald sie einmal ausgeliefert wurde. Daher sind danach keine Änderungen mehr möglich. Das dynamische Element der Seite besteht darin, dass die Inhalte bei der Erstellung individuell zusammengestellt werden. Dabei kann das Programm Werte aus *Datenbanken* verwenden und damit bei jedem Aufruf eine andere Seite erzeugen. Eingabewerte des Anwenders kann das Programm über Formularfelder aufnehmen. Allerdings ist es nicht möglich, die entsprechenden Werte direkt auf der Seite selbst zu verarbeiten. Wenn der Anwender das Formular abschickt, übermittelt er dem Server die eingegebenen Inhalte. Dieser wertet diese aus und gestaltet damit eine neue Seite. Das Ergebnis sendet er daraufhin wieder an den Anwender.

Bei clientseitigen Anwendungen übergibt der Server dem Besucher ein Programm, das dieser dann auf seinem eigenen Rechner ausführt. Das ermöglicht es, Seiten zu erstellen, die auch für den Endanwender dynamisch sind. Man kann hierbei die Eingaben des Nutzers direkt aufnehmen und weiterverarbeiten. Um die Ergebnisse anzuzeigen, ist es nicht notwendig, die Seite neu zu laden.

Die Verwendung serverseitig gestalteter Webseiten bietet viele Vorteile. Dazu zählt insbesondere der Zugriff auf Datenbanken und Dateien, die auf dem Server abgelegt sind. Das macht es möglich, Daten dauerhaft zu speichern. Bei einem Webshop ist es beispielsweise sehr wichtig, dass dieser die Bestellungen eines Kunden dauerhaft registriert. Eine clientseitige Programmierung wäre hierfür nicht geeignet. Ein weiterer Vorteil besteht in der erhöhten Sicherheit. Der Ersteller des Programms führt dieses auf seinem eigenen Server aus. Daher ist nicht davon auszugehen, dass er hier Schadsoftware verbreiten will. Wenn das Programm hingegen auf dem Browser des Anwenders ausgeführt wird, kann das Möglichkeiten für Angriffe bieten. Auch in umgekehrter Richtung besteht ein Sicherheitsrisiko. Der Anwender könnte das

Programm manipulieren, um fehlerhafte Ergebnisse an den Server zu übermitteln.

Die clientseitige Programmierung bietet hingegen den Vorteil, dass diese die spezifischen Einstellungen des Systems des Anwenders berücksichtigen kann. Wenn beispielsweise die Uhrzeit angezeigt werden soll, dann zeigt ein clientseitiges Programm stets den Wert der Zeitzone an, in der sich der Anwender befindet. Das ist bei der serverseitigen Programmierung nicht der Fall. Außerdem ist es möglich, die Werte immer wieder zu aktualisieren, ohne dass es erforderlich ist, die Seite neu zu laden. Darüber hinaus nimmt bei der clientseitigen Programmierung der Datenverkehr ab, da ein Austausch zwischen Server und Client deutlich seltener notwendig ist. Das ist insbesondere bei langsamen Netzwerken oder bei sehr umfangreichen Programmen von Bedeutung.

JavaScript kommt fast immer für die clientseitige Programmierung zum Einsatz. Zwar gibt es mittlerweile auch Umgebungen, die serverseitige JavaScript-Anwendungen erlauben, doch ist das bislang sehr selten. Aufgrund der genannten Vor- und Nachteile kommt JavaScript vorwiegend für Bereiche zum Einsatz, in denen die Sicherheit nur eine untergeordnete Rolle spielt. Auch wenn es notwendig ist, die Werte dauerhaft abzuspeichern, stellt JavaScript in der Regel nicht das richtige Mittel dar. Diese Programmiersprache kommt in der Praxis in erster Linie für gestalterische Elemente zum Einsatz. Sie bietet sich auch für in die Webseite integrierte Funktionen an – beispielsweise für einen Währungsrechner. Außerdem kommt JavaScript häufig zur Validierung der Daten eines Formularfelds zum Einsatz – solange diese nicht sicherheitsrelevant ist.

In der Praxis ist es üblich, sowohl die server- als auch die clientseitige Programmierung gemeinsam zu verwenden. Für serverseitige Skripte kommt meistens die Programmiersprache PHP zum Einsatz. Mit deren Hilfe werden HTML-Dokumente erstellt. Dabei ist es jedoch möglich, auch JavaScript-Elemente einzufügen, sodass eine Mischung aus beiden Alternativen besteht.

Sehr beliebt ist außerdem AJAX. Diese Abkürzung steht für „Asychronous JavaScript and XML". Mit dieser Technik ist es möglich, Daten zwischen dem Server und dem Client auszutauschen, ohne dass dafür die Seite komplett neu erstellt werden muss. Auch hierbei handelt es sich um eine Verbindung zwischen serverseitiger und clientseitiger Programmierung. JavaScript stellt hierfür eine wichtige Grundlage dar.

## 1.6 Für wen bietet es sich an, JavaScript zu erlernen?

Die vorhergehenden Abschnitte haben bereits deutlich umrissen, worin das wesentliche Anwendungsgebiet von JavaScript besteht. Diese Programmiersprache dient in erster Linie dazu, clientseitig programmierte dynamische Internetseiten zu erstellen. Ihr Einsatzgebiet ist sehr spezifisch – für andere Aufgaben kommt sie nur äußerst selten zum Einsatz. Daher eignet sich diese Programmiersprache in erster Linie für Personen, die genau in diesem Bereich aktiv werden möchten. JavaScript zu lernen, bietet sich daher vorwiegend für Webdesiger an. Die Sprache gibt die Möglichkeiten, dem Layout der Seite dynamische Elemente hinzuzufügen und weitere Funktionen zu integrieren.

Personen, die JavaScript lernen, verfügen normalerweise bereits über einige Erfahrung im Bereich der Erstellung statischer Internetseiten. Der Grund dafür liegt zum einen darin, dass es sich hierbei um eine sinnvolle Weiterbildungsmaßnahme handelt, die die bereits bestehenden Fähigkeiten optimal ergänzt. Zum anderen sind solide HTML-Kenntnisse eine wichtige Voraussetzung, um mit JavaScript zu arbeiten. Personen, die schon über Erfahrungen bei der Erstellung statischer HTML-Seiten verfügen, bringen daher alle notwendigen Grundlagen mit.

In den bisherigen Abschnitten wurde erwähnt, dass es mittlerweile auch Entwicklungsumgebungen gibt, die es zulassen, JavaScript-Programme für Server- oder Desktop-Anwendungen zu erstellen. Das widerspricht in gewisser Weise der Aussage, dass sich das Erlernen von

JavaScript ausschließlich für Personen eignet, die im Bereich des Webdesigns arbeiten möchten. Allerdings ist es dabei wichtig, zu beachten, dass die Verwendungsmöglichkeiten außerhalb der Browser-Anwendungen bislang stark eingeschränkt sind. Wer das Ziel hat, Server- oder Desktop-Anwendungen zu erstellen, sollte daher besser von Anfang an eine andere Programmiersprache auswählen. Die genannten Möglichkeiten eignen sich in erster Linie für Personen, die bereits über gute JavaScript-Kenntnisse verfügen und sich neue Anwendungsfelder eröffnen möchten, ohne auf eine neue Programmiersprache umzusteigen.

Ein weiterer Punkt, der JavaScript von vielen anderen Programmiersprachen abhebt, ist die Komplexität der damit erstellten Programme. JavaScript zeichnet sich im Bereich der Browser-Anwendungen dadurch aus, dass die Programme innerhalb einer Sandbox ablaufen. Das bedeutet, dass sie keinen Zugriff auf Funktionen des Betriebssystems haben. Auch der Zugang zur Hardware oder zu Netzwerken ist nicht möglich. Der wesentliche Verwendungszweck von JavaScript besteht in der Erstellung von dynamischen Design-Elementen und kleinen in die Webseite integrierten Anwendungen. Die Komplexität solcher Programme ist meistens gering. Daher handelt es sich bei JavaScript-Entwicklern häufig um Fachkräfte die keine studierten Informatiker sind. Vielmehr spielen gestalterische Aspekte eine wichtige Rolle. Daher handelt es sich hierbei häufig um Designer, die sich zusätzlich zu ihren eigentlichen Aufgaben die entsprechenden Programmierkenntnisse aneignen.

Kapitel 2

# Die Vorbereitungsmaßnahmen

Bevor man damit beginnen kann, Programme in JavaScript zu erstellen, ist es notwendig, den Computer auf diese Aufgabe vorzubereiten. Für die Entwicklung eines Programms sind grundsätzlich zwei Elemente erforderlich. Zum einen ist ein *Text-Editor* notwendig, um den *Quellcode* zu erstellen. Wenn das Programm abgeschlossen ist, ist zum anderen eine spezielle Software für die Ausführung erforderlich.

Beim Quellcode handelt es sich um Informationen in Textform. Damit daraus ein Programm wird, ist es jedoch notwendig, den Text in die *Maschinensprache* zu übersetzen. Diese ist für den Prozessor lesbar, sodass dieser die entsprechenden Befehle ausführen kann. Für die Übersetzung gibt es zwei Möglichkeiten. Entweder kommt dafür ein Compiler zum Einsatz, der aus dem Code ein ausführbares Programm in Maschinensprache erstellt. Dieses kann man dann ohne weitere Hilfsmittel ausführen. Eine andere Möglichkeit besteht darin, das Programm während der Laufzeit zu interpretieren. Das bedeutet, dass die Übersetzung bei jeder Ausführung aufs Neue stattfindet. Das Programm ist nur dann ausführbar, wenn ein entsprechender *Interpreter* auf dem Computer installiert ist. Bei JavaScript handelt es sich um eine interpretierte Sprache. Der Interpreter, der dafür zum Einsatz kommt, sollte jedoch auf den meisten Computern bereits installiert sein. Hierbei handelt es sich um einen gewöhnlichen Webbrowser.

## 2.1 Der Webbrowser: unverzichtbar für die Ausführung von JavaScript-Programmen

Um die Programme in diesem Buch auszuführen, ist ein Webbrowser notwendig. Dabei ist lediglich darauf zu achten, dass dieser JavaScript unterstützen muss. Das ist heutzutage jedoch bei allen gängigen Modellen der Fall – von Google Chrome über Mozilla Firefox bis hin zu Microsoft Edge und vielen weiteren.

Jeder dieser Webbrowser eignet sich für die Ausführung von JavaScript Programmen. Die Auswahl bleibt dabei dem Leser überlassen. Bei der Erstellung dieses Buchs kam der Browser Chrome von Google zum Einsatz. Das bedeutet, dass die Screenshots zu den Programmbeispielen mit diesem Browser erstellt sind. Grundsätzlich kann der Leser jedoch auch gerne ein anderes Modell verwenden. Dabei muss lediglich beachtet werden, dass es dabei zu minimalen Unterschieden in der Darstellung der grafischen Elemente der Programme kommen kann. Das sollte allerdings in der Regel kein Problem darstellen. Wer Wert auf eine genaue Übereinstimmung legt, sollte jedoch den gleichen Browser verwenden. Wenn dieser noch nicht auf dem Computer installiert ist, kann man ihn ganz einfach gratis im Internet unter https://www.google.com/chrome/ herunterladen.



Aus Sicherheitsgründen bieten alle Browser die Möglichkeit, Javascript zu deaktivieren. In diesem Fall lassen sich die Programme selbstverständlich nicht ausführen. Deshalb ist es wichtig, diesen Punkt zu überprüfen und gegebenenfalls JavaScript zu aktivieren. In Google Chrome findet man diese Möglichkeit unter den erweiterten Einstellungen:

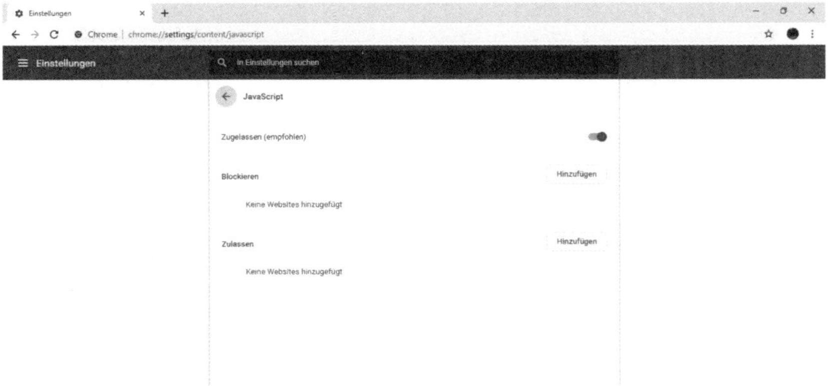


**Abb. 2.1** Die Ausführung von JavaScript zulassen

## 2.2 Der Texteditor für die Erstellung des Programmcodes

Um den Quellcode zu verfassen, ist ein Texteditor notwendig. Dabei handelt es sich um eine Software, die die Inhalte als reinen Text abspeichert. Das stellt einen wesentlichen Unterschied zu Textverarbeitungsprogrammen wie Microsoft Word dar. Diese speichern neben dem eigentlichen Text noch vielfältige weitere Informationen zum Layout ab. Daher sind sie zum Programmieren vollkommen ungeeignet. Wenn man einen mit Word erstellten Code mit einem Browser ausführen will, kommt es zu einem Fehler. Daher ist es unbedingt notwendig, einen passenden Texteditor zu verwenden.

Die meisten Betriebssysteme verfügen bereits über einen integrierten Texteditor. Bei einem Windows-Rechner ist dies beispielsweise der Microsoft Editor – auch unter dem Namen „NotePad" bekannt. Bei Linux ist je nach Distribution häufig Gedit oder Kate vorinstalliert. Mit diesen Programmen wäre es grundsätzlich möglich, JavaScript-Programme zu erstellen. Allerdings sind die Funktionen dabei stark eingeschränkt. Insbesondere der Microsoft Editor bietet nur einen minimalen Funktionsumfang. Das macht das Programmieren damit sehr schwierig. Aus diesem Grund ist es insbesondere für Windows-Nutzer sehr zu empfehlen, einen zusätzlichen Texteditor für das Programmieren mit JavaScript zu installieren.

Dieser bietet zahlreiche hilfreiche Funktionen. Bereits wenn man das erste Programm erstellt, fällt auf, dass dabei die einzelnen Bestandteile des Quellcodes unterschiedliche Farben erhalten. Das dient dazu, die verschiedenen Schlüsselbegriffe hervorzuheben. Das ermöglicht einen übersichtlicheren Code. Diese Funktion wird als Syntax-Highlighting bezeichnet. Darüber hinaus erzeugen hochwertige Texteditoren automatische Einrückungen. Wenn später Schleifen, Funktionen oder if-Abfragen in ein Programm eingefügt werden, stellen diese eine abgeschlossene Einheit dar. Um dies deutlich zu machen, rückt der Texteditor sie automatisch ein. Auch das trägt zur Übersichtlichkeit des Quellcodes bei. Wenn man diese Einheiten abgeschlossen hat, kann man sie auch einklappen. Das bedeutet, dass ihr Inhalt nicht mehr angezeigt wird. Das sorgt für eine kürzere Darstellung, die es erleichtert, die wesentlichen Bestandteile des Programms zu erkennen. Bei Bedarf kann man diese jedoch auch jederzeit wieder ausklappen.



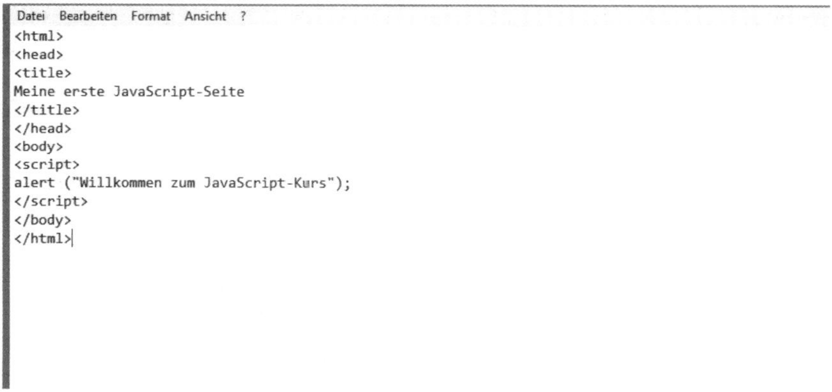


**Abb. 2.2** Programmcode mit dem Microsoft Editor

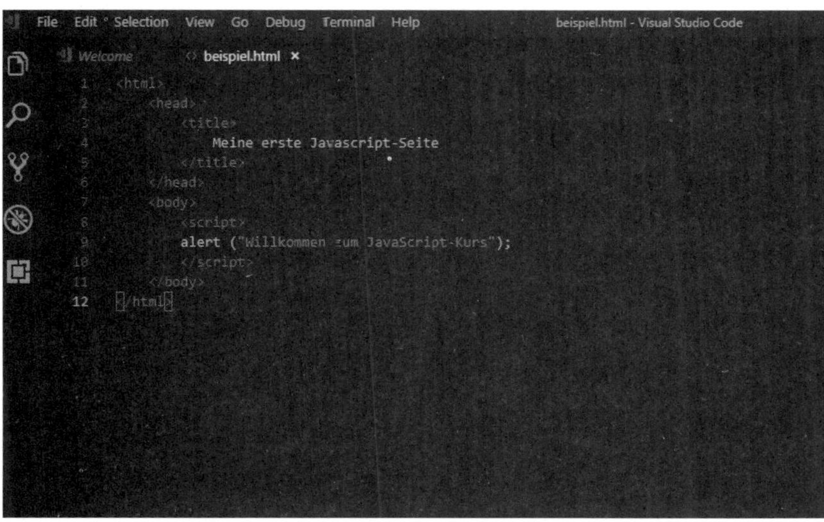


**Abb. 2.3** Der gleiche Code mit Syntax-Highlighting und automatischen Einrückungen

Die Funktionen des Texteditors beschränken sich jedoch nicht nur auf die Erzeugung eines übersichtlichen Codes. Darüber hinaus ist in der Regel eine Autofill-Funktion integriert. Das bedeutet, dass der Programmierer seine Eingaben automatisch vervollständigen kann. Sobald man die ersten Buchstaben eines Befehls eintippt, erscheint eine Auswahlliste mit den möglichen Optionen. Das beschleunigt nicht nur die Erstellung des Codes, sondern es lassen sich auf diese Weise außerdem viele Fehler vermeiden, die entstehen können, wenn man den Code von Hand eingibt.

Besonders praktisch ist es, eine *integrierte Entwicklungsumgebung* zu verwenden. Nach der englischen Bezeichnung „Integrated Development Environment" wird diese häufig als „IDE" abgekürzt. Diese bietet noch viele weitere praktische Funktionen. Beispielsweise kann man damit den Code mit einem einzigen Mausklick ausprobieren. Insbesondere während der Entwicklungsphase sorgt das für eine erhebliche Arbeitserleichterung. Darüber hinaus sind dabei in der Regel Instrumente für das *Debugging* enthalten. Diese dienen dazu, Fehler im Programm zu entdecken.

Aufgrund der genannten Vorteile soll für die Entwicklung der Programme in diesem Buch eine IDE zum Einsatz kommen. Hierfür gibt es viele verschiedene Angebote. Die Wahl fällt dabei auf Visual Studio Code (nicht zu verwechseln mit der ebenfalls von Microsoft entwickelten IDE Visual Studio). Diese IDE unterstützt JavaScript und ist außerdem gratis erhältlich. Darüber hinaus nimmt die Software nur wenig Speicherplatz in Anspruch und läuft auch auf Rechnern mit einer geringen Hardwareausstattung sehr gut. Visual Studio Code steht unter folgendem Link zum Download bereit:

https://bmu-verlag.de/js1

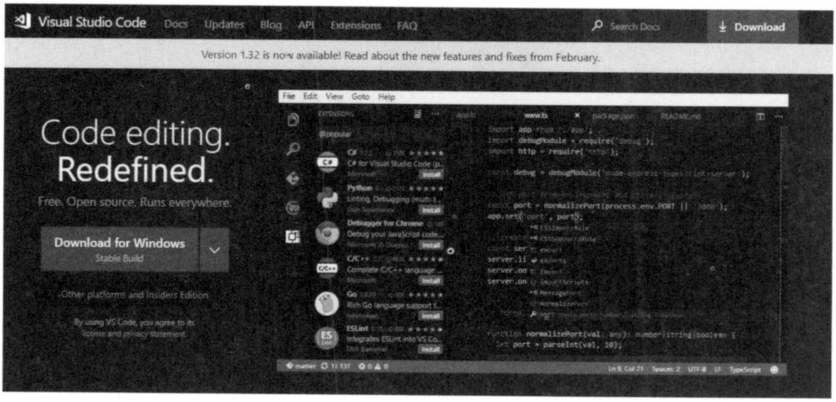


**Abb. 2.4** Die Download-Seite von Visual Studio Code

Nach dem Download öffnet sich der Installations-Assistent für diese Software. Dabei ist es ausreichend, alle Standard-Einstellungen zu übernehmen und das Programm auf diese Weise zu installieren. Bereits nach wenigen Sekunden sollte dann ein hochwertiger Texteditor für die Entwicklung von JavaScript-Programmen zur Verfügung stehen.

Kapitel 3

# Die ersten Schritte mit Javascript

Wenn ein Webbrowser und ein Texteditor auf dem Computer installiert sind, kann es mit dem Programmieren losgehen. Im ersten Schritt werden dabei einige Programme erzeugt, die typische JavaScript-Funktionen vorstellen. Dabei werden nicht alle Details des Codes erklärt. Das wäre für den Anfänger noch etwas zu kompliziert. Vielmehr geht es dabei darum, die Anwendungsmöglichkeiten dieser Programmiersprache vorzustellen. So kann sich der Leser ein genaueres Bild davon machen. Diese Beispielprogramme sollen einen praktischen Überblick darüber verschaffen, was mit JavaScript alles möglich ist. Erst danach wird die Erstellung eines JavaScript-Programms von Grund auf erklärt. Dabei werden alle Einzelheiten des Quellcodes erörtert, sodass der Leser bei jedem Befehl genau versteht, welche Funktion dieser ausführt. Damit der Einstieg möglichst leicht fällt, kommen dabei sehr einfache Beispielprogramme zum Einsatz.

## 3.1 Anwendungsbeispiele: Was kann JavaScript?

Dieser Abschnitt stellt einige Anwendungsbeispiele von JavaScript vor. Auf diese Weise kann der Leser sich zu Beginn ein genaueres Bild davon machen, was mit JavaScript alles möglich ist. Die einzelnen Befehle der Beispielprogramme werden an dieser Stelle jedoch nicht erläutert. Es geht hierbei lediglich darum, die Funktionen kennenzulernen. Detaillierte Beschreibungen zu den einzelnen Kommandos folgen im weiteren Verlauf dieses Buches.

Dennoch stellt es eine sinnvolle Übung dar, den Code abzutippen und ihn selbst auszuprobieren. Dazu ist es notwendig, die IDE Visual Studio Code zu öffnen. Danach kann man den Beispielcode eingeben. Zum Abschluss muss man das Programm abspeichern. Es muss genau wie gewöhnliche HTML-Dateien die Endung **.html** oder **.htm** erhalten. Wenn man die Datei im entsprechenden Ordner anklickt, erscheint beim ersten Versuch eine Auswahlliste mit den möglichen Optionen zum Öffnen. Hierbei muss man einen Webbrowser auswählen und diese Auswahl abspeichern. Daraufhin wird bei jedem weiteren Öffnen der Datei automatisch der Webbrowser für die Ausführung gewählt.



Das erste Programm soll zeigen, dass es mit JavaScript möglich ist, Textinhalte auf einer Seite zu verändern:

```
<html>
    <body>
        <h2>HTML-Inhalte verändern</h2>
        <p id ="absatz">Ursprünglicher Text</p>
        <button type = "button" onclick = "document.
        getElementById('absatz').innerHTML =
        'Veränderter Inhalt'">Inhalt ändern</button>
    </body>
</html>
```

**Anmerkung:** Da die einzelnen Zeichen in der Druckversion nur schwer zu erkennen sind, wird darauf hingewiesen, dass nach dem Wort „Inhalt" zunächst ein einfaches und danach ein doppeltes Anführungszeichen steht.

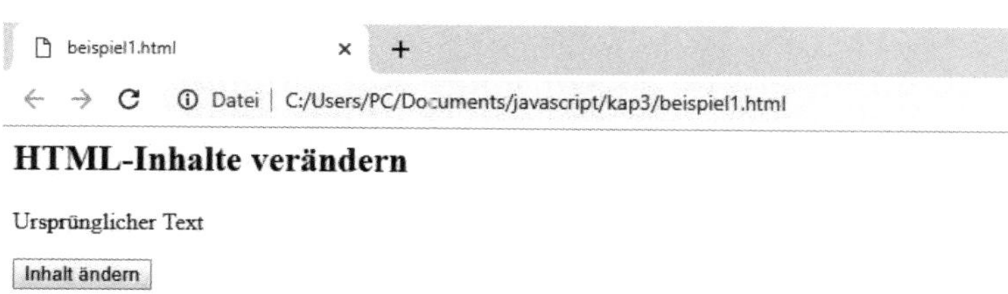


**Abb. 3.1** Die ursprüngliche Seite

Wenn man dieses Programm ausführt, erscheint zunächst der ursprüngliche Text auf der Seite. Wenn man jedoch den Button darunter anklickt, ändert das JavaScript-Programm den Inhalt dieses HTML-Elements, sodass ein neuer Text angezeigt wird:

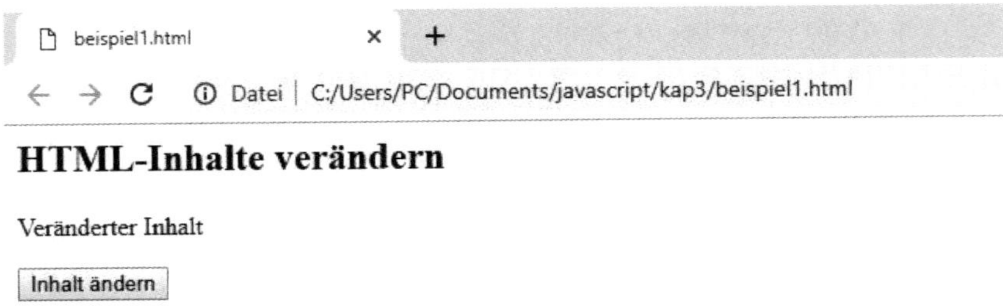


**Abb. 3.2** Die Seite nach dem Klick auf den Button

Das zweite Beispiel zeigt, dass man mit Javascript auch das Layout einer Seite beeinflussen kann:

```
<html>
    <body>
        <h2>Das Layout verändern</h2>
        <p id ="absatz">Text</p>
        <button type = "button" onclick = "document.
        getElementById('absatz').style.color =
        'red'">Farbe ändern</button>
    </body>
</html>
```

Wenn man das Programm aufruft, erscheint der Text zunächst in schwarzer Farbe. Wenn man auf den Button klickt, wird er jedoch in Rot angezeigt. Dieses Beispiel zeigt, dass man mit JavaScript nicht nur HTML-Elemente verändern kann. Darüber hinaus ist es möglich, auch

Einfluss auf die Layout-Vorgaben zu nehmen, die mit CSS definiert werden.



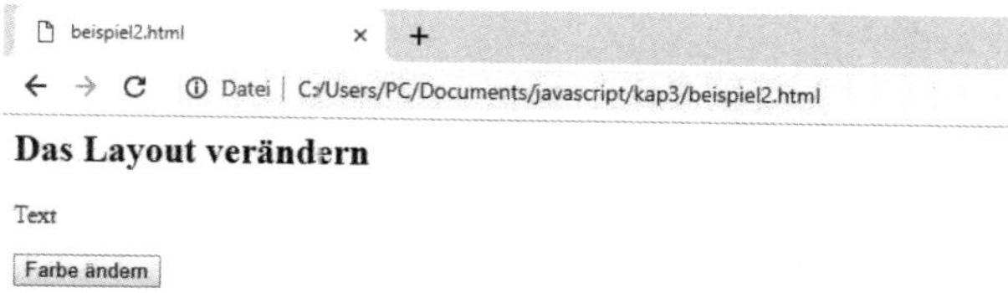


**Abb. 3.3** Der Text erscheint nach dem Klick auf den Button in roter Farbe

JavaScript macht es auch möglich, Grafiken zu beeinflussen. Das zeigt das folgende Programm:

```
<html>
    <body>
        <h2>Grafiken auswechseln</h2>
        <button onclick="document.getElementById('meinBild').
        src='bild1.gif'">Bild 1</button>
        <img id="meinBild" src="bild1.gif">
        <button onclick="document.getElementById('meinBild').
        src='bild2.gif'">Bild 2</button>
    </body>
</html>
```

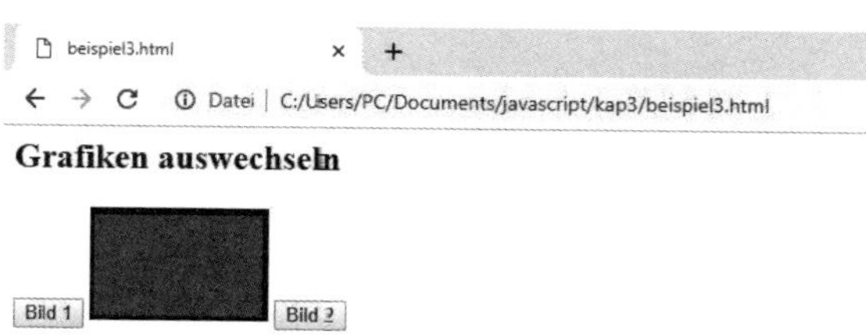


**Abb. 3.4** Die Darstellung des roten Rechtecks (bild1.gif)

Damit dieses Programm funktioniert, ist es notwendig, dass im gleichen Ordner wie diese Datei zwei Grafiken abgespeichert sind – eine unter dem Namen **„bild1.gif"** und die andere unter der Bezeichnung **„bild2.gif"**. Für dieses Beispiel wurden ein rotes und ein grünes Rechteck erstellt. Um die Funktionsweise selbst zu überprüfen, ist es jedoch möglich, beliebige Fotos oder Grafiken zu verwenden – solange man diese unter der entsprechenden Bezeichnung abspeichert.

Wenn man nun auf den Button mit der Aufschrift „Bild 2" drückt, tauscht JavaScript die Grafik aus und das grüne Rechteck erscheint.

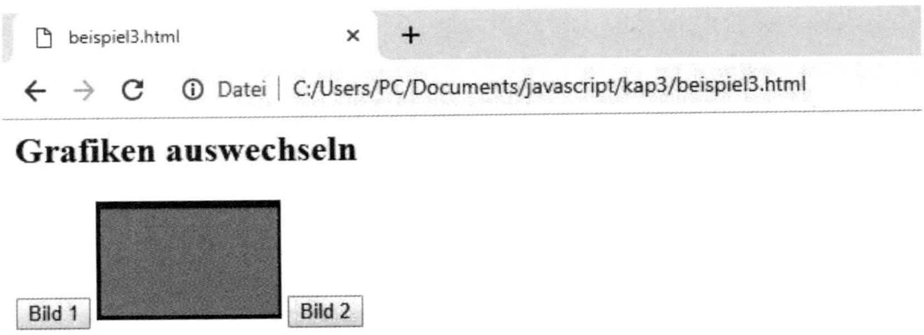


**Abb. 3.5** Die Darstellung des grünen Rechtecks (**bild2.gif**)

Das letzte Beispiel zeigt, dass JavaSript auch manche Betriebssystemfunktionen nutzen kann. Dazu wird die Funktion `Date()` verwendet. Wenn man den Button betätigt, zeigt diese die aktuelle Zeit in der Zeitzone des Anwenders an:

```
<html>
    <body>
        <h2>Auf Betriebssystem-Funktionen zugreifen</h2>
        <p id ="absatz">Hier erscheint gleich das Datum</p>
        <button type = "button" onclick = "document.
        getElementById('absatz').innerHTML =
       Date()">Datum anzeigen</button>
    </body>
</html>
```

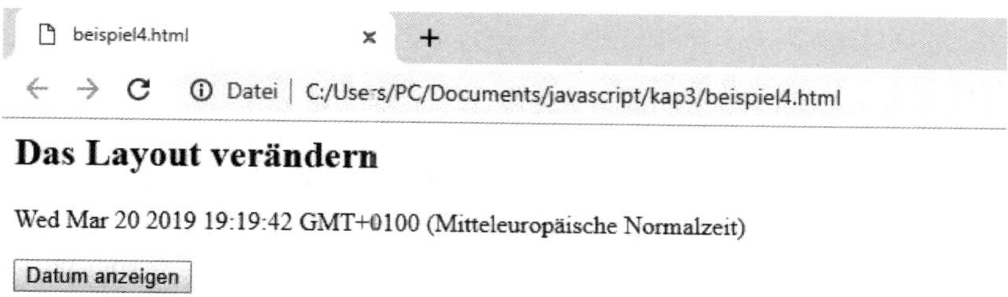


**Abb. 3.6** Die Ausgabe des Datums

## 3.2 Ein Hallo-Welt-Programm mit JavaScript erstellen

Die meisten Lehrbücher, die Anfängern das Programmieren beibringen, beginnen mit einem „Hallo Welt-Programm“ – ganz unabhängig davon, um welche Programmiersprache es sich dabei handelt. Dieses stellt in der Regel die einfachste Möglichkeit dar, um ein Programm in der entsprechenden Sprache zu erzeugen. Seine Funktion besteht lediglich darin, eine kurze Nachricht auszugeben. Diese lautet meistens „Hallo Welt!“ – beziehungsweise auf Englisch „Hello World!“.

Der Sinn dieses Hallo-Welt-Programms besteht darin, die Grundlagen der entsprechenden Programmiersprache kennenzulernen. Dabei muss der Anwender sich nur mit einem einzigen Befehl befassen, sodass der Einstieg leicht fällt. Dabei geht es in erster Linie darum, die Strukturen kennenzulernen, die bei jedem Programm zu beachten sind.

Wenn man ein Hallo-Welt-Programm mit JavaScript erstellen will, dann hat man dabei mehrere Alternativen für die Ausgabe. Eine Möglichkeit besteht darin, den Ausgabetext in den Quellcode der HTML-Seite einzubetten. In diesem Fall erscheint er direkt auf der entsprechenden Seite.

Es gibt jedoch noch einen anderen Befehl, der genauso einfach zu verwenden ist. Dieser fügt den Text nicht in die bestehende Seite ein. Stattdessen öffnet er ein kleines Fenster und gibt ihn hier aus. Diese Funktion zeigt auf den ersten Blick, dass JavaScript viele zusätzliche Möglichkeiten bietet, die mit reinem HTML nicht verfügbar sind. Daher soll unser Hallo-Welt-Programm in JavaScript gleich diese erweiterte Funktion nutzen. Es soll nicht nur die entsprechende Nachricht ausgeben, sondern diese in einem eigenen kleinen Fenster anzeigen. Hierfür dient der `alert`-Befehl.

Um mit der Arbeit zu beginnen, ist es jedoch zunächst notwendig, eine einfache HTML-Seite zu erstellen. Wie in der Einleitung bereits geschrieben, werden für dieses Buch grundlegende HTML-Kenntnisse vorausgesetzt. Daher sollte es keine Probleme bereiten, den Aufbau der folgenden Seite zu verstehen:

```
<html>
    <head>
        <title>
            Meine erste Javascript-Seite
        </title>
    </head>
    <body>

    </body>
</html>
```

Grundsätzlich sei erwähnt, dass in diesem Lehrbuch stets ein sehr einfacher HTML-Code verwendet wird. Der Fokus liegt dabei auf den JavaScript-Elementen. Um eine komplette Seite zu erzeugen, sind in diesem Beispiel auch `head`- und `title`-Tags enthalten. Darauf wird in den folgenden Beispielen jedoch häufig ebenfalls verzichtet, um diese so einfach wie möglich zu gestalten. Lediglich wenn man die entsprechenden Inhalte mit JavaScript beeinflussen will, werden diese aufgeführt.



Die Beispielseite enthält zwar einen Titel, der `body`-Bereich ist jedoch noch leer. An dieser Stelle soll nun der JavaScript-Code eingefügt werden. Dieser muss stets mit dem `script`-Tag eingeführt werden. Daran erkennt der Browser, dass es sich hierbei um ein JavaScript-Programm handelt, dessen Befehle er ausführen muss.

Früher musste innerhalb des `script`-Tags das *Attribut* `type="text/javascript"` stehen. In vielen älteren Lehrbüchern und Codebeispielen ist dieses noch zu finden. Mittlerweile ist das jedoch nicht mehr notwendig. Daher ist ein einfaches `script`-Tag ohne weitere Attribute ausreichend, um den JavaScript-Code kenntlich zu machen.

In die `script`-Tags muss man dann den `alert`-Befehl einfügen. Dieser erzeugt eine kleine Info-Box. Danach steht eine Klammer, in die man – innerhalb von Anführungszeichen – einen beliebigen Text einfügen kann. Dieser wird dann im entsprechenden Fenster angezeigt.

```
<script>
	alert ("Hallo Welt!");
</script>
```

In diesem Beispiel steht nach dem Befehl ein Semikolon – wie in vielen anderen Programmiersprachen üblich. Das ist in JavaScript jedoch optional, wenn danach ein Zeilenumbruch folgt. Daher könnte man dieses Zeichen hier auch weglassen. Nur wenn man zwei Befehle in die gleiche Zeile schreiben will, ist es notwendig, diese durch ein Semikolon voneinander zu trennen. Wenn man den Java-

Script-Code nun in das HTML-Dokument einfügt, ergibt sich folgender Inhalt:

```
<html>
    <head>
        <title>
            Meine erste Javascript-Seite
        </title>
    </head>
    <body>
        <script>
        alert ("Hallo Welt!");
        </script>
    </body>
</html>
```

Damit ist das Hallo-Welt-Programm bereits abgeschlossen. Nun muss man es noch abspeichern – wie schon erwähnt immer mit der Endung .html oder .htm. Wenn man dieses anschließend im Browser aufruft, erscheint die entsprechende Nachricht in einer kleinen Info-Box:

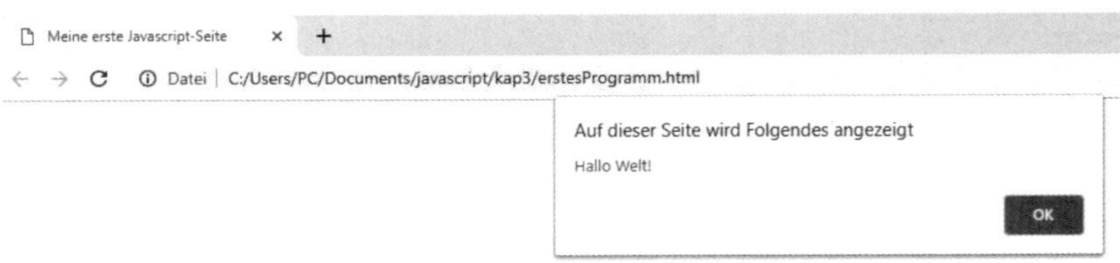


**Abb. 3.7** Die Ausgabe der Seite

## 3.3 Kommentare für ein einfacheres Verständnis des Codes

Wenn man den Quellcode eines Programms betrachtet, ist es häufig auf den ersten Blick schwierig, die genaue Funktionsweise zu verstehen. Wenn der Programmierer den Code erstellt, weiß er selbstverständlich, welchen Zweck dieser erfüllen soll. Allerdings kommt es immer wieder vor, dass er später daran noch Veränderungen vornehmen muss. Dazwischen können mehrere Jahre vergehen, sodass er sich nicht mehr genau daran erinnert, welche Aufgabe ein bestimmter Programmteil erfüllt. Darüber hinaus kommt es immer wieder vor, dass auch andere Programmierer Veränderungen vornehmen oder Erweiterungen hinzufügen.

In diesen Fällen wäre es notwendig, den Code Zeile für Zeile zu lesen und dabei jedes Mal genau zu überlegen, welcher Zweck damit erfüllt werden soll. Das ist jedoch sehr aufwendig und außerdem können dabei immer wieder Fehler auftreten.



Um diese Probleme zu vermeiden, ist es in fast allen Programmiersprachen möglich, *Kommentare* einzufügen. Dabei handelt es sich um Text, der zur Erklärung des Programmcodes dient. Er hat allerdings keinerlei Auswirkungen auf dessen Ablauf. Auf diese Weise kann der Programmierer ganz einfach festhalten, welche Aufgaben ein bestimmter Abschnitt des Programms erfüllt. Kommentare sind sehr hilfreich, um das Verständnis des Codes zu erleichtern.

Damit der eingefügte Text keinen Einfluss auf den Ablauf des Programms nimmt, ist es notwendig, ihn entsprechend zu kennzeichnen. In JavaScript gibt es hierfür zwei verschiedene Möglichkeiten. Diese sind genau die gleichen wie in Java, C++ und in vielen weiteren Programmiersprachen.

Zum einen ist es möglich, einen einzeiligen Kommentar einzufügen. Um diesen zu kennzeichnen, ist ein doppelter Schrägstrich notwendig (//). Es ist möglich, vor diesen Zeichen JavaScript-Code zu schreiben. Dieser wird wie gewohnt ausgeführt. Alles, was danach steht, wird bei der Ausführung jedoch nicht berücksichtigt. Es ist nicht möglich, den Kommentar abzuschließen, um danach weiteren Code anzubringen. Dieser kann erst in einer neuen Zeile stehen.

Darüber hinaus ist es möglich, mehrzeilige Kommentare zu verwenden. Diese verfügen jeweils über eine eigene Zeichenfolge, um den Anfang und das Ende zu markieren. Um den Beginn des Kommentars zu kennzeichnen, kommt der Schrägstrich gefolgt vom Stern-Symbol (/*) zum Einsatz. Der Schluss des Kommentars wird durch die gleichen

Symbole markiert – allerdings in umgekehrter Reihenfolge (*/). Obwohl diese Form der Kennzeichnung normalerweise für mehrzeilige Kommentare zum Einsatz kommt, wäre es damit auch möglich, eine einzelne Zeile als Kommentar zu kennzeichnen. Man könnte sogar nur einen Teil der Zeile als Kommentar deklarieren und danach mit dem Code fortfahren. Diese Vorgehensweise ist jedoch unüblich und daher nicht zu empfehlen.

Bei der Verwendung von JavaScript-Kommentaren ist es wichtig, darauf zu achten, dass diese nur innerhalb des `script`-Tags gültig sind. Setzt man sie außerhalb, stellen sie Teil des HTML-Codes dar. Hier werden sie jedoch nicht als Kommentare erkannt, sodass der Inhalt auf der Seite erscheint. Um Kommentare innerhalb des HTML-Codes anzubringen, ist eine andere Kennzeichnung notwendig: <!-- für den Startpunkt und --> für den Endpunkt. Das folgende Codebeispiel zeigt nochmals das gleiche Programm aus dem vorherigen Abschnitt – dieses Mal allerdings mit verschiedenen Kommentaren.

```
<html>
    <head>
        <title>
            Meine erste Javascript-Seite
        </title>
    </head>
    <body>
        <script>
        /*
        Dieses Programm dient als einfaches Beispiel, um eine Nachricht
        in einer Info-Box
        Auszugeben. Zu diesem Zweck stellt es den alert-Befehl vor.
        */
        alert ("Hallo Welt!");
        //Nach der Erzeugung des Fensters folgen keine weiteren
        //Inhalte.
        </script>
        <!--Hier geht der HTML-Code weiter. Daher ist ein HTML-
        Kommentar notwendig.-->
    </body>
</html>
```

Im weiteren Verlauf dieses Buchs werden immer wieder Kommentare zum Einsatz kommen. In einem einfachen Programm wie in diesem Beispiel wäre dies sicherlich notwendig. Man würde den Code auch ohne diese Hilfe problemlos verstehen. Wenn jedoch später etwas längere Programme entstehen, sind diese Anmerkungen sehr nützlich.

Kommentare spielen nicht nur eine wichtige Rolle für das Verständnis des Codes. Darüber hinaus sind sie auch während der Entwicklung von großer Bedeutung. Dabei treten immer wieder Situationen auf, in denen ein bestimmter Teil des Programms noch nicht funktionsfähig ist, weil dafür zunächst ein weiterer Bereich programmiert werden muss. Das ist beispielsweise häufig bei der Verwendung von Funktionen der Fall. Dennoch ist es sinnvoll, die entsprechenden Programmteile bereits einzufügen, um eine klare Struktur vorzugeben. Das würde jedoch beim Ausführen zu einem Fehler führen. Um das zu vermeiden, ist es üblich, diese Bereiche als Kommentare zu kennzeichnen. So werden sie nicht berücksichtigt, sodass das Programm lauffähig bleibt. Wenn die notwendigen Funktionen dann programmiert sind, kann man einfach die Kommentar-Symbole entfernen. Diese Vorgehensweise wird als „Auskommentieren" bezeichnet.



## 3.4 JavaScript-Programme in eigene Dateien schreiben

Weiter vorne in diesem Kapitel wurde erklärt, dass JavaScript-Code stets in eine HTML-Seite eingebettet sein muss. Das trifft zwar nach wie vor zu, allerdings bedeutet das nicht, dass er auch in der gleichen Datei stehen muss. Es ist auch möglich, für das JavaScript-Programm eine eigene Datei zu erstellen. Diese enthält dann nur die entsprechenden Befehle in dieser Programmiersprache – ganz ohne HTML-Code.

Um diese Vorgehensweise zu verdeutlichen, soll der Code aus unserem ersten Beispielprogramm nun in eine eigene Datei ausgelagert werden. Der einzige JavaScript-Befehl, der darin auftauchte, war der `alert`-Befehl. Daher ist es lediglich notwendig, diesen aus dem HTML-Dokument zu entfernen. Es ist sinnvoll, ihn auszuschneiden und daraufhin in Visual Studio Code ein neues leere Dokument zu öffnen. Hier kann man das entsprechende Kommando dann wieder einfügen. Dieses stellt den einzigen Inhalt der neu zu erstellenden Datei dar.

Wenn man eine Datei mit reinen JavaScript-Befehlen erstellt, darf man diese nicht mehr mit der Endung **.html** abspeichern. Stattdessen erhält sie eine neue Endung, die speziell für JavaScript-Programme vorgesehen ist: .js. Die Datei soll daher unter dem Namen „**meinScript.js**" abgespeichert werden. Sie enthält lediglich folgenden Befehl:

```
alert ("Hallo Welt!");
```

Nun muss man noch einige Änderungen im HTML-Dokument vornehmen. Dieses soll nach wie vor den Rahmen der Seite vorgeben. Das `script`-Tag bleibt nun jedoch leer. Dafür wird es mit einem weiteren Attribut versehen: `src="meinScript.js"`. Dieses sorgt dafür, dass die eben erstellte Datei meinScript.js in das HTML-Dokument eingebunden wird. Voraussetzung hierfür ist, dass sie sich im gleichen Verzeichnis wie die HTML-Datei befindet. Ist das nicht der Fall, muss man noch den entsprechenden Pfadnamen angeben.

Dieses Attribut bewirkt, dass die hier genannte Datei eingelesen wird. Alle Befehle, die darin enthalten sind, werden sofort ausgeführt. Wenn man die neu gestaltete HTML-Datei nun aufruft, erscheint genau wie im bisherigen Programm die Info-Box mit der entsprechenden Ausgabe, obwohl die Datei selbst keinen JavaScript-Befehl enthält. Der vollständige Code sieht dann so aus:

```
<html>
    <head>
        <title>
            Meine erste Javascript-Seite
        </title>
    </head>
    <body>
        <script src="meinScript.js">
```

```
        </script>
    </body>
</html>
```

Wenn es sich um kleine Programme wie in diesem Beispiel handelt, ist diese Technik nicht allzu sinnvoll. Hier wäre es einfacher, den JavaScript-Code einfach in die HTML-Datei zu schreiben. Bei längeren Dateien, die mehrere JavaScript-Bestandteile enthalten, ist das jedoch sehr zu empfehlen. Auf diese Weise kann man die einzelnen Bereiche klar trennen und dadurch die Übersichtlichkeit erhöhen.



Die Auslagerung des JavaScript-Codes in separate Dateien bietet noch einen weiteren Vorteil. Auf diese Weise lässt er sich ganz einfach wiederverwenden. Wenn an einer anderen Stelle die gleiche Aufgabe erneut ausgeführt werden soll, muss der Programmierer die Datei lediglich nochmals aufrufen.

## 3.5 "use strict": modernen JavaScript-Code erstellen

Wie bei fast allen Programmiersprachen kam es auch bei JavaScript im Laufe der Jahre immer wieder zu einigen Neuerungen. Auf diese Weise wird die Programmiersprache an neue Entwicklungen angepasst. In vielen Fällen dienen die neuen Versionen auch dazu, Fehler aus den bisherigen Funktionen zu beseitigen und einige falsche Entscheidungen, die in der Vergangenheit getroffen wurden, wieder rückgängig zu machen.

Bei Javascript war das lange Zeit jedoch nicht der Fall. Zwar kam es auch hier mit der Zeit zu einigen Veränderungen. Dabei handelte es sich jedoch ausschließlich um Erweiterungen. Fehler und schlecht implementierte Funktionen wurden hingegen nicht verbessert. Der Grund dafür bestand darin, dass die Entwickler viel Wert auf eine abwärtskompatible Programmiersprache legten. Das bedeutet, dass auch Programme, die mit allen vorherigen Versionen erstellt wurden, lauffähig bleiben sollten. Wenn man hingegen Fehler verbessert, kann das dazu führen, dass Programme, die

die entsprechenden Funktionen verwenden, plötzlich nicht mehr funktionsfähig sind.

Die Abwärtskompatibilität stellt zwar einen großen Vorteil dar. Auf diese Weise müssen die Webentwickler ältere Programme nicht abändern, wenn es zu einer Aktualisierung kommt. Allerdings hat sie ihren Preis: Auf diese Weise bleiben fehlerhafte Stellen dauerhaft in der Programmiersprache bestehen.

Aus diesem Grund beschlossen die Entwickler im Jahre 2009, eine neue JavaScript-Version zu erstellen, die alle bekannten Schwachstellen aus der Programmiersprache entfernen sollte. Auf diese Weise kam es zur Veröffentlichung von ECMA Script 5 (ES5). Dabei handelt es sich um eine stark verbesserte JavaScript-Version, die viele Fehler beseitigte. Allerdings war sie nicht mehr abwärtskompatibel. Das bedeutet, dass viele ältere Programme damit nicht mehr ausgeführt werden können.

Das widersprach den bisherigen Grundsätzen von JavaScript. Aus diesem Grund wird diese neue Version bei der Ausführung eines JavaScript-Programms nicht automatisch berücksichtigt. Der Browser verwendet dabei zunächst immer die herkömmliche Version, die auch die Ausführung älterer Programme ermöglicht.

Wenn man ein neues Programm schreibt, spielt die Abwärtskompatibilität jedoch keine Rolle. Daher ist es sinnvoll, stets die neuere Ausführung zu wählen, die moderne Strukturen unterstützt und in der viele fehlerhafte Stellen beseitigt wurden. Allerdings ist es dafür notwendig, dem Browser zunächst mitzuteilen, dass er diese Version verwenden soll. Das geschieht, indem man den Befehl `"use strict";` in den Code einfügt. Anstatt in doppelten Anführungszeichen kann dieser auch in einfachen Anführungszeichen stehen.

Dabei muss man beachten, dass dieser Befehl stets ganz am Anfang des JavaScript-Codes eingefügt werden muss. Vor ihm dürfen keine anderen Kommandos stehen. Lediglich Kommentare sind hier erlaubt. Außerdem ist es nicht möglich, diesen Befehl rückgängig zu machen.

Wenn er zu Beginn eines Dokuments steht, ist er für die gesamte Datei gültig.

Dabei gibt es jedoch eine Ausnahme. Im weiteren Verlauf dieses Buchs werden noch Funktionen vorgestellt. Wenn man den `use-strict-Befehl` zu Beginn einer Funktion einfügt, ist er nur in diesem Bereich gültig.

Es ist empfehlenswert, neue Programme in dieser modernen Version zu verfassen. Auch dieses Lehrbuch wird noch zahlreiche Befehle vorstellen, die nur unter Verwendung des `use-strict`-Befehls verfügbar sind. In einfachen Programmen wie in unserem ersten Beispiel, macht es jedoch keinen Unterschied, ob diese Ergänzung vorhanden ist. Dennoch ist es sinnvoll, sich deren Verwendung von Anfang an anzugewöhnen. Daher soll er fortan zu Beginn aller JavaScript-Programme stehen. Wenn man das erste Beispielprogramm entsprechend abändert, sieht es wie folgt aus:

```
<html>
    <head>
        <title>
            Meine erste Javascript-Seite
        </title>
    </head>
    <body>
        <script>
        "use strict";
        alert ("Hallo Welt!");
        </script>
    </body>
</html>
```

Diese Änderung hat in diesem Fall jedoch keinerlei Auswirkungen auf den Ablauf des Programms.

## 3.6 Eine Eingabe des Anwenders aufnehmen

Eine wichtige Eigenschaft von Computerprogrammen besteht darin, dass sie eine Interaktion mit dem Anwender ermöglichen. Auf diese

Weise können sie benutzerdefinierte Werte aufnehmen und diese in den nachfolgenden Befehlen weiterhin verwenden. So entsteht ein ganz individueller Ablauf. Die Verwendung und Verarbeitung von Eingaben des Anwenders stellt auch einen der wesentlichen Unterschiede zwischen JavaScript-Seiten und statischen HTML-Seiten dar.

Aus diesem Grund sind diese Interaktionsmöglichkeiten ein zentrales Element jeder Programmiersprache. JavaScript bietet dafür sehr viele Möglichkeiten. Viele davon verwenden jedoch fortgeschrittene Funktionen, die erst im weiteren Verlauf dieses Buchs vorgestellt werden. Es gibt aber auch eine ganz einfache Möglichkeit: den `prompt`-Befehl. Dieser erzeugt ein neues Fenster, das ähnlich aufgebaut ist wie beim `alert`-Befehl. Allerdings enthält dieses ein Eingabefeld. Hier kann der Anwender beliebige Werte eintragen. Um das Eingabefenster zu erzeugen, muss man den Befehl `prompt` in das Programm schreiben. Danach folgt eine Klammer mit einem Text in Anführungszeichen. Hier kann man eine Frage oder eine Handlungsanweisung eintragen. Wenn man beispielsweise das Alter des Anwenders abfragen will, könnte die entsprechende Code-Zeile so aussehen:

```
prompt ("Wie alt sind Sie?");
```

Wenn man diesen nun in den bisherigen Programmcode anstelle des `alert`-Befehls einfügt, erscheint bereits ein entsprechendes Eingabefenster, in das man einen Wert eintragen kann:

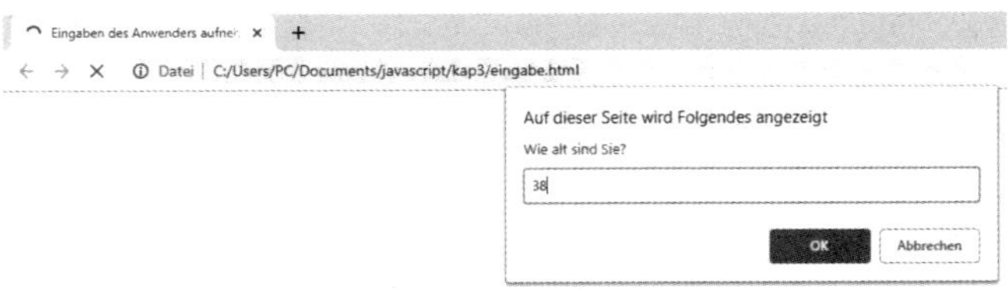


**Abb. 3.8** Das Eingabefenster

Nun kann man zwar bereits einen Wert eingeben, doch hat dies noch keinerlei Auswirkungen auf das Programm. Daher ist es notwendig, ihn auch an einer anderen Stelle wieder auszugeben. Häufig wird der

Wert, der im prompt-Fenster eingelesen wird, in einer Variablen abgespeichert. Die Verwendung von Variablen wird jedoch erst im nächsten Kapitel vorgestellt. Daher soll hier eine andere Alternative zum Einsatz kommen. In diesem Programm wird der prompt-Befehl direkt in einen alert-Befehl eingefügt. Auf diese Weise gibt das Programm den entsprechenden Wert sofort wieder aus:

```
alert (prompt ("Wie alt sind Sie?"));
```



Wenn man das Programm nun erneut ausführt, erscheint zunächst wieder das Eingabefenster. Wenn man dieses ausfüllt und auf „OK" drückt, öffnet sich sofort ein weiteres Fenster, das durch den alert-Befehl erzeugt wird. Dieses enthält die Zahl, die der Nutzer eingegeben hat.

Wenn man nur die Zahl ausgibt, ist die Ausgabe jedoch schwer verständlich. Daher ist es sinnvoll, sie mit etwas Text zu garnieren. Diesen muss man in Anführungszeichen setzen und kann ihn dann ebenfalls in den alert-Befehl einfügen. Um ihn mit dem Wert aus dem prompt-Befehl zusammenzusetzen, kommt das Pluszeichen zum Einsatz:

```
alert ("Sie sind " + prompt ("Wie alt sind Sie?") + " Jahre alt.");
```

Wenn man das Programm nun erneut ausführt, erscheint eine ansprechende Ausgabe mit dem eingegebenen Alter. Der vollständige Programmcode hierfür sieht so aus:

```
<html>
    <head>
        <title>
            Eingaben des Anwenders aufnehmen
        </title>
```

```
    </head>
    <body>
        <script>
        "use strict";
        alert ("Sie sind " + prompt ("Wie alt sind Sie?") + " Jahre
        alt.");
        </script>
    </body>
</html>
```

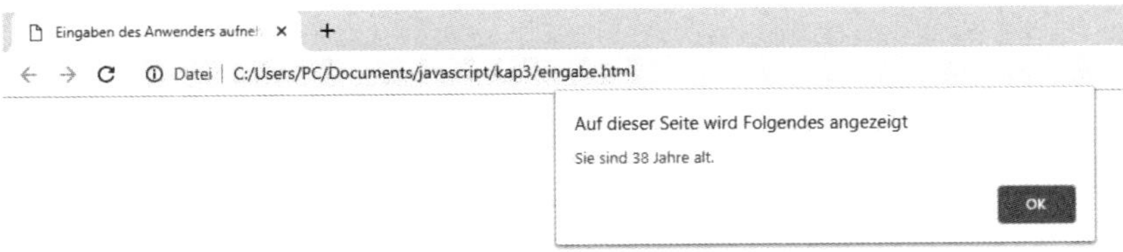


**Abb. 3.9** Das Ausgabefenster

## 3.7 Übungsaufgabe: einfache JavaScript-Programme selbst erstellen

Um das Programmieren zu erlernen, ist es sehr wichtig, selbst Programme zu erstellen. Auf diese Weise lernt man die wesentlichen Funktionen kennen und eignet sich eine große Routine bei der Bearbeitung der entsprechenden Aufgaben an. Wenn Sie die Programmbeispiele aus den bisherigen Abschnitten abgetippt und auf Ihrem Rechner ausgeführt haben, haben Sie dabei bereits den ersten Schritt unternommen. Der zweite Schritt besteht darin, die Programme von Grund auf selbst zu erstellen. Wenn man sich selbst überlegt, wie man ein bestimmtes Problem lösen könnte und daraufhin ein passendes Programm erstellt, erweitert man die eigenen Fähigkeiten deutlich.

Aus diesen Gründen sind am Ende der meisten Kapitel einige Übungsaufgaben aufgeführt. Diese greifen die Inhalte der vorherigen Abschnitte auf, um sie zu vertiefen. Allerdings werden auch die Kenntnisse aus den vorherigen Kapiteln als bekannt vorausgesetzt. Oftmals sind sie für die Bearbeitung der entsprechenden Aufgaben ebenfalls notwendig. Sollten neue Befehle erforderlich sein, werden diese kurz erklärt.

Die Aufgaben sind stets mit einer Musterlösung versehen. Allerdings ist es ratsam, diese erst zu betrachten, wenn man ein eigenes Programm für die entsprechende Aufgabe erstellt hat. Nur wenn Sie alleine überhaupt nicht weiterkommen, sollten Sie hier nachschauen. Darüber hinaus sollten Sie beachten, dass es in der Informatik fast immer mehrere Lösungswege gibt. Die Musterlösung stellt daher nur eine von vielen Möglichkeiten dar. Um das Problem richtig zu lösen, ist es nicht notwendig, dass der Code genau übereinstimmt. Wenn Ihr Programm alle Anforderungen erfüllt, ist die Aufgabe korrekt bearbeitet – selbst wenn es dabei zu Abweichungen von der Musterlösung kommen sollte.

1. Schreiben Sie ein Programm, das den Besucher zum JavaScript-Kurs begrüßt.
2. Fragen Sie den Besucher nach seinem Namen und erstellen Sie eine personalisierte Begrüßung
3. Erstellen Sie ein Programm, das die gleichen Aufgaben erfüllt wie in Aufgabe 2. Allerdings soll der JavaScript-Code nun in eine externe Datei ausgelagert werden. Erstellen Sie sowohl die HTML- als auch die JavaScript-Datei.

## Lösungen:

**1.**

```
<html>
    <head>
        <title>
            Willkommen zum JavaScript-Kurs!
        </title>
    </head>
    <body>
        <script>
        "use strict";
        alert ("Willkommen zum JavaScript-Kurs!");
        </script>
    </body>
</html>
```

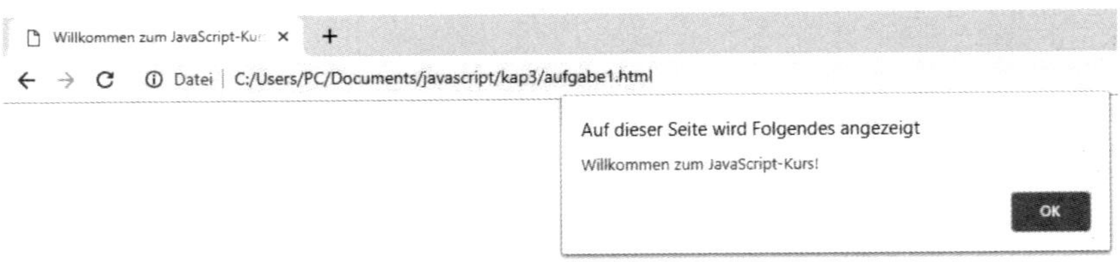


**Abb. 3.10** Die Ausgabe der Begrüßung

**2.**

```
<html>
    <head>
        <title>
            Willkommen zum JavaScript-Kurs!
        </title>
    </head>
    <body>
        <script>
        "use strict";
       alert (prompt ("Ihr Name:") + ", willkommen zum
       JavaScript-Kurs!");
```

```
        </script>
    </body>
</html>
```

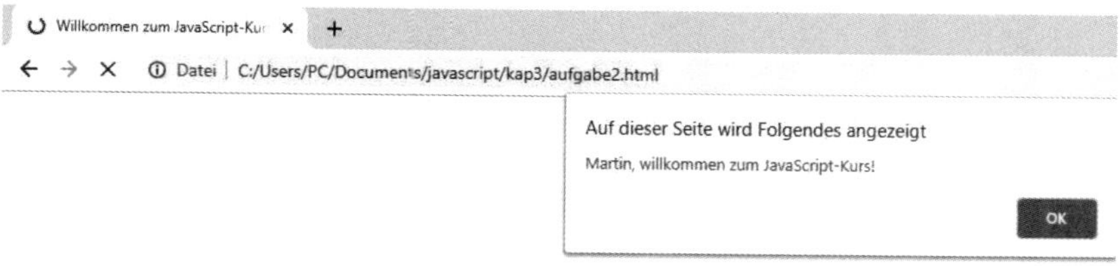


**Abb. 3.11** Die individualisierte Begrüßung

**3.**

HTML-Datei:

```
<html>
    <head>
        <title>
            Willkommen zum JavaScript-Kurs!
        </title>
    </head>
    <body>
        <script src = "begruessung.js">
        </script>
    </body>
</html>
```

JavaScript-Datei:

```
"use strict";
alert (prompt ("Ihr Name:') + ", willkommen zum JavaScript-Kurs!");
```

Alle Programmcodes aus diesem Buch sind als PDF zum Download verfügbar. Dadurch müssen Sie sie nicht abtippen: https://bmu-verlag.de/books/javascript/

Außerdem erhalten Sie die eBook Ausgabe zum Buch im PDF Format kostenlos auf unserer Website:

https://bmu-verlag.de/books/javascript/
**Downloadcode:** siehe Kapitel 20

# Kapitel 4
# Variablen in JavaScript



JavaScript kommt für die Erstellung von dynamischen Internetseiten zum Einsatz. Das bedeutet, dass deren Gestaltung von Werten abhängt, die der Anwender eingibt oder die das Programm aus anderen Quellen bezieht. Das zeigt bereits, dass die Verarbeitung dieser Werte für die meisten JavaScript-Programme fundamental ist. Um sie aufzunehmen und um die Ergebnisse zu speichern, sind in der Regel *Variablen* notwendig. Zwar ist es in einigen Fällen möglich, die Werte wie im vorherigen Kapitel direkt auszugeben. Allerdings schränkt das die Anwendungsmöglichkeiten stark ein. Aus diesem Grund gibt es nur wenige Computerprogramme, die ohne Variablen auskommen. Dieses Kapitel stellt vor, welche Aufgaben Variablen in der Informatik haben und wie man sie in JavaScripwt verwendet.

## 4.1 Welche Funktion haben Variablen in der Informatik?

Bevor wir uns der Verwendung von Variablen in JavaScript zuwenden, ist es wichtig, deren allgemeine Funktion in der Informatik vorzustellen. Wie bereits in der Einleitung zu diesem Kapitel beschrieben, stellt es eine wesentliche Grundfunktion eines Computerprogramms dar, Werte aufnehmen und bearbeiten zu können. Dazu ist es notwendig, die entsprechenden Inhalte während der Ausführung abzuspeichern. Hierfür kommt der Arbeitsspeicher des Rechners zum Einsatz. Variablen sorgen für einen schnellen und einfachen Zugang zu den verschiedenen Speichereinheiten. Daher unterscheiden sich Variablen in der Informatik auch von Variablen in der Mathematik. Hier kommen sie häufig in Gleichungen zum Einsatz. Dabei stehen sie als Platzhalter für einen ganz konkreten Wert. In Funktionen erlauben sie es, unterschiedliche Zahlen anstelle der Variablen einzusetzen, um daraufhin das Ergebnis für den entsprechenden Wert zu berechnen.

In der Informatik bezieht sich die Variable jedoch auf einen Speicherort im Arbeitsspeicher. Dieser weist zu einem bestimmten Zeitpunkt ebenfalls einen ganz konkreten Wert auf. Dieser ist jedoch nicht konstant. Er kann sich während des Ablaufs des Programms immer wieder ändern. Man kann die Funktion der Variablen mit einem Aktenordner vergleichen. Hier kann man Dokumente mit unterschiedlichen Inhalten einfügen. Mithilfe von Registerblättern ist es möglich, eine Bezeichnung für die einzelnen Dokumente vorzugeben. Das erlaubt eine genaue Zuordnung. Außerdem ermöglicht es dieses System, die benötigten Inhalte schnell zu finden. Man muss lediglich auf den Registerblättern nach der entsprechenden Bezeichnung suchen und die zugehörige Seite dann aufschlagen. Analog dazu erhalten die Variablen einen Namen. Dieser macht es möglich, unmittelbar auf die Inhalte zuzugreifen.

Bei der Arbeit mit einem Aktenordner ist es möglich, ein Dokument, das unter einem bestimmten Registerblatt abgeheftet ist, zu entnehmen und durch ein Papier mit einem anderen Inhalt zu ersetzen. Auch bei Variablen ist es möglich, den Wert zu verändern. Die Bezeichnung bleibt dabei die gleiche. Der Inhalt, den die Variable repräsentiert, ändert sich jedoch.

Um noch konkreter zu werden, der Variablenname steht für einen bestimmten Speicherplatz im Arbeitsspeicher. Das Programm hinterlegt, welcher Speicherort mit der entsprechenden Variable verbunden ist. Wenn man die Variable im weiteren Verlauf aufruft, liest das Programm den Wert aus, der an diesem Speicherplatz abgespeichert ist. Wenn man der Variablen einen neuen Wert zuweist, verändert das Programm den Speicherinhalt an dieser Stelle.

## 4.2 Variablentypen

Variablen können ganz unterschiedliche Werte aufnehmen. Häufig handelt es sich dabei um Zahlen. Doch ist es auch möglich, Buchstaben, andere Zeichen, Wörter oder auch längere Texte abzuspeichern. Darüber hinaus sind in der Informatik Wahrheitswerte von großer Bedeutung. Diese geben an, ob eine bestimmte Bedingung zutrifft oder nicht. Auch diese Informationen können in Variablen abgespeichert werden.

Jede Variable hat daher einen Typ. Dieser gibt an, welche Art von Information darin gespeichert ist. Viele Programmiersprachen sind beim Umgang mit Variablentypen sehr strikt. Das bedeutet, dass man bereits zu Beginn angeben muss, welche Werte eine Variable aufnehmen soll. Der Variablentyp ist dann nicht mehr änderbar. JavaScript ist in dieser Hinsicht jedoch wesentlich freier. Hier ist es nicht notwendig, den Variablentyp anzugeben. Der Interpreter wählt während der Ausführung automatisch eine passende Möglichkeit aus. Darüber hinaus lässt sich der Typ während der Ausführung ändern. Beispielsweise stellt es kein Problem dar, in einer bestimmten Variablen zunächst eine Zahl abzuspeichern und später ein Wort darin abzulegen.



Das bedeutet, dass man als JavaScript-Programmierer zumindest bei einfachen Programmen dem Variablentyp nur wenig Beachtung schenken muss. Die Regeln hierfür sind nicht sehr strikt und die Zuteilung läuft ganz automatisch ab. Dennoch ist es sinnvoll, auf die Bedeutung des Variablentyps einzugehen. Denn auch in JavaScript spielt diese Information gelegentlich eine wichtige Rolle. Beispielsweise gibt es einige Operationen, die man nur mit einem bestimmten Variablentyp durchführen kann. Wenn man beispielsweise eine Division durchführen will, stellt das kein Problem dar, wenn man dafür Variablen verwendet, in deren Zahlen abgespeichert sind. Befinden sich hingegen Wörter darin, kommt es zu einem Fehler.

Weshalb der Variablentyp so wichtig ist, wird deutlich, wenn man sich vor Augen führt, auf welche Weise Informationen auf dem Computer gespeichert werden. Hierbei handelt es sich stets um binären Code. Das bedeutet, dass jeder Bereich des Speichers nur zwei verschiedene Zustände einnehmen kann. Die meisten Arbeitsspeicher arbeiten mit elektrischer Ladung. Das bedeutet, dass ein bestimmter Speicherbereich entweder eine elektrische Ladung aufweist oder nicht. Das ist die gesamte Information, die er aufnehmen kann. In der Informatik werden diese Binärinformationen in der Regel mit den Ziffern 0 und 1 dargestellt. Es ist jedoch wichtig, zu beachten, dass es sich hierbei nicht um

Zahlen handelt, sondern lediglich um Symbole für die zwei verschiedenen Zustände.

Wenn man nun einen Wert im Arbeitsspeicher ablegt, ist es notwendig, diesen in eine binäre Information zu überführen. Nun wäre es selbstverständlich möglich, ein System zu entwickeln, das alle Datentypen umfasst. Dann hätte jede Information einen ganz spezifischen Binärcode zur Folge, der eine eindeutige Identifizierung erlaubt. Das wäre jedoch sehr ineffizient und würde zu einem enormen Speicherbedarf führen. Daher gibt es unterschiedliche Systeme für Buchstaben, Zahlen und andere Informationen. Das führt dazu, dass ein bestimmter Binärcode eine ganz andere Bedeutung haben kann, je nachdem, um welchen Datentyp es sich dabei handelt. Wenn man nun den Wert der Variablen wieder abrufen will, erhält das Programm lediglich einen Binärcode zurück. Um diesem eine Bedeutung zu geben, muss man wissen, um welchen Variablentyp es sich dabei handelt. Obwohl sich der Programmierer bei der Verwendung von JavaScript über die Datentypen nur wenig Gedanken machen muss, spielen diese für die internen Abläufe eine wichtige Rolle. Daher wird diese Information bei der Erstellung einer Variable stets zusammen mit dem Speicherort hinterlegt.

## 4.3 Variablen in JavaScript verwenden

Wenn man eine Variable verwenden will, dann ist es zunächst notwendig, sie zu deklarieren. Das bedeutet, dass man dem Interpreter bei der Ausführung des Programms anzeigt, dass eine Variable zum Einsatz kommen soll. Dieser reserviert dann den notwendigen Speicherplatz dafür und verbindet diesen mit dem Variablennamen.

Um die Variable zu deklarieren, kommt das Schlüsselwort `let` zum Einsatz. Darüber hinaus gibt es noch eine weitere Möglichkeit. Man kann statt `let` auch den Begriff `var` verwenden. Die Unterschiede zwischen den beiden Alternativen sind nur minimal. Bei einfacheren Programmen ist die Verwendung vollkommen identisch. Dennoch ist es vorzuziehen, den Begriff `let` zu verwenden. Der folgende Abschnitt geht noch etwas ausführlicher auf den Unterschied zwischen `let` und `var` ein.

Danach steht der Name der Variablen. Hierfür kann man einen beliebigen Begriff auswählen – solange es sich dabei nicht um ein in JavaScript reserviertes Schlüsselwort handelt. Der Variablenname kann aus Buchstaben, Zahlen, dem Unterstrich und dem Dollarzeichen bestehen. Die Länge ist dabei beliebig. Es ist jedoch wichtig, darauf zu achten, dass zu Beginn des Variablennamens niemals Zahlen stehen dürfen. Die Bezeichnung `wert1` wäre beispielsweise zulässig, `1wert` hingegen nicht. JavaScript akzeptiert auch Umlaute in den Bezeichnern. Das ist jedoch recht unüblich. Viele Programmierer verzichten auf diese Möglichkeit. Darüber hinaus unterscheidet JavaScript zwischen Groß- und Kleinbuchstaben. Der Variablenname `meineVariable` ist beispielsweise nicht gleichbedeutend mit dem Bezeichner `Meinevariable`.



Bei der Auswahl des Variablennamens ist es immer sinnvoll, eine sprechende Bezeichnung zu wählen. Auf diese Weise erkennt man bereits auf den ersten Blick, welcher Inhalt darin abgespeichert ist. Viele Programmierer verwenden hierfür englische Ausdrücke. Um ein leichteres Verständnis zu erzielen, kommen in diesem Lehrbuch jedoch vorwiegend deutsche Begriffe zum Einsatz.

Nach dem Variablennamen steht in der Regel ein Semikolon. Das ist jedoch nicht zwingend notwendig, solange danach ein Zeilenumbruch folgt. Dennoch ist es empfehlenswert, das Semikolon immer zu verwenden, selbst wenn es nicht unbedingt erforderlich ist. Die Deklaration einer Variablen sieht demnach wie folgt aus:

```
let meineVariable;
```

Nach diesem Schritt existiert die Variable bereits. Allerdings hat sie noch keinen Inhalt. Wenn man sie aufruft, gibt das Programm den Wert `undefined` zurück. Daher ist es notwendig, ihr einen bestimmten Inhalt zuzuweisen. Dieser Schritt wird als „Initialisierung“ bezeichnet. Dazu muss man zunächst den Variablennamen nennen und danach ein Gleichheitszeichen einfügen. Anschließend folgt der Wert, den man der Variablen zuweisen will. Wenn es sich dabei um Buchstaben, Wörter oder längere Texte handelt (in diesen Fällen spricht man von Zeichenketten oder Strings), müssen diese in Kodierungszeichen (") stehen:

```
meineVariable = 5;
```

oder

```
meineVariable =  "Willkommen zum JavaScript-Kurs!";
```

Da die Deklaration und die Initialisierung einer Variable in vielen Programmen direkt aufeinanderfolgen, ist es auch möglich, die beiden Befehle zusammenzufügen. Man kann der Variablen direkt bei der Deklaration einen Wert zuweisen:

```
let meineVariable = 5;
```

Darüber hinaus ist es möglich, den Schlüsselbegriff `let` nur ein einziges Mal zu nennen und damit mehrere Variablen zu deklarieren. Dazu muss man sie durch ein Komma trennen:

```
let meineVariable = 5, text = "Hallo", zahl = 6;
```

Dieser Ausdruck ist gleichbedeutend mit:

```
let meineVariable = 5;
let text = "Hallo";
let zahl = 6;
```

Obwohl der erste Ausdruck etwas weniger Schreibarbeit mit sich bringt, ist dennoch die zweite Alternative vorzuziehen. Diese trägt zu einem deutlich übersichtlicheren Code bei.

Manchmal sieht man auch JavaScript-Programme, in denen die Variablen nicht deklariert werden. Das bedeutet, dass man auf den Schlüsselbegriff `let` (beziehungsweise `var`) verzichtet und die

Variable direkt initialisiert. Das ist zwar möglich, wird jedoch als schlechter Programmierstil empfunden. Aus diesem Grund wurde diese Möglichkeit mit der Überarbeitung zum ECMA Script 5 entfernt. Das bedeutet, dass wenn man `"use strict";` verwendet, die Nutzung von Variablen ohne eine vorherige Deklaration nicht gestattet ist.

Nun stellt sich noch die Frage, wie man auf eine Variable zugreifen kann. Dafür muss man einfach ihren Namen nennen. Wenn man sie beispielsweise in einen `alert`-Befehl einfügt, gibt dieser automatisch deren Inhalt wieder. Dabei muss man jedoch darauf achten, dass im Gegensatz zur Ausgabe von normalem Text der Variablennamen hierbei nicht in Kodierungszeichen stehen darf. Ein Programm, das eine Variable deklariert, initialisiert und anschließend ausgibt, könnte so aussehen:



```
<html>
    <body>
        <script>
        "use strict";
        let text = "Willkommen zum JavaScript-Kurs!";
        alert (text);
        </script>
    </body>
</html>
```

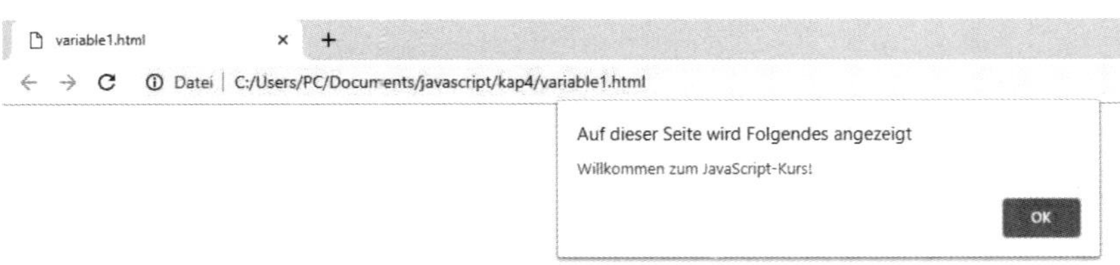


**Abb. 4.1** Der alert-Befehl gibt nun den Inhalt der Variablen aus

## 4.4 let und var: Unterschiedliche Möglichkeiten für die Deklarierung von Variablen

Wie bereits im vorherigen Abschnitt erwähnt, gibt es für die Deklarierung von Variablen zwei verschiedene Möglichkeiten. Man kann dafür entweder `let` oder `var` verwenden. Als Anfänger fragt man sich an dieser Stelle sicherlich, weshalb es hierfür mehrere Alternativen gibt und aus welchem Grund `let` vorzuziehen ist.

In einem einfachen Programm wie in unserem vorherigen Beispiel würde es keinerlei Unterschied machen, den Ausdruck `var` statt `let` zu verwenden. Die Funktionsweise ist sehr ähnlich und in vielen Programmen wäre der Ablauf vollkommen identisch. Dennoch gibt es einige Unterschiede, die sich bei etwas fortgeschritteneren Programmen bemerkbar machen können.

Im folgenden Kapitel werden beispielsweise `if`-Abfragen vorgestellt und in Kapitel 7 erfährt der Leser, wie er Schleifen verwendet. In modernen Programmiersprachen ist es üblich, dass eine Variable, die innerhalb einer `if`-Abfrage oder einer Schleife deklariert wird, nur im Inneren dieses Blocks gültig ist. Wenn man sie im übrigen Programm aufruft, kommt es zu einem Fehler. Variablen, die mit `let` deklariert sind, beachten diesen Grundsatz. Wenn man sie hingegen mit `var` innerhalb eines der genannten Blöcke deklariert, sind sie auch außerhalb verwendbar. Dieses Verhalten ist im Vergleich zu anderen Programmiersprachen sehr ungewöhnlich. Das ist einer der Gründe dafür, dass man auf `var`-Variablen besser verzichten sollte.

Ein weiterer Grund hierfür ist das Verhalten innerhalb von Funktionen. Diese werden in Kapitel 8 vorgestellt. Hier geht der Interpreter zunächst die gesamte Funktion durch und realisiert alle Variablen-Deklarationen (sofern diese mit `var` ausgeführt werden). Erst danach beginnt er mit der Abarbeitung des übrigen Programmcodes. Das hat zur Folge, dass es möglich ist, die Variablen am Anfang der Funktion zu verwenden und sie erst später zu deklarieren. Auch dieses Verhalten ist sehr ungewöhnlich. Bei der Verwendung von `let`-Variablen wird dieses nicht unterstützt.

Zusammenfassend kann man sagen, dass der ältere Bezeichner `var` einige Verhaltensweisen unterstützt, die nicht mehr gängigen Programmiertechniken entsprechen. Der Bezeichner `let` erfüllt diese Ansprüche hingegen. Daher verwenden alle Programme in diesem Lehrbuch fortan ausschließlich `let`-Variablen.

## 4.5 Konstanten verwenden



Der Wert einer Variablen ist – wie der Name bereits vermuten lässt – variabel. Das bedeutet, dass man ihn im Programm jederzeit verändern kann. Allerdings gibt es auch Werte, die während der gesamten Ausführung gleich bleiben. Beispiele hierfür sind mathematische Konstanten wie Pi oder e, der Geburtstag einer bestimmten Person oder das Datum eines historischen Ereignisses.

In diesen Fällen ist es sinnvoll, diese nicht mit dem Bezeichner `let` zu deklarieren, sondern mit `const`. Hierbei handelt es sich dann nicht mehr um eine Variable, sondern um eine Konstante. Die Verwendung ist jedoch ganz ähnlich. Auch die Konstante muss zunächst deklariert und initialisiert werden. Danach kann man deren Wert jederzeit abrufen. Der einzige Unterschied besteht darin, dass sich dieser anschließend nicht mehr ändern lässt. In unserem Beispielprogramm aus Kapitel 4.3 ist jedoch keine Änderung des Variablenwerts enthalten. Daher könnte man an dieser Stelle auch problemlos eine Konstante verwenden, ohne die Funktionsweise des Programms zu verändern:

```
<html>
    <body>
        <script>
        "use strict";
        const a = "Willkommen zum JavaScript-Kurs!";
        alert (a);
        </script>
    </body>
</html>
```

Die Verwendung von Konstanten bringt einige Vorteile mit sich. Zum einen wird beim Lesen des Codes sofort klar, dass der entsprechende Wert nicht verändert werden soll. Das erleichtert das Verständnis. Zum anderen wird auf diese Weise verhindert, dass man den Wert im weiteren Verlauf des Programms aus Versehen verändert. Darüber hinaus kann die Verwendung von Konstanten unter Umständen die Performance des Programms etwas verbessern.

Ein typisches Beispiel für die Verwendung von Konstanten ist die Bestimmung von Farben. JavaScript kommt häufig dazu zum Einsatz, das Design einer Seite zu beeinflussen. Dazu ist es oftmals notwendig, die Farben zu verändern. In HTML und CSS kommt für die präzise Bestimmung eines Farbtons ein Hexadezimalcode zum Einsatz – beispielsweise #900 für Dunkelrot.

Diese Hexadezimalcodes lassen sich jedoch nur schwer merken und außerdem können beim Eintippen leicht Fehler auftreten. Daher ist es sinnvoll, zu Beginn die verwendeten Farben als Konstanten zu deklarieren:

```
const dunkelrot = "#900";
```

Wenn man im weiteren Verlauf des Programms ein Element in dieser Farbe erzeugen will, muss man nicht mehr den Hexadezimalcode eingeben, sondern kann einfach den Begriff dunkelrot verwenden.

## 4.6 Datentypen ermitteln und verändern

Wie in den vorherigen Abschnitten beschrieben, ist es bei der Deklaration von Variablen in JavaScript nicht notwendig, einen Typ anzugeben. Das bedeutet jedoch nicht, dass sie nicht über einen bestimmten Datentyp verfügen. Der Interpreter weist der entsprechenden Variablen den Typ automatisch zu.

Um zu zeigen, dass JavaScript Variablen mit verschiedenen Typen verwendet, soll das folgende Programm deren Typ ausgeben. Dazu kommt der Befehl typeof zum Einsatz. Danach steht lediglich der Variablenname.

Zu diesem Zweck sollen zunächst verschiedene Variablen deklariert und initialisiert werden. Sie erhalten unterschiedliche Werte – ganze Zahlen, Fließkommazahlen, einzelne Symbole und Wörter. Darüber hinaus soll eine Variable mit einem Wahrheitswert initialisiert werden. Hierfür kommen die Ausdrücke true und false zum Einsatz. Schließlich soll auch der Typ einer Variable überprüft werden, die noch nicht initialisiert wurde.

Für diese Ausgabe könnte man selbstverständlich wieder den alert-Befehl verwenden. Allerdings bietet sich dieses kleine Fenster nicht für die Ausgabe mehrerer Werte an. Wenn man für jede Überprüfung eine eigene Info-Box erstellt, wird das Programm sehr unübersichtlich. Daher soll hierfür der document.write-Befehl verwendet werden. Dieser schreibt die Inhalte direkt in das Hauptfenster der Webseite.

Für eine bessere Übersichtlichkeit soll dem Ausgabewert außerdem der Name der Variablen vorangestellt werden. Diese Bezeichnung muss in Kodierungszeichen stehen und wird über das Pluszeichen mit dem typeof-Befehl verbunden. Danach folgt ein Zeilenumbruch. In vielen Programmiersprachen wird hierfür der writeln-Befehl verwendet, der den Zeilenumbruch automatisch einfügt. Dieser Befehl ist auch in JavaScript vorhanden – als document.writeln. Er führt jedoch nicht zur gewünschten Ausgabe. Genau wie Zeilenumbrüche im HTML-Quellcode wird dieser ignoriert. Daher ist es hierfür notwendig, das HTML-Tag <br> einzufügen. Dieser muss ebenfalls in Kodierungszeichen stehen. Das Programm, das die verschiedenen Datentypen ausgibt, sieht dann so aus:

```
<html>
    <body>
       <script>
       "use strict";
```

```
        let ganzeZahl = 3;
        let kommazahl = 2.34;
        let buchstabe = 'a';
        let wort = "Hallo";
        let wahrheitswert = true;
        let ohneInitialisierung;

        document.write ("ganzeZahl: " + typeof ganzeZahl + "<br>");
        document.write ("kommazahl: " + typeof kommazahl + "<br>");
        document.write ("buchstabe: " + typeof buchstabe + "<br>");
        document.write ("wort: " + typeof wort + "<br>");
        document.write ("wahrheitswert: " + typeof wahrheitswert +
        "<br>");
        document.write ("ohneInitialisierung: " + typeof
        ohneInitialisierung + "<br>");
        </script>
    </body>
</html>
```

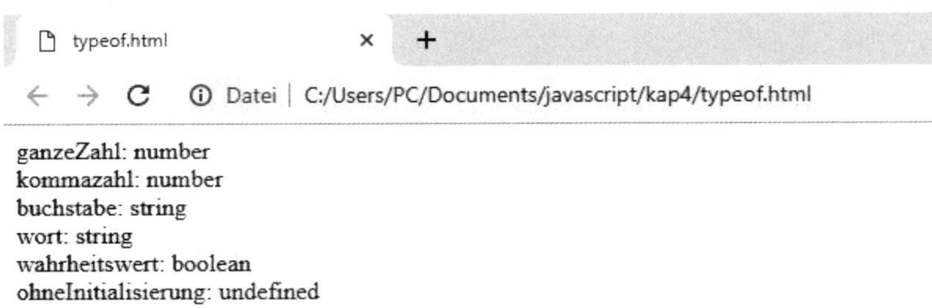


**Abb. 4.2** Die Ausgabe der Datentypen

Die Ausgabe der Datentypen gibt uns einige wichtige Informationen. Man erkennt beispielsweise, dass JavaScript ganze Zahlen und Fließkommazahlen gleich behandelt. Beide erhalten den Typ `number`. In vielen Programmiersprachen kommen hierfür unterschiedliche Typen zum Einsatz. Außerdem besteht kein Unterschied zwischen einzelnen Buchstaben und Wörtern oder längeren Texten. Auch hierfür kommen in vielen anderen Sprachen verschiedene Typen zum Einsatz.

Der Typ für Wahrheitswerte ist `boolean`. Diese Bezeichnung ist vom Mathematiker George Boole abgeleitet. Auf Deutsch wird hierfür auch die Bezeichnung „boolesche Variable“ verwendet. Wenn eine Variable noch keinen Wert erhalten hat, erhält sie den Datentyp `undefinded`.

Eine Variable kann in JavaScript während des Verlaufs des Programms ihren Typ ändern. Das zeigt das folgende Programm:



```
<html>
    <body>
        <script>
        "use strict";
        let meineVariable = 3;
        document.writeln ("Wert: " + meineVariable + "  Typ: " +
        typeof meineVariable + "<br>");

        meineVariable = "Hallo";
        document.writeln ("Wert: " + meineVariable + "  Typ: " +
        typeof meineVariable + "<br>");

        meineVariable = true;
        document.writeln ("Wert: " + meineVariable + "  Typ: " +
        typeof meineVariable + "<br>");

        </script>
    </body>
</html>
```

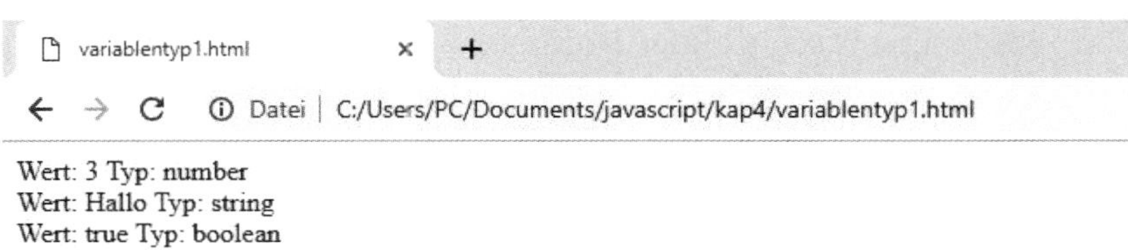


**Abb. 4.3** Der Variablentyp ist veränderbar

Zunächst wird der Variablen eine Zahl zugewiesen. Daher erhält sie den Typ `number`. Danach weisen wir ihr ein Wort zu. Daher ändert sich der Typ zu `string`. Schließlich erhält sie einen Wahrheitswert. Damit ändert sich auch der Typ zu `boolean`.

Dieses Programm zeigt, dass sich der Datentyp automatisch ändert – je nachdem, welchen Inhalt die Variable hat. Manchmal ist es jedoch auch sinnvoll, den Variablentyp manuell zu ändern. Dabei handelt es sich meistens um Fälle, in denen Zahlen als Zeichenketten abgespeichert werden. Wenn man bei der Zuweisung eine Zahl verwendet, dann erhält die Variable den Typ `number`. Das hat unter anderem zur Folge, dass man mit ihr mathematische Berechnungen durchführen kann. Wenn man die Zahl hingegen in Kodierungszeichen schreibt, behandelt das Programm sie wie eine Zeichenkette. Das bedeutet, dass mathematische Berechnungen damit nicht möglich sind.

Wenn man die Werte der Variablen selbst vorgibt, stellt das kein Problem dar, da man in diesem Fall einfach auf die Kodierungszeichen verzichten kann. Wenn man jedoch eine Eingabe des Anwenders auswerten will, ist das nicht ganz so einfach. Der bereits bekannte `prompt`-Befehl speichert die Eingaben beispielsweise immer als Zeichenkette ab – auch wenn der Anwender eine Zahl eingibt. Wenn man zu diesem Wert nun eine weitere Zahl addieren will und dafür das Pluszeichen verwendet, führt das Programm jedoch keine Addition durch. Wenn man das Pluszeichen auf eine Zeichenkette anwendet, dann kommt es zu einer Konkatenation. Das bedeutet, dass das Programm die einzelnen Symbole hintereinander setzt. Wenn man beispielsweise "5" + 3 eingibt, ist das Ergebnis 53 und nicht wie erwartet 8. Der Grund dafür besteht darin, dass die Zahl 5 eine Zeichenkette ist.

Um den Variablentyp zu ändern, ist es notwendig, den gewünschten Typ zu nennen und danach die Variable in Klammern zu setzen. Dabei ist es wichtig, darauf zu achten, dass der Datentyp mit einem Großbuchstaben beginnen muss.

Das folgende Programm fragt zunächst über den `prompt`-Befehl eine Zahl vom Anwender ab. Diese speichert es in der Variablen `eingabe`. Dazu ist es notwendig, dieser mit dem Gleichheitszeichen den `prompt`-Befehl zuzuweisen. Danach gibt es den Datentyp aus und versucht, die Eingabe mit dem Wert 3 zu addieren. Da es sich bei der Eingabe um eine Zeichenkette handelt, kommt es zu einer Konkatenation. Anschließend wandelt es den Eingabewert in eine Zahl um und führt die gleiche Operation erneut aus. Nun kommt es zum richtigen Ergebnis.

```
<html>
    <body>
        <script>
        "use strict";
        let eingabe = prompt ("Geben Sie eine Zahl ein:");
        document.write ("Datentyp: " + typeof eingabe + "<br>");
        document.write (eingabe + 3);
        document.write ("<br><br>");
        eingabe = Number(eingabe);
        document.write ("Datentyp: " + typeof eingabe + "<br>");
        document.write (eingabe + 3);

        </script>
    </body>
</html>
```

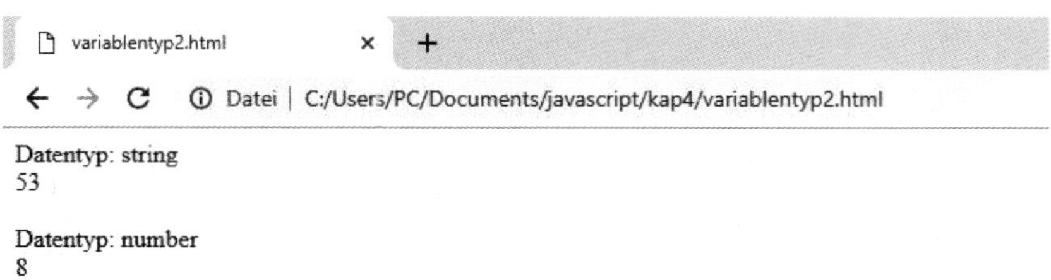


**Abb. 4.4** Die Berechnung mit verschiedenen Datentypen

**Anmerkung:** Wenn der Anwender hierbei keine Zahl, sondern Buchstaben oder andere Symbole eingibt, ist es nicht möglich, den Wert in eine Zahl umzuwandeln. In diesem Fall erscheint auf der Seite die Abkürzung `NaN`. Diese steht für „Not a Number" und zeigt an, dass eine Umwandlung nicht möglich ist.

## 4.7 Operationen mit Variablen durchführen

In den vorherigen Abschnitten haben wir bereits mehrere Operationen mit Variablen durchgeführt. Wir haben ihnen Werte zugewiesen, Berechnungen durchgeführt und Zeichenketten miteinander verbunden. Dafür kamen Symbole zum Einsatz, die bereits aus der Mathematik bekannt sind. Daher war die Verwendung selbsterklärend.

Dennoch soll dieser Abschnitt dieses Thema nochmals aufgreifen und ausführlich vorstellen. Denn es gibt auch einige Operatoren, deren Bedeutung auf den ersten Blick nicht ersichtlich ist.

Einer der wichtigsten Operatoren in der Informatik ist der Zuweisungsoperator. Hierfür kommt das Gleichheitszeichen zum Einsatz. Links davon muss stets eine Variable stehen. Rechts kann man einen beliebigen Wert eintragen. Dieser Operator führt dazu, dass die Variable, die links davon steht, den Wert annimmt, der rechts von ihm angegeben ist.

Darüber hinaus gibt es mehrere arithmetische Operatoren. Diese dienen dazu, Berechnungen durchzuführen. Den Operator für die Addition haben wir bereits kennengelernt: das Pluszeichen. Für die Subtraktion kommt das Minuszeichen zum Einsatz. Der Operator für die Division ist der Schrägstrich (/) und für die Multiplikation findet das Sternsymbol (*) Verwendung.

Neben den vier Grundrechenarten gibt es noch einige weitere mathematische Operatoren. Das doppelte Sternsymbol (**) dient dazu, Potenzen zu berechnen. Für den Modulo-Operator kommt das Prozentzeichen (%) zum Einsatz. Dieser berechnet den Rest, der bei der ganzzahligen Division von zwei Werten entsteht.

In vielen Fällen nimmt eine Variable auch auf sich selbst Bezug. Das bedeutet, dass ihr neuer Wert davon abhängen soll, welchen Wert sie bislang hat. Ein Beispiel hierfür ist es, wenn man die entsprechende Zahl verdoppeln will. Dazu kann man die Variable einfach auch rechts vom Zuweisungsoperator verwenden:



```
meineVariable = meineVariable * 2;
```

Analog dazu kann man auch den bisherigen Wert erhöhen, indem man eine Zahl zur Variable addiert:

```
meineVariable = meineVariable + 5;
```

Derartige Strukturen kommen in der Informatik sehr häufig vor. Aus diesem Grund gibt es hierfür einen kürzeren Befehl. Dabei setzt man zunächst den mathematischen Operator, den man anwenden will. Danach folgt das Gleichheitszeichen. Anschließend muss man den Variablennamen nicht nochmals nennen. Die beiden oben genannten Ausdrücke könnte man daher etwas kürzer schreiben:

```
meineVariable *= 2;
meineVariable += 5;
```

Entsprechende Konstruktionen sind auch mit den Operatoren für die beiden übrigen Grundrechenarten möglich.

Besonders häufig ist es erforderlich, den Wert einer Variable um 1 zu erhöhen oder zu erniedrigen. Das wäre mit den bisherigen Kenntnissen mit folgenden Kommandos möglich:

```
meineVariable += 1;
meineVariable -= 1;
```

Da diese Befehle jedoch ausgesprochen oft auftreten, gibt es hierfür eine noch kürzere Schreibweise:

```
meineVariable++;
meineVariable--;
```

Liste der mathematischen Operatoren:

| | |
|---|---|
| + | Addition |
| - | Subtraktion |
| / | Division |
| * | Multiplikation |
| ** | Potenz |
| % | Modulo |
| += | Erhöhung um den angegebenen Wert |
| -= | Erniedrigung um den angegebenen Wert |
| *= | Variable wird mit dem angegebenen Wert multipliziert |
| /= | Variable wird durch den angegebenen Wert geteilt |
| ++ | Erhöhung um 1 |
| -- | Erniedrigung um 1 |

Auf Zeichenketten sind die meisten dieser Operatoren nicht anwendbar. Lediglich das Pluszeichen (und auch die Verbindung +=) kann man hierbei nutzen. Da eine Addition bei Zeichenketten jedoch nicht durchführbar ist, übernimmt dieser Operator hierbei eine andere Aufgabe. Er fügt die beiden Zeichenketten zusammen.

## 4.8 Übungsaufgabe: eigene Programme mit Variablen schreiben

1. Schreiben Sie ein Programm, das drei Variablen unterschiedlichen Typs erstellt. Daraufhin sollen deren Wert und deren Typ mit dem `alert`-Befehl ausgegeben werden.

2. Erstellen Sie eine Seite, die zunächst zwei Werte vom Anwender abfragt. Dafür sollen zwei `prompt`-Befehle zum Einsatz kommen. Wandeln Sie die Werte dann in Zahlen um und multiplizieren Sie sie. Geben Sie daraufhin das Ergebnis über den `document.write`-Befehl aus.

Entfernen Sie nun den Befehl, der die Zeichenkette in eine Zahl umwandelt. Führen Sie das Programm erneut aus und überprüfen Sie, ob es auch ohne dieses Kommando funktioniert.

## Lösungen:

1.

```
<html>
    <body>
        <script>
        "use strict";
        let variable1 = 4;
        let variable2 = "x";
        let variable3 = false;

        alert ("Wert: " + variable1 + "  Typ: " + typeof variable1);
        alert ("Wert: " + variable2 + "  Typ: " + typeof variable2);
        alert ("Wert: " + variable3 + "  Typ: " + typeof variable3);

        </script>
    </body>
</html>
```

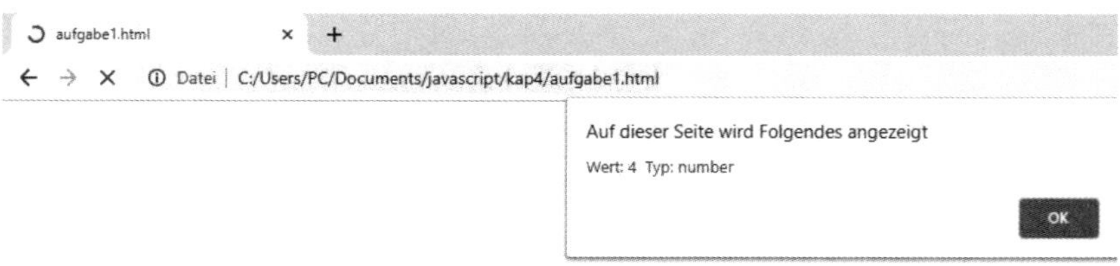


**Abb. 4.5** Die Anzeige für die erste Variable

**2.**

```
<html>
    <body>
      <script>
      "use strict";
      let wert1 = prompt("Wert 1:");
```

```
        let wert2 = prompt("Wert 2:");

        wert1 = Number(wert1);
        wert2 = Number(wert2);

        let ergebnis = wert1 * wert2;
        document.write ("Ergebnis: " + ergebnis);

        </script>
    </body>
</html>
```

**Abb. 5.6** Die Ausgabe des Ergebnisses

Die Umwandlung in Zahlen ist in diesem Beispiel nicht notwendig. Wenn man sie entfernt, läuft das Programm genau gleich ab. Wenn es sich um eine Rechenoperation handelt und die Zeichenketten aus Ziffern besteht, wandelt sie der Interpreter automatisch in eine Zahl um. Lediglich bei der Addition ist dies nicht der Fall. Das liegt darin begründet, dass das Pluszeichen auch für Zeichenketten einen gültigen Operator darstellt. Daher erfolgt keine Umwandlung.

# Downloadhinweis

Alle Programmcodes aus diesem Buch sind als PDF zum Download verfügbar. Dadurch müssen Sie sie nicht abtippen: https://bmu-verlag.de/books/javascript/

Außerdem erhalten Sie die eBook Ausgabe zum Buch im PDF Format kostenlos auf unserer Website:

https://bmu-verlag.de/books/javascript/
**Downloadcode:** siehe Kapitel 20

Kapitel 5

# Die if-Abfrage: unverzichtbar für die Ablaufsteuerung

Während HTML es lediglich erlaubt, statische Seiten zu erzeugen, ermöglicht JavaScript dynamische Inhalte. Das bedeutet, dass der Aufbau der Seite nicht immer der gleiche ist, sondern von verschiedenen anderen Einflüssen abhängt. In den bisherigen Programmen haben wir bereits einige individuell erzeugte Inhalte gestaltet – beispielsweise indem wir einen Wert vom Anwender abgefragt und damit eine Rechenaufgabe durchgeführt haben, deren Ergebnis wir dann ausgegeben haben. Das hatte zur Folge, dass jedes Mal, wenn der Anwender einen anderen Wert eingibt, die Seite unterschiedlich dargestellt wird.

Allerdings war der Ablauf des Programms dabei stets linear. Das heißt, dass es immer die gleichen Befehle in identischer Reihenfolge ausgeführt hat. JavaScript ermöglicht es jedoch, auch den Ablauf der einzelnen Befehle individuell zu gestalten. Auf diese Weise kann man nicht nur die Ausgabe der Werte an die Eingaben des Anwenders anpassen. Darüber hinaus kann man damit die Seite ganz individuell aufbauen. Zu diesem Zweck ist eine Ablaufsteuerung erforderlich. Eines der wichtigsten Elemente für diesen Zweck ist die `if`-Abfrage.

Dabei kann der Programmierer eine Bedingung aufstellen. Falls diese erfüllt ist, wird ein bestimmter Code-Block ausgeführt. Trifft sie hingegen nicht zu, bearbeitet das Programm andere Kommandos oder führt überhaupt keine Aktion durch. Dieses Kapitel stellt die Verwendung der `if`-Abfrage vor.

## 5.1 Der Aufbau der if-Abfrage

Wie bereits in der Einleitung zu diesem Kapitel erwähnt, soll die `if`-Abfrage dazu dienen, eine Bedingung aufzustellen und die entsprechenden Befehle nur dann auszuführen, wenn diese zutrifft. Wenn man im Alltag eine Bedingung formuliert, beginnt man diesen Satz in der Regel mit dem Ausdruck „falls". Auf Englisch lautet dieser „if". Dieses Schlüsselwort kommt auch in JavaScript zum Einsatz, um den entsprechenden Block einzuleiten.

Danach ist es notwendig, die Bedingung aufzustellen. Diese folgt auf den Begriff `if` und steht immer in einer Klammer. Wenn man nur einen einzelnen Befehl mit der Bedingung verknüpfen will, kann man diesen direkt anschließen. Wenn man jedoch mehrere Befehle verwenden will, muss man nun eine geschweifte Klammer öffnen. Darin kann man alle Kommandos eintragen, die man ausführen will, wenn die Bedingung zutrifft. Nachdem man die geschweifte Klammer wieder geschlossen hat, führt das Programm alle darauf folgenden Befehle aus – unabhängig von der Bedingung. Daraus ergibt sich folgender struktureller Aufbau:

```
if (Bedingung){
        Befehl 1;
        Befehl 2;
        ….
        Befehl n;
}
```

**Anmerkung:** Obwohl die geschweifte Klammer nicht notwendig ist, wenn man nur einen Befehl mit der Bedingung verknüpfen will, ist deren Verwendung dennoch zu empfehlen. Das führt zu einem besser strukturierten Programmcode, der deutlich übersichtlicher wirkt.

Um die `if`-Abfrage in die Praxis umzusetzen, ist es zunächst notwendig, eine Bedingung aufzustellen. Wie das funktioniert, wird jedoch erst im nächsten Abschnitt erläutert. Um dennoch ein Beispielprogramm erstellen zu können, soll an dieser Stelle eine boolesche Variable verwendet werden. Diese kann man ebenfalls als Bedingung angeben. Beträgt deren Wert `true`, trifft die Bedingung zu. Beträgt er hingegen `false`, ist sie nicht erfüllt.

Das folgende Programm definiert zunächst eine boolesche Variable und setzt deren Wert auf `true`. Da die Bedingung in diesem Fall zutrifft, öffnet sich ein neues Fenster mit einer entsprechenden Nachricht.

```
<html>
    <body>
        <script>
        "use strict";
        let bedingung = true;

        if (bedingung){
            alert("Die Bedingung trifft zu.");
        }

        </script>
    </body>
</html>
```

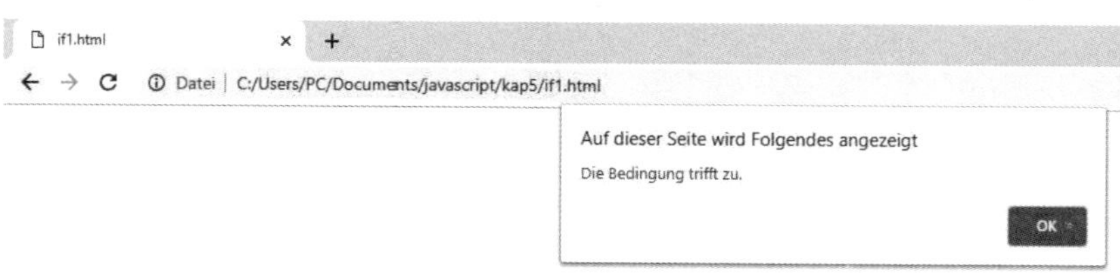


**Abb. 5.1** Das Fenster erscheint, da die Bedingung zutrifft

Nun soll die Variable `bedingung` zu Beginn des Codes auf `false` gesetzt werden. Wenn man das Programm daraufhin erneut ausführt, erscheint das entsprechende Fenster nicht. Das liegt daran, dass die Bedingung nun nicht mehr erfüllt ist.

## 5.2 Vergleichsoperatoren für das Aufstellen einer Bedingung

Nachdem die Struktur der `if`-Abfrage bekannt ist, ist es notwendig, sich etwas intensiver mit den Bedingungen zu befassen, die hierfür zum Einsatz kommen. Im ersten Beispiel wurde hierfür eine boolesche Variable verwendet. Deutlich umfangreicher werden die Möglichkeiten jedoch, wenn man Vergleiche nutzt.

Häufig ist es notwendig, zu überprüfen, ob eine Variable identisch zu einem anderen Wert ist. Hierfür wäre es naheliegend, das Gleichheitszeichen zu verwenden. Dieses Symbol ist jedoch bereits für den Zuweisungsoperator belegt. Wenn man es für einen Vergleich heranziehen würde, könnte das zu Verwechslungen führen. Aus diesem Grund kommt hierfür das doppelte Gleichheitszeichen zum Einsatz. Wenn die Werte auf beiden Seiten übereinstimmen, ist die Bedingung erfüllt.

Um das an einem Beispiel zu verdeutlichen, soll ein Programm entstehen, das dem Anwender eine einfache Rechenaufgabe stellt. Wenn dieser das richtige Ergebnis eingibt, soll auf der Seite eine Erfolgsmeldung ausgegeben werden.

```
<html>
    <body>
        <script>
        "use strict";
        let eingabe = Number(prompt("Was ist das Ergebnis aus
        3 + 2?"));

        if (eingabe == 5){
            document.write("Richtige Lösung!");
        }
```

```

        </script>
    </body>
</html>
```

**Abb. 5.2** Die Erfolgsmeldung wird nur angezeigt, wenn der Eingabewert 5 entspricht

Mit dem doppelten Gleichheitszeichen lassen sich nicht nur die Werte von Zahlen miteinander vergleichen. Damit ist es auch möglich, zu überprüfen, ob Zeichenketten identisch sind. Die Bedingung trifft in diesem Fall zu, wenn der Wert genau gleich ist. Daher ist es dabei notwendig, auch die Groß- und Kleinschreibung sowie Leer- und Satzzeichen zu berücksichtigen.

Wenn man mit Zahlen arbeitet, ist es häufig sinnvoll, zu vergleichen, ob ein Wert größer oder kleiner ist als der Vergleichswert. Hierfür kommen das Größerzeichen (>) und das Kleinerzeichen (<) zum Einsatz. Auch diese Funktion soll wieder an einem Beispiel vorgestellt werden. Hierfür sollen zum bisherigen Programm zwei weitere `if`-Abfragen hinzugefügt werden. Diese informieren den Anwender darüber, ob der eingegebene Wert zu groß oder zu klein ist.

```
<html>
    <body>
        <script>
        "use strict";
        let eingabe = Number(prompt("Was ist das Ergebnis aus 3 +
        2?"));

        if (eingabe == 5){
            document.write("Richtige Lösung!");
        }
        if (eingabe < 5){
            document.write("Der eingegebene Wert ist zu klein.");
        }
        if (eingabe > 5){
            document.write("Der eingegebene Wert ist zu groß.");
        }

        </script>
    </body>
</html>
```

**Abb. 5.3** Jetzt erscheinen auch für falsche Eingaben passende Hinweise

Das Größer- und das Kleinerzeichen kann man auch für den Vergleich von *Zeichenketten* verwenden. In diesem Fall orientiert sich der Operator an der alphabetischen Ordnung der beiden Begriffe.

Ganz ähnlich funktionieren das Größer/Gleich-Zeichen (>=) und das Kleiner/Gleich-Zeichen (<=). Der Unterschied besteht jedoch darin, dass in diesen Fällen die Bedingung auch dann erfüllt ist, wenn die beiden Werte gleich sind.

Im nächsten Schritt soll nun eine weitere Überarbeitung des Programms stattfinden. Dieses soll nun nicht mehr angeben, ob der eingegebene Wert größer oder kleiner als das richtige Ergebnis ist. Stattdessen soll in diesen Fällen lediglich eine Nachricht erscheinen, dass der Wert falsch ist.



Zu diesem Zweck wäre es selbstverständlich möglich, alle drei `if`-Abfragen beizubehalten und lediglich die Ausgaben der beiden letzten anzupassen. Hier könnte man nun in beiden Fällen die gleiche Nachricht ausgeben – dass der eingegebene Wert falsch ist. Wenn der Anwender einen falschen Wert eingibt, muss dieser entweder größer oder kleiner als das richtige Ergebnis sein. Daher ist sichergestellt, dass bei einer der beiden `if`-Abfragen die Bedingung zutrifft und die entsprechende Nachricht ausgegeben wird.

Allerdings gibt es hierfür auch eine deutlich einfacher Möglichkeit: den Ungleichheitsoperator (`!=`). In diesem Fall trifft die Bedingung dann zu, wenn die beiden Werte nicht identisch sind. Wenn man diesen verwendet, sind insgesamt nur zwei Abfragen notwendig:

```
<html>
    <body>
        <script>
        "use strict";
        let eingabe = Number(prompt("Was ist das Ergebnis aus 3 +
        2?"));

        if (eingabe == 5){
            document.write("Richtige Lösung!");
        }
        if (eingabe != 5){
            document.write("Falsches Ergebnis!");
        }

        </script>
    </body>
</html>
```

**Abb. 5.4** Die Ausgabe bei einem falschen Ergebnis

Vergleichsoperatoren kann man auch verwenden, um den Wert einer booleschen Variable zu bestimmen:

```
let bedingung = (eingabe == 5);
```

Dieser Befehl hat zur Folge, dass die boolesche Variable `bedingung` den Wert `true` erhält, wenn der Eingabewert 5 entspricht. Wurde hingegen eine andere Zahl eingegeben, erhält sie den Wert `false`.

## 5.3 Mehrere Bedingungen mit logischen Operatoren verbinden

In vielen Programmen kommt es vor, dass nicht nur eine einzige Bedingung für die Ausführung eines Befehlsblocks verantwortlich ist. Vielmehr ist es notwendig, mehrere Bedingungen für die Entscheidung heranzuziehen. Zu diesem Zweck kommen logische Operatoren zum Einsatz.

In zahlreichen Fällen soll der Befehlsblock nur dann ausgeführt werden, wenn zwei Bedingungen eintreten. Hierfür kommt der logische Und-Operator (`&&`) zum Einsatz. Um die Anwendung zu verdeutlichen, soll das bisherige Programm um eine weitere Frage erweitert werden. Die Erfolgsmeldung soll in diesem Fall nur dann ausgegeben werden, wenn beide Aufgaben richtig gelöst sind:

```
<html>
    <body>
        <script>
        "use strict";
        let eingabe1 = Number(prompt("Was ist das Ergebnis aus 3 +
        2?"));
        let eingabe2 = Number(prompt("Was ist das Ergebnis aus 3 *
        2?"));

        if (eingabe1 == 5 && eingabe2 == 6){
            document.write("Richtige Lösung!");
        }
        </script>
    </body>
</html>
```



Das nächste Beispielprogramm soll den logischen Oder-Operator (||) vorstellen. In diesem Fall wird der Inhalt der `if`-Abfrage ausgeführt, wenn mindestens eine der angegebenen Teilbedingungen zutrifft.

```
<html>
    <body>
        <script>
        "use strict";
        let eingabe1 = Number(prompt("Was ist das Ergebnis aus 3 +
        2?"));
        let eingabe2 = Number(prompt("Was ist das Ergebnis aus 3 *
        2?"));

        if (eingabe1 == 5 || eingabe2 == 6){
            document.write("Mindestens eine Aufgabe wurde richtig
            gelöst.");
        }
        </script>
    </body>
</html>
```

Bei der Verwendung dieses Operators kann es manchmal zu Missverständnissen kommen. Manche Anfänger gehen davon aus, dass die Gesamtbedingung nur dann zutrifft, falls genau eine der Teilbedingungen erfüllt ist, die andere hingegen nicht. Das ist jedoch nicht der Fall. Auch wenn der Anwender beide Aufgaben richtig gelöst hat, gibt das Programm die entsprechende Nachricht aus.

Darüber hinaus gibt es noch einen weiteren logischen Operator: den Verneinungsoperator (`!`). Dieser verneint entweder einen einzelnen Ausdruck oder einen ganzen Vergleich. Um deutlich zu machen, welcher Bereich verneint werden soll, ist es wichtig, entsprechende Klammern zu setzen.

Der Ausdruck `(!(eingabe1 == 5) && eingabe2 == 6)` verneint beispielsweise lediglich die erste Teilbedingung. Das bedeutet, dass die Nachricht nur ausgegeben wird, wenn die zweite Teilbedingung erfüllt ist, die erste hingegen nicht.

Wenn man nun die Klammer ändert, ergibt sich daraus eine ganz andere Funktionsweise. Im Ausdruck `(!(eingabe1 == 5 && eingabe2 == 6))` bezieht sich die Verneinung auf die gesamte Verknüpfung der beiden Teile. Die Bedingung trifft immer dann zu, wenn nicht beide Teilbedingungen erfüllt sind – mit anderen Worten wenn mindestens eine Eingabe falsch ist.

## 5.4 Weitere Optionen mit else und else if einfügen

In zahlreichen Programmen soll ein bestimmter Abschnitt ausgeführt werden, wenn eine Bedingung zutrifft. Ist das jedoch nicht der Fall, soll ein anderer Block behandelt werden. Ein Beispiel hierfür wurde bereits im Kapitel 5.2 erstellt. Dieses Programm sollte eine Erfolgsmeldung anzeigen, wenn der Anwender das richtige Ergebnis errechnet hat. Bei einer falschen Eingabe gibt das Programm hingegen eine Fehlermeldung aus.

Da in diesem Programm für die erste Bedingung der Gleichheitsoperator zum Einsatz kam, konnte man für die zweite Bedingung den Ungleichheitsoperator nutzen. Dieser stellt dessen Gegenteil dar und trifft daher immer dann zu, wenn die Überprüfung des Gleichheitsoperators ein negatives Ergebnis liefert. Bei anderen Ausdrücken wäre es möglich, diese als Ganzes zu verneinen, indem man diese in eine Klammer setzt und den Verneinungsoperator voranstellt.

Mit dieser Technik wäre es möglich, jeden beliebigen Ausdruck zu verneinen. Da derartige Konstruktionen jedoch sehr häufig auftreten, bietet JavaScript dafür eine wesentliche einfachere Lösung an – die Verwendung von `else`. Wenn man diesen Begriff nach einer `if`-Abfrage einfügt, wird der darauffolgende Block nur dann ausgeführt, wenn deren Bedingung nicht zutrifft. Das genannte Programm aus Kapitel 5.2 könnte man daher wie folgt umschreiben, ohne die Funktionsweise zu verändern:



```
<html>
    <body>
        <script>
        "use strict";
        let eingabe = Number(prompt("Was ist das Ergebnis aus 3 +
        2?"));
        if (eingabe == 5){
            document.write("Richtige Lösung!");
        }
        else{
            document.write("Falsches Ergebnis!");
        }

        </script>
    </body>
</html>
```

Häufig kommt es auch vor, dass das Programm nicht nur aus zwei Optionen auswählen soll, sondern aus mehreren. JavaScript bietet hierfür ebenfalls eine einfache Lösung. Man kann die verschiedenen Bedingungen mit `else if` miteinander verbinden. In diesem Fall geht das Programm die einzelnen Blöcke nacheinander durch. Ist bei einer der Abfragen die Bedingung erfüllt, führt es die zugehörigen Befehle aus und bricht daraufhin die Überprüfung ab. Das bedeutet, dass es nicht möglich ist, dass mehrere Blöcke ausgeführt werden. Wenn die Bedingung hingegen nicht zutrifft, geht es zum nächsten Abschnitt weiter.

Um dies zu verdeutlichen, sollen nochmals die Programme aus Kapitel 5.3 herangezogen werden. Das erste gab eine Erfolgsmeldung aus, wenn beide Aufgaben richtig gelöst wurden. Das zweite erzeugte hingegen eine entsprechende Ausgabe, wenn mindestens ein Ergebnis richtig war. Nun wäre es sinnvoll, ein Programm zu erzeugen, das beide Funktionen miteinander verbindet.

Wenn man nun einfach die beiden `if`-Abfragen hintereinander einfügt, ergibt sich jedoch ein Problem. Falls der Anwender beide Aufgaben richtig löst, erscheinen beide Nachrichten. Das kann man durch die Verwendung von `else if` verhindern. Wenn bereits die erste Bedingung erfüllt ist kommt es nicht mehr zur Überprüfung der zweiten.

Abschließend kann man noch einen `else`-Block hinzufügen. Dieser wird ausgeführt, wenn keine der vorherigen Bedingungen erfüllt ist. Das wäre in diesem Fall sinnvoll, wenn der Anwender keine Aufgabe korrekt löst.

```
<html>
    <body>
        <script>
        "use strict";
        let eingabe1 = Number(prompt("Was ist das Ergebnis aus 3 +
        2?"));
        let eingabe2 = Number(prompt("Was ist das Ergebnis aus 3 *
        2?"));

        if (eingabe1 == 5 && eingabe2 == 6){
            document.write("Sie haben alle Aufgaben richtig
            gelöst.");
        }
        else if (eingabe1 == 5 || eingabe2 == 6){
            document.write("Sie haben eine Aufgabe richtig gelöst.");
        }
        else {
            document.write("Sie haben leider keine Aufgabe richtig
            gelöst.");
        }
        </script>
    </body>
</html>
```

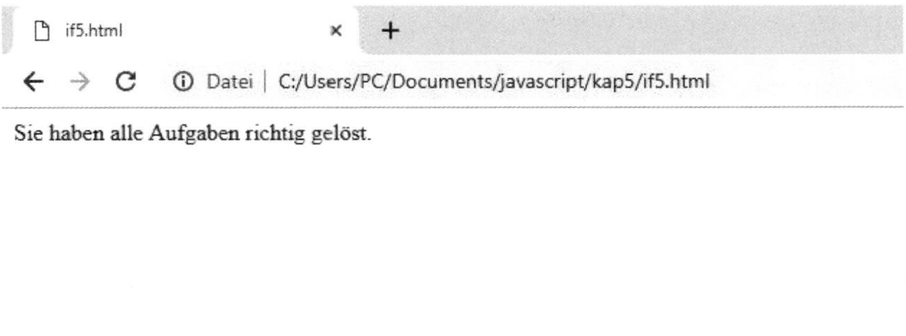


**Abb. 5.5** Die Erfolgsmeldung bei zwei richtigen Ergebnissen

## 5.5 Das switch-Statement: Alternative zur if-Abfrage

In JavaScript gibt es neben den `if`-Abfragen noch eine weitere Möglichkeit, um eine Auswahl zu treffen: das `switch`-Statement. Diese kommt dann infrage, wenn dabei immer die gleiche Variable auf Gleichheit mit verschiedenen Werten überprüft wird. Um das zu verdeutlichen, soll zunächst ein Programm entstehen, das zu diesem Zweck eine herkömmliche `if`-Abfrage verwendet.

Das Beispielprogramm dient einem Händler, um die Preise seiner Produkte abzufragen. Dazu soll der Besucher zunächst über den `prompt`-Befehl eingeben, nach welchem Artikel er sucht. Wenn er beispielsweise „Bohrmaschine" eingibt, soll das Programm den Preis des entsprechenden Artikels ausgeben:

```
<html>
    <body>
        <script>
        "use strict";
        let artikel = prompt("Welches Produkt suchen Sie?");

        if (artikel == "Bohrmaschine"){
            alert("Preis: 34,99€");
        }
        else if (artikel == "Schraubendreher"){
            alert("Preis: 4,99€");
        }
```

```
        else if (artikel == "Bandschleifer"){
            alert("Preis: 41,99€");
        }
        else if (artikel == "Kreissäge"){
            alert("Preis: 37,99€");
        }
        else if (artikel == "Hammer"){
            alert("Preis: 6,99€");
        }
        else {
            alert("Produkt leider nicht im Sortiment enthalten.");
        }
        </script>
    </body>
</html>
```

In diesem Fall könnte man stattdessen das `switch`-Statement verwenden. Dann sieht das Programm so aus:

```
<html>
    <body>
        <script>
        "use strict";
        let artikel = prompt("Welches Produkt suchen Sie?");

        switch (artikel){
            case "Bohrmaschine":
                alert("Preis: 34,99€");
                break;

            case "Schraubendreher":
                alert("Preis: 4,99€");
                break;

            case "Bandschleifer":
                alert("Preis: 41,99€");
                break;

            case "Kreissäge":
                alert("Preis: 37,99€");
                break;

            case "Hammer":
                alert("Preis: 6,99€");
```

```
                break;

            default:
                alert("Produkt leider nicht im Sortiment
                enthalten.");
        }

        </script>
    </body>
</html>
```



Um die Überprüfung zu beginnen, muss man zunächst den Schlüsselbegriff `switch` nennen. Danach steht in einer Klammer die Variable, die mit den verschiedenen Werten abgeglichen werden soll. In einer geschweiften Klammer folgen dann die vorhandenen Möglichkeiten. Diese werden jeweils mit dem Begriff `case` eingeleitet. Anschließend muss der Wert genannt werden, bei dem die entsprechenden Befehle ausgeführt werden sollen. Daran schließt sich ein Doppelpunkt an. Nun kann man beliebig viele Befehle einfügen. Um den entsprechenden Block zu beenden, muss der Befehl `break` stehen.

Der letzte Block wird mit dem Begriff `default` eingeleitet. Dieser ist gleichbedeutend zum Begriff `else` bei der `if`-Abfrage. Die darauf folgenden Befehle werden dann ausgeführt, wenn keiner der vorherigen Fälle eintritt.

Wenn man das `switch`-Statement verwendet, überprüft das Programm, ob die vorgegebene Variable mit den einzelnen Werten nach dem Begriff `case` übereinstimmt. Trifft dies zu, führt es alle folgenden Befehle aus – so lange bis es auf den Begriff `break` trifft.

Diese Funktionsweise macht es möglich, verschiedene Optionen miteinander zu verbinden. Dazu ist es lediglich notwendig, auf den `break`-Befehl in den entsprechenden Absätzen zu verzichten. Wenn das Sortiment mehrere Artikel mit dem gleichen Preis umfasst, wäre es beispielsweise nicht erforderlich, dafür eigene Ausgaben zu erstellen:

```
<html>
    <body>
        <script>
        "use strict";
        let artikel = prompt("Welches Produkt suchen Sie?");

        switch (artikel){
            case "Bohrmaschine":
            case "Bandschleifer":
            case "Kreissäge":
                alert("Preis: 37,99€");
                break;

            case "Schraubendreher":
            case "Hammer":
                alert("Preis: 4,99€");
                break;

            default:
               alert("Produkt leider nicht im Sortiment enthalten.");
        }

        </script>
    </body>
</html>
```

In diesem Beispiel haben die Bohrmaschine, der Bandschleifer und die Kreissäge den gleichen Preis. Außerdem fallen für den Schraubendreher und für den Hammer die gleichen Kosten an. Daher ist es möglich, die entsprechenden Produkte zusammenzufassen. Wenn der Anwender beispielsweise Bohrmaschine eingegeben hat, dann trifft bereits der erste Fall zu. Da hier jedoch kein `break`-Befehl vorkommt, führt das Programm auch die Befehle in den weiteren Fällen aus und gibt daher den Preis von 37,99€ aus. Erst danach steht der `break`-Befehl, was zu einem Abbruch der Überprüfung führt.

Bei der Verwendung des `switch`-Statements ist es wichtig, zu beachten, dass dieses nur in manchen Fällen eine `if`-Abfrage ersetzen kann. Wenn die Bedingung beispielsweise den Größer- oder den Kleiner-Operator verwendet oder wenn sie mehrere Variablen enthält, ist das nicht möglich.

## 5.6 Übungsaufgabe: Abfragen in den Programmen verwenden

1. Erstellen Sie ein Programm, das zwei Konstanten enthält, in denen ein Nutzername und ein Passwort enthalten sind. Fordern Sie daraufhin den Besucher zur Eingabe der entsprechenden Daten auf. Geben Sie eine passende Meldung aus – je nachdem, ob die eingegebenen Werte richtig oder falsch sind.

2. Stellen Sie dem Anwender 5 Rechenaufgaben. Überprüfen Sie nach jeder Aufgabe, ob das Ergebnis richtig ist. Erhöhen Sie in diesem Fall den Wert der Variablen `punkte` um 1. Geben Sie daraufhin je nach Punktestand eine passende Nachricht aus. Verwenden Sie dafür ein `switch`-Statement. Die Werte 0 und 1 sowie 2 und 3 sollen dabei jeweils zusammengefasst werden und zur Ausgabe der gleichen Nachricht führen.

## Lösungen:

**1.**

```
<html>
    <body>
        <script>
        "use strict";
        const nutzername = "user1";
        const passwort = "xyz";

        let eingabe1 = prompt("Geben Sie Ihren Nutzernamen ein:");
        let eingabe2 = prompt("Geben Sie Ihr Passwort ein:");

        if (eingabe1 == nutzername && eingabe2 == passwort){
            alert("Herzlich willkommen!");
        }
        else{
            alert("Ihre Nutzerdaten sind nicht korrekt.");
        }
        </script>
    </body>
</html>
```

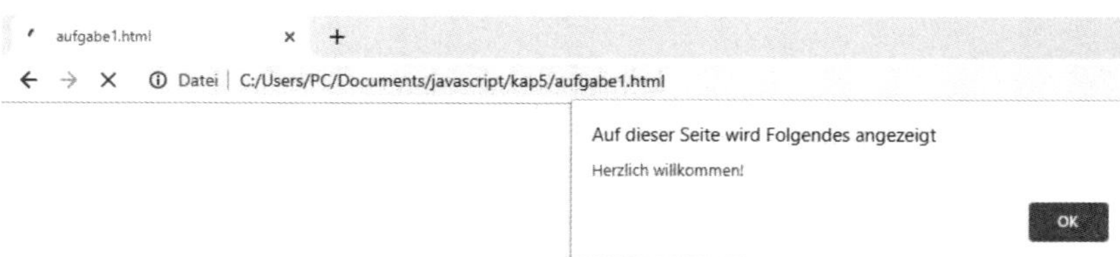


**Abb. 5.6** Die Willkommens-Nachricht bei richtiger Eingabe der Daten

**2.**

```
<html>
    <body>
        <script>
        "use strict";
        let punkte = 0;

        let eingabe1 = prompt("Was ist das Ergebnis aus 14 + 9?");
        if (eingabe1 == 23){
            punkte++;
        }
        let eingabe2 = prompt("Was ist das Ergebnis aus 27 / 3?");
        if (eingabe2 == 9){
            punkte++;
        }
        let eingabe3 = prompt("Was ist das Ergebnis aus 4 * 8?");
        if (eingabe3 == 32){
            punkte++;
        }
        let eingabe4 = prompt("Was ist die Quadratwurzel von 9?");
        if (eingabe4 == 3){
            punkte++;
        }
        let eingabe5 = prompt("Was ist der Logarithmus von 8 zur Basis
        2?");
        if (eingabe5 == 3){
            punkte++;
        }

        switch (punkte){
            case 0:
            case 1:
                alert('Sie sollten am besten nochmals die Grundschule
                besuchen.");
                break;

            case 2:
            case 3:
                alert("Sie sollten Mathe-Nachhilfe nehmen.");
                break;
```

```
            case 4:
                alert("Fast alle Aufgaben richtig gelöst.");
                break;

            case 5:
                alert("Herzlichen Glückwunsch! Maximale Punktzahl
                erreicht!");
                break;
        }
        </script>
    </body>
</html>
```

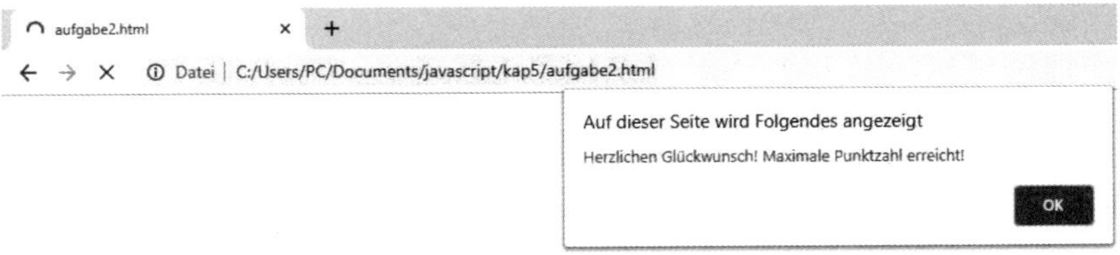


**Abb. 5.7** Die Erfolgsmeldung bei 5 richtigen Lösungen

Alle Programmcodes aus diesem Buch sind als PDF zum Download verfügbar. Dadurch müssen Sie sie nicht abtippen:
https://bmu-verlag.de/books/javascript/

Außerdem erhalten Sie die eBook Ausgabe zum Buch im PDF Format kostenlos auf unserer Website:

https://bmu-verlag.de/books/javascript/
**Downloadcode:** siehe Kapitel 20

## Kapitel 6
# Zusammengesetzte Datentypen in JavaScript

In Kapitel 4 wurde bereits die Verwendung von Variablen vorgestellt. Damit ist es möglich, beliebig viele Werte zu erfassen. Allerdings ist es dafür notwendig, jedes Mal einen individuellen Variablennamen zu erzeugen. Insbesondere bei großen Datensätzen ist diese Vorgehensweise sehr umständlich. Aus diesem Grund bietet JavaScript auch zusammengesetzte *Datentypen* an. Diese kann man sich ähnlich wie eine Liste vorstellen, die mehrere Einträge enthält. Dafür ist es nur notwendig, einen individuellen Namen für die Liste vorzugeben. Der Zugriff auf die einzelnen Inhalte findet dann meistens über die Position des Eintrags statt. Das macht die Programme nicht nur deutlich übersichtlicher, sondern darüber hinaus lassen es zusammengesetzte Datentypen auch zu, bestimmte Befehle auf alle enthaltenen Elemente anzuwenden. Das erleichtert die Arbeit beim Programmieren erheblich.

## 6.1 Arrays

Im vorherigen Kapitel erstellten wir Programme für einen Werkzeug-Händler. Diese gaben den Preis der einzelnen Produkte aus. An dieser Stelle soll nun ein neues Programm entstehen, das das Sortiment dieses Anbieters aufnimmt. Hierfür wäre es möglich, wie bisher einzelne Variablen zu verwenden:

```
let produkt1 = "Bohrmaschine";
let produkt2 = "Schraubendreher";
let produkt3 = "Bandschleifer";
let produkt4 = "Kreissäge";
let produkt5 = "Hammer";
```

Bereits bei einer relativ geringen Anzahl von fünf verschiedenen Produkten stellt man jedoch fest, dass diese Methode viel Arbeit mit sich bringt. Mit einem *Array* lässt sich dies deutlich einfacher erledigen. Um dieses zu deklarieren, gibt es zwei verschiedene Möglichkeiten:

```
let meinArray = new Array();
```

und

```
let meinArray = [];
```

Die erste Alternative entspricht den Vorgaben für die *objektorientierte Programmierung*. Diese wird in Kapitel 9 vorgestellt. An dieser Stelle sei lediglich erwähnt, dass für die Erzeugung eines neuen Objekts der Schlüsselbegriff `new` notwendig ist. Bei Arrays in JavaScript handelt es sich genau genommen ebenfalls um Objekte – allerdings mit besonderen Eigenschaften. Daher ist es möglich, sie auf die gleiche Weise zu deklarieren. Das ist jedoch recht ungebräuchlich. Deutlich häufiger kommt die zweite Alternative zum Einsatz.



Hierbei ist es möglich, das Array sofort mit Inhalten zu füllen. Dazu muss man die einzelnen Werte durch ein Komma voneinander getrennt in die eckige Klammer einfügen. Um die oben aufgeführten Produkte darin zu speichern, wäre folgender Befehl notwendig:

```
let meinArray = ["Bohrmaschine", "Schraubendreher", "Bandschleifer",
"Kreissäge", "Hammer"];
```

Wenn man das gesamte Sortiment ausgeben will, muss man nun nicht mehr für jeden einzelnen Wert einen Ausgabebefehl in das Programm einfügen. Es reicht aus, den Namen des Arrays in den `alert`- oder in den `document.write`-Befehl einzufügen. Das folgende Programm erstellt das Array und gibt dessen Inhalt anschließend aus:

```
<html>
    <body>
        <script>
        let meinArray = ["Bohrmaschine", "Schraubendreher",
        "Bandschleifer", "Kreissäge", "Hammer"];
        alert(meinArray);

        </script>
    </body>
</html>
```

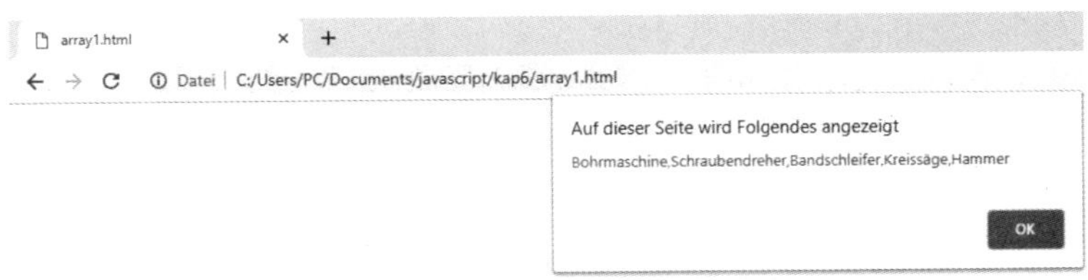


**Abb. 6.1** Die Ausgabe des Arrays

In vielen Programmiersprachen müssen die Elemente eines Arrays stets den gleichen Datentyp aufweisen. JavaScript ist jedoch in dieser Hinsicht sehr flexibel. Hier ist es möglich, verschiedene Datentypen im gleichen Array zu verwenden. Das ist beispielsweise sinnvoll, wenn man die Daten der einzelnen Produkte erfassen will. Mithilfe eines Arrays kann man im ersten Feld den Produkttyp und im zweiten Feld den Preis speichern. Das dritte Feld soll eine boolesche Variable enthalten, die angibt, ob das entsprechende Produkt lieferbar ist. Ein Programm mit einem derartigen Array sieht dann so aus:

```
<html>
    <body>
        <script>
        let meinArray = ["Bohrmaschine", 34.99, true];

        alert(meinArray);

       </script>
    </body>
</html>
```

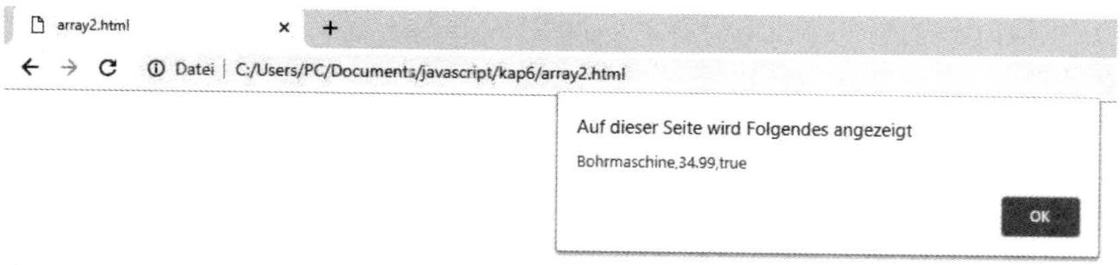


**Abb. 6.2** Das Array mit unterschiedlichen Datentypen



Oftmals ist es notwendig, nicht den gesamten Inhalt des Arrays auszugeben, sondern nur einen einzelnen Wert. Hierfür muss man dessen Indexnummer – also die Position, an der er sich im Array befindet – innerhalb einer eckigen Klammer angeben. Dabei ist es wichtig, darauf zu achten, dass die Nummerierung stets mit dem Wert 0 beginnt. Um das erste Element des Arrays auszugeben, wäre folgender Befehl notwendig:

```
alert (meinArray[0]);
```

Man kann auf diese Weise auch den Inhalt eines bestimmten Feldes ändern, indem man ihm einen neuen Wert zuweist:

```
meinArray[0] = "Stichsäge";
```

JavaScript weist noch eine weitere Besonderheit auf. In vielen anderen Programmiersprachen kann man die Länge des Arrays nicht mehr verändern, wenn dieses einmal deklariert ist. Mit JavaScript ist es jedoch möglich, nachträglich weitere Elemente hinzuzufügen. Dafür muss man lediglich dem Arrayfeld, das sich an die bisherigen Einträge anschließt, einen Wert zuweisen:

```
let meinArray = ["Bohrmaschine", "Schraubendreher", "Bandschleifer",
"Kreissäge", "Hammer"];
meinArray[5] = "Stichsäge";
```

Das Array, das mit dem ersten Befehl definiert wird, belegt die Felder 0 bis 4. Wenn man dann dem Feld 5 einen Wert zuweist, wird ein neuer Wert zum Array hinzugefügt. Um sicherzustellen, dass dabei keine leeren Felder entstehen und dass kein bereits vorhandener Wert verändert wird, kann man hierfür auch die `length`-Funktion verwenden. Diese muss man – durch einen Punkt getrennt – an den Namen des Arrays anfügen. Sie gibt die Anzahl der vorhandenen Felder zurück. Dieser Wert entspricht stets der Index-Nummer des ersten freien Feldes – da der Index stets mit 0 beginnt. Mit folgendem Befehl fügt man das neue Element daher immer am Ende des Arrays hinzu – unabhängig von der Anzahl der bereits belegten Felder:

```
meinArray[meinArray.length] = "Stichsäge";
```

Das erste Programmbeispiel in diesem Kapitel erzeugte ein Array, das das gesamte Sortiment des Händlers enthielt. Im zweiten Beispiel wurden zusätzliche Produktdetails erfasst – allerdings nur zu einem einzelnen Artikel. In vielen Fällen wäre es sinnvoll, beide Angaben miteinander zu kombinieren – also ein Array zu erzeugen, das zu allen Produkten im Sortiment detaillierte Angaben enthält.

Auch das ist möglich. Hierfür kommen mehrdimensionale Arrays zum Einsatz. Das sind Arrays, deren einzelne Felder aus weiteren Arrays bestehen. Wenn man diese direkt mit Werten initialisieren will, muss man die Inhalte der untergeordneten Datenstrukturen wieder in eine eckige Klammer schreiben:

```
meinArray = [[2,4],[6,3],[8,9]];
```

Dieses Beispiel erzeugt ein Array mit drei Feldern, in denen jeweils ein Zahlenpaar steht. Wenn man auf diese Weise ein Array für das gesamte Sortiment des Händlers erstellen will, entsteht jedoch ein äußerst langer Befehl, der ausgesprochen unübersichtlich ist. Daher ist es in diesem Fall besser, zunächst das Array zu initialisieren und anschließend die Felder einzeln zu füllen:

```
meinArray = [];

meinArray[0] = ["Bohrmaschine", 34.99, true];
meinArray[1] = ["Schraubendreher", 4.99, true];
meinArray[2] = ["Bandschleifer", 41.99, false];
meinArray[3] = ["Kreissäge", 37.99, true];
meinArray[4] = ["Hammer", 6.99, false];
```

Um auf die einzelnen Felder zuzugreifen, muss man nun zwei eckige Klammern hintereinander erstellen. In der ersten steht die Indexnummer für die übergeordnete Struktur, in der zweiten die Position im untergeordneten Array. Das folgende Programm erzeugt ein zweidimensionales Array mit dem Sortiment des Händlers. Danach gibt es den Preis der Bohrmaschine, die Verfügbarkeit des Bandschleifers und die Produktbezeichnung des letzten Artikels aus. Anschließend folgt ein Ausgabebefehl für das gesamte Array:



```
<html>
    <body>
        <script>
        meinArray = [];

        meinArray[0] = ["Bohrmaschine", 34.99, true];
        meinArray[1] = ["Schraubendreher", 4.99, true];
        meinArray[2] = ["Bandschleifer", 41.99, false];
        meinArray[3] = ["Kreissäge", 37.99, true];
        meinArray[4] = ["Hammer", 6.99, false];

        document.write(meinArray[0][1] + "<br>");
        document.write(meinArray[2][2] + "<br>");
        document.write(meinArray[4][0] + "<br>");
        document.write(meinArray);

        </script>
    </body>
</html>
```

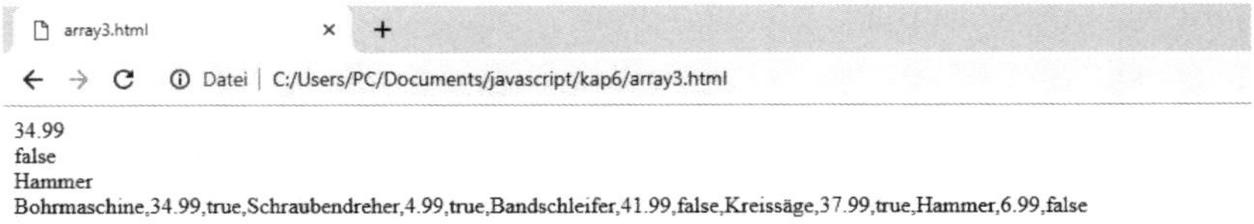


**Abb. 6.3** Die Ausgabe der Inhalte

## 6.2 Map und WeakMap

Bei einem Array findet der Zugriff auf die einzelnen Inhalte immer über eine Indexnummer statt. Manchmal ist es jedoch sinnvoll, hierfür einen Schlüsselbegriff zu verwenden. Das macht in vielen Fällen das Verständnis leichter. Ein Beispiel hierfür wären die Produktdetails, die im vorherigen Abschnitt in einem Array abgespeichert wurden. Der letzte Punkt enthielt lediglich eine boolesche Variable. Um diesen Wert sinnvoll zu verwenden, ist es wichtig, genau zu wissen, dass es sich beim dritten Arrayfeld um die Verfügbarkeit des Produkts handelt. Wenn man diesem eine erklärende Bezeichnung gibt, ist der Bezug hingegen sofort klar.

Zu diesem Zweck kommt die Datenstruktur `Map` zum Einsatz. Um diese zu deklarieren, ist folgender Befehl notwendig:

```
let meineMap = new Map();
```

Wenn man die einzelnen Inhalte einfügen will, muss man den `set`-Befehl verwenden. Dieser schließt sich nach einem Punkt an den Namen der `Map` an. Darin muss zunächst der gewünschte Schlüsselbegriff für das Feld stehen. Nach einem Komma folgt dann der Inhalt. Um ein Feld mit der Bezeichnung `Produkttyp` zu erzeugen und diesem den Inhalt Bohrmaschine zu geben, kommt folgender Befehl zum Einsatz:

```
meineMap.set("Produkttyp", "Bohrmaschine");
```

Um den Wert abzurufen, muss man den `get`-Befehl verwenden. Auch dieser steht durch einen Punkt getrennt nach dem Namen der Map. Um auf das entsprechende Feld zuzugreifen, muss man dessen Bezeichnung angeben:

```
meineMap.get("Produkttyp")
```

Das folgende Programmbeispiel erzeugt eine Map, fügt drei Felder mit den Produktdetails ein und gibt diese anschließend auf der Seite aus:



```
<html>
    <body>
        <script>
        "use strict";
        let meineMap = new Map();
        meineMap.set("Produkttyp", "Bohrmaschine");
        meineMap.set("Preis", 34.99);
        meineMap.set("Verfuegbarkeit", true);
        document.write(meineMap.get("Produkttyp") + "<br>");
        document.write(meineMap.get("Preis") + "<br>");
        document.write(meineMap.get("Verfuegbarkeit") + "<br>");
        </script>
    </body>
</html>
```

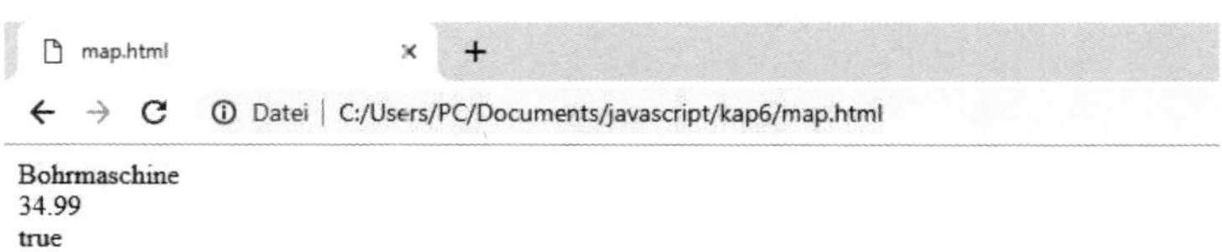


**Abb. 6.4** Die Ausgabe der Produktdetails

Darüber hinaus gibt es einige weitere Befehle, die für den Umgang mit Maps sinnvoll sind:

`map.has(Schlüsselbegriff)`: Gibt an, ob das entsprechende Feld enthalten ist

`map.delete(Schlüsselbegriff)`: Löscht den entsprechenden Eintrag

`map.clear()`: Löscht alle Einträge aus der Map

`map.size()`: Gibt die Anzahl der enthaltenen Felder zurück

Darüber hinaus gibt es eine *Datenstruktur*, die sehr ähnlich aufgebaut ist. Diese trägt den Namen `WeakMap`. Die Unterschiede zur gewöhnlichen `Map` sind für den Anfänger jedoch nur schwer zu verstehen. Sie betreffen in erster Linie die internen Prozesse hinsichtlich der Belegung des erforderlichen Speicherplatzes. Außerdem sind hier die Funktionen `clear` und `size` nicht verfügbar.

Einer der wesentlichen Unterschiede besteht außerdem darin, dass WeakMaps keine einfachen Zeichenketten oder Zahlen als Schlüssel akzeptieren, sondern lediglich Objekte. Da die Verwendung von Objekten jedoch erst in Kapitel 9 vorgestellt wird, ist es an dieser Stelle nicht notwendig, sich intensiver mit der Funktionsweise von WeakMaps zu befassen. Als Anfänger verzichtet man besser auf die Verwendung dieser Datenstruktur. Wenn man jedoch einmal ein Programm eines anderen Programmierers sieht, das eine `WeakMap` verwendet, sollte man wissen, dass deren Verhalten sehr ähnlich wie bei einer normalen Map ist.

## 6.3 Set und WeakSet

Darüber hinaus bietet JavaScript noch eine weitere Datenstruktur an. Mit dem Begriff `Set` lassen sich verschiedene Werte erfassen.

Diese sind weder mit einem Index noch mit einem Schlüsselbegriff verbunden. Der Inhalt des *Sets* hat daher keinerlei Ordnung. Diese Struktur ist mit einer mathematischen Menge zu vergleichen. Diese enthält ebenfalls unterschiedliche Werte ohne vorgegebene Ordnung.

Ähnlich wie bei der `Map` gibt es auch hierbei einige Funktionen, um den Datensatz zu verwalten. Während bei Maps der Zugriff jedoch meistens über den Schlüsselbegriff stattfand, muss man bei einem `Set` direkt den entsprechenden Wert eingeben. Auf ein `Set` kann man unter anderem folgende Methoden anwenden:



`set.add(Wert)`: Fügt einen neuen Wert zum Datensatz hinzu

`set.has(Wert)`: Gibt an, ob das entsprechende Feld enthalten ist

`set.delete(Wert)`: Löscht den entsprechenden Eintrag

`set.clear()`: Löscht alle Einträge aus dem Set

`set.size()`: Gibt die Anzahl der enthaltenen Werte zurück

Auf diese Weise kann man ein Programm erstellen, das ein `Set` erzeugt, einige Werte einfügt und danach die Größe ausgibt. Anschließend löscht es ein Element und gibt die Größe erneut aus:

```
<html>
    <body>
        <script>
        "use strict";
        let meinSet = new Set();
        meinSet.add("Bohrmaschine");
        meinSet.add("Bandschleifer");
        meinSet.add("Kreissäge");
        meinSet.add("Kreissäge");
        meinSet.add("Bohrmaschine");

        document.write("Größe: " + meinSet.size + "<br>");
        meinSet.delete("Bohrmaschine");
```

```
        document.write("Größe: " + meinSet.size + "<br>");

        </script>
    </body>
</html>
```

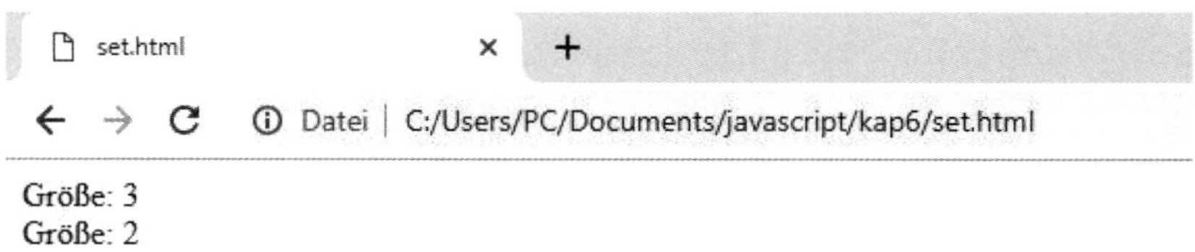


**Abb. 6.5** Die Ausgabe der Größe des Sets

Dieses Programm stellt nicht nur die verschiedenen Funktionen von Sets vor. Darüber hinaus wird dabei auch eine der wesentlichen Eigenschaften dieser Datenstruktur deutlich: Sets können keinen Wert doppelt aufnehmen. Das Beispielprogramm fügt insgesamt fünf Werte in das Set ein. Bei der Anzeige der Größe wird jedoch der Wert 3 ausgegeben. Das liegt daran, dass wir die Begriffe „Bohrmaschine" und „Kreissäge" jeweils doppelt eingefügt haben. Da Dopplungen bei einem Set jedoch nicht möglich sind, werden diese Inhalte nicht nochmals eingefügt.

Ein Set bietet auch die Möglichkeit, die Werte aus einer anderen Datenstruktur zu importieren. Wenn beispielsweise bereits ein Array besteht, kann man dessen Inhalte bei der Erzeugung des Sets einfügen. Dazu muss man dieses in die Klammer hinter dem Begriff `new Set` setzen:

```
<html>
    <body>
        <script>
        "use strict";
        let arr = ["Bohrmaschine", "Bandschleifer", "Kreissäge"];
        let meinSet = new Set(arr);

        document.write("Größe: " + meinSet.size + "<br>");

        </script>
    </body>
</html>
```

**Abb. 6.6** Die Größe entspricht der Anzahl der Felder im Array

Auch bei Sets gibt es eine sehr ähnliche Alternative: WeakSets. Die Unterschiede können hier nicht im Detail erklärt werden. Die meisten Befehle lassen sich jedoch auch auf das `WekSet` anwenden. Allerdings besteht dabei ebenfalls die Einschränkung, dass diese Datenstruktur lediglich Objekte aufnehmen kann.

## 6.4 Übungsaufgabe: mit zusammengesetzten Datentypen arbeiten

1. Schreiben Sie ein Programm, das den Besucher nach seinem Vornamen, nach seinem Nachnamen und nach seinem Alter fragt. Erstellen Sie ein Array und fügen Sie die entsprechen-

den Werte ein. Geben Sie dessen Inhalt anschließend auf der Seite aus.

2. Nun soll das Programm die entsprechenden Datensätze von drei Personen aufnehmen. Erzeugen Sie dafür zunächst ein Array, das drei leere Arrays enthält. Wiederholen Sie die Eingabe der einzelnen Datensätze dann drei Mal und fügen Sie die entsprechenden Werte ein. Geben Sie dem Anwender daraufhin die Möglichkeit, einen bestimmten Wert aus dem Datensatz abzurufen. Dazu muss er zunächst die Nummer der Person eingeben und daraufhin den Index der gewünschten Information.
3. Erstellen Sie ein Programm, das die gleiche Aufgabe erfüllt wie in Übungsaufgabe 1. Nutzen Sie nun jedoch eine Datenstruktur, die es erlaubt, die Werte über Schlüsselbegriffe abzurufen.

## Lösungen:

1.

```
<html>
    <body>
        <script>

        let meinArray = [];
        meinArray[0] = prompt("Vorname:");
        meinArray[1] = prompt("Nachname:");
        meinArray[2] = prompt("Alter:");

        document.write(meinArray);

        </script>
    </body>
</html>
```

**Abb. 6.7** Die Ausgabe der Inhalte des Arrays

**2.**

```
<html>
    <body>
        <script>

      let meinArray = [[],[],[]];
      meinArray[0][0] = prompt("Vorname Person 1:");
      meinArray[0][1] = prompt("Nachname Person 1:");
```

```
        meinArray[0][2] = prompt("Alter Person 1:");

        meinArray[1][0] = prompt("Vorname Person 2:");
        meinArray[1][1] = prompt("Nachname Person 2:");
        meinArray[1][2] = prompt("Alter Person 2:");

        meinArray[2][0] = prompt("Vorname Person 3:");
        meinArray[2][1] = prompt("Nachname Person 3:");
        meinArray[2][2] = prompt("Alter Person 3:");

        let pers = prompt("Die Daten welcher Person sollen ausgegeben
        werden?") - 1;
        let inf = prompt("Welche Information möchten sie abrufen
        (Vorname: 0, Nachname: 1, Alter: 2)?");

        document.write(meinArray[pers][inf]);

        </script>
    </body>
</html>
```

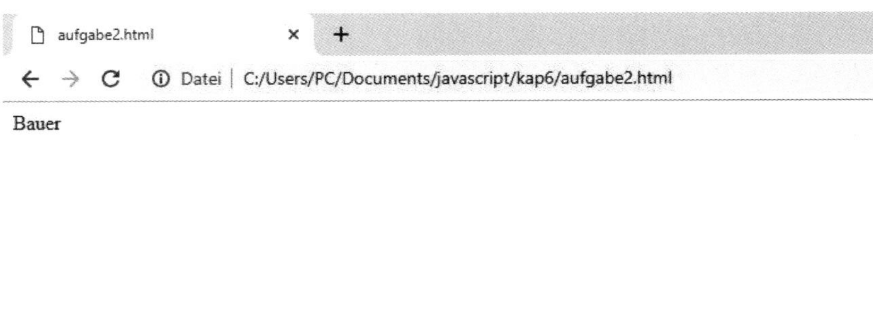


**Abb. 6.8** Die Ausgabe eines beliebigen Inhalts des Arrays

**3.**

```
<html>
    <body>
        <script>

        let meineMap = new Map();
        meineMap.set("Vorname", prompt("Vorname:"));
```

```
        meineMap.set("Nachname", prompt("Nachname:"));
        meineMap.set("Alter", prompt("Alter:"));

        document.write(meineMap.get("Vorname") + "<br>");
        document.write(meineMap.get("Nachname") + "<br>");
        document.write(meineMap.get("Alter") + "<br>");

        </script>
    </body>
</html>
```

**Abb. 6.9** Da sich die Map im Vergleich zu Aufgabe 1 nicht als ganze ausgeben lässt, muss man die Werte einzeln einfügen. Das ermöglicht eine etwas ansprechendere Darstellung.

Alle Programmcodes aus diesem Buch sind als PDF zum Download verfügbar. Dadurch müssen Sie sie nicht abtippen: https://bmu-verlag.de/books/javascript/

Außerdem erhalten Sie die eBook Ausgabe zum Buch im PDF Format kostenlos auf unserer Website:

https://bmu-verlag.de/books/javascript/
**Downloadcode:** siehe Kapitel 20

# Kapitel 7
# Schleifen für die Wiederholung einzelner Programmteile

Einer der zentralen Vorteile bei der Verwendung eines Computers besteht darin, dass dieser einfache Berechnungen ausgesprochen schnell ausführt. Die Lösung komplexer Aufgaben besteht meistens darin, einen Algorithmus zu entwickeln, der dafür zahlreiche einfache Rechenschritte verwendet. In vielen Fällen müssen diese viele Tausend Mal wiederholt werden.



Wenn man jedoch für jede Wiederholung ein eigenes Kommando schreiben muss, dann entsteht dadurch ein beträchtlicher Aufwand. Daher ist es wichtig, ein Instrument zu verwenden, das die Wiederholungen automatisiert. Dazu dienen Schleifen. Deren Verwendung wird in diesem Kapitel erklärt.

## 7.1 Die while-Schleife

JavaScript unterstützt mehrere Arten von Schleifen. Manche von ihnen eignen sich nur für ganz spezielle Aufgaben. Einen sehr allgemeinen Anwendungsbereich hat hingegen die `while`-Schleife. Damit kann man fast jede Aufgabe in diesem Bereich lösen. Daher gilt diese als die Grundform aller Schleifen und soll an erster Stelle vorgestellt werden.

Eine Schleife dient dazu, eine bestimmte Abfolge von Befehlen zu wiederholen. Diese stehen innerhalb einer geschweiften Klammer. Darüber hinaus ist es notwendig, eine Bedingung für die Wiederholung der Schleifen aufzustellen. Die entsprechenden Befehle werden so lange wiederholt, wie die Bedingung erfüllt ist. Wenn sie hingegen nicht mehr zutrifft, kommt es zum Abbruch der Schleife. Die Struktur sieht daher so aus:

```
while (Bedingung) {
        Befehl 1;
        Befehl 2;
        Befehl 3;
        .
        .
        Befehl n;
}
```

Die Struktur der `while`-Schleife ist – abgesehen vom verwendeten Schlüsselbegriff – genau die gleiche wie bei der `if`-Abfrage. Auch die Funktionsweise ist ähnlich. Der Unterschied besteht darin, dass die `if`-Abfrage sofort beendet wird, wenn der Körper einmal durchlaufen ist. Das Programm führt dann die Befehle aus, die sich an die `if`-Abfrage anschließen. Bei der `while`-Schleife überprüft das Programm nach dem Durchlaufen des Körpers die Bedingung hingegen erneut. Trifft sie immernoch zu, führt es die entsprechenden Befehle ein weiteres Mal aus. Damit fährt es so lange fort, bis die Bedingung nicht mehr zutrifft.

Diese Funktionsweise beinhaltet die Gefahr, dass eine Endlosschleife entsteht. Das bedeutet, dass keine Möglichkeit besteht, dass die Bedingung nicht mehr zutrifft. Deshalb führt das Programm die Schleife immer wieder aus und wird nicht ordentlich beendet. Das sollte stets vermieden werden. Um das Entstehen einer Endlosschleife zu verhindern, ist es wichtig, einige Grundsätze für das Erstellen der Schleife zu beachten. Dazu zählt, dass die Bedingung mindestens eine Variable aufweisen muss. Darüber hinaus ist es notwendig, dass diese Variable auch im Schleifenkörper vorkommt. Dort muss es möglich sein, sie so zu verändern, dass die Bedingung nicht mehr erfüllt ist.

Um die Funktionsweise der `while`-Schleife aufzuzeigen, soll ein Programm entstehen, das ähnlich aufgebaut ist wie das Beispiel aus Kapitel 5.2, das dem Anwender eine Rechenaufgabe stellte. Wenn dieser nun jedoch ein falsches Ergebnis eingibt, soll es nicht nur zu einer entsprechenden Meldung kommen. Stattdessen soll das Programm die Eingabe so lange wiederholen, bis der Nutzer das richtige Ergebnis eingibt:

```
<html>
    <body>
        <script>
        "use strict";
        let eingabe = 0;

        while (eingabe != 5){
            eingabe = prompt("Was ist das Ergebnis aus 3 + 2?");
        }
        alert("Richtige Lösung!");

        </script>
    </body>
</html>
```

In vielen Fällen ist es auch notwendig, eine bestimmte Aktion mit einer fest vorgegebenen Anzahl an Durchläufen durchzuführen. Auch das ist mit einer `while`-Schleife möglich. Hierfür ist es notwendig, zunächst eine Variable für den Zähler zu erstellen. Die meisten Programmierer geben dieser den Namen `i`. Danach muss deren Wert mit jedem Durchlauf der Schleife um 1 erhöht werden.

Das folgende Programm fragt den Anwender zunächst, bis zu welcher Zahl das Programm zählen soll. Danach gibt es alle Zahlen bis zum angegebenen Wert auf der Seite aus:

```
<html>
    <body>
        <script>
        "use strict";
        let eingabe = Number(prompt(decodeURI("Bis zu welchem Wert
        m%C3%B6chten Sie z%C3%A4hlen?")));
        let i = 1;

        while (i <= eingabe){
            document.write(i + "<br>");
            i++;
        }

        </script>
    </body>
</html>
```

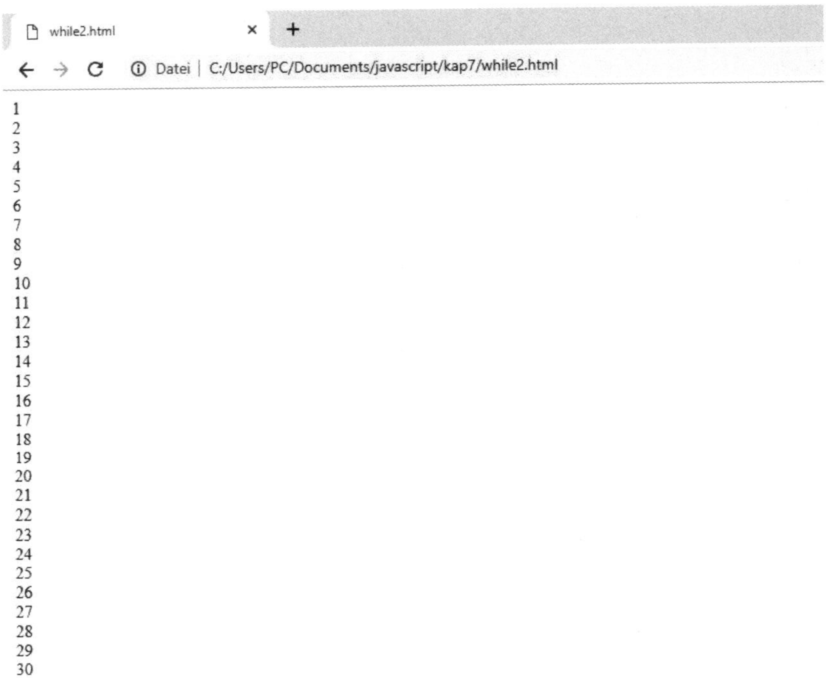


**Abb. 7.1** Diese Ausgabe erscheint, wenn der Anwender den Wert 30 eingibt

**Anmerkung:** Dieses Programm enthält den Befehl `decodeURI`. Dieser ist notwendig, da der Text, der im `prompt`-Befehl angezeigt werden soll, Umlaute enthält. Wenn man die entsprechenden Zeichen ohne weiteren Maßnahmen einfügt, werden sie jedoch genau wie beim `alert`-Befehl nicht richtig angezeigt. Daher ist es notwendig, den Text mit dem `decodeURI`-Befehl zu bearbeiten. Außerdem muss man die Umlaute durch eine spezielle Zeichenfolge ersetzen. Die folgende Tabelle gibt die Werte für die wichtigsten Zeichen an:

| ä | %C3%A4 | Ä | %C3%84 |
|---|---|---|---|
| ö | %C3%B6 | Ö | %C3%96 |
| ü | %C3%BC | Ü | %C3%9C |
| ß | %C3%9F | | |

Wenn Sie sich diese Werte nicht merken wollen, können Sie den entsprechenden Text auch zunächst mit dem `encodeURI`-Befehl kodieren. So werden automatisch alle Umlaute umgewandelt. Der entsprechende Programmabschnitt müsste dann so aussehen:

```
let inhalt = encodeURI("Bis zu welchem Wert möchten Sie zählen?");
let eingabe = Number(prompt(decodeURI(inhalt)));
```



## 7.2 Die do-while-Schleife

JavaScript enthält noch eine weitere Schleife, deren Funktionsweise sehr ähnlich ist wie bei der `while`-Schleife. Diese trägt die Bezeichnung `do-while`-Schleife. Der Unterschied zur `while`-Schleife besteht darin, dass hierbei die Bedingung erst nach dem Schleifenkörper steht. Daher wird sie auch als fußgesteuerte Schleife bezeichnet. Ihre Struktur sieht so aus:

```
do {
      Befehl 1;
      Befehl 2;
      Befehl 3;
      .
      .
      Befehl n;
} while (Bedingung);
```

In vielen Fällen ist die Verwendung vollkommen identisch wie bei der `while`-Schleife. Allerdings gibt es dennoch einen kleinen Unterschied. Die `do-while`-Schleife überprüft die Bedingung erst, wenn der Schleifenkörper einmal durchlaufen ist. Das bedeutet, dass sie diese Befehle mindestens einmal ausführt – auch dann, wenn die Bedingung von

Anfang an nicht erfüllt ist. Die `while`-Schleife führt die Überprüfung hingegen zu Beginn durch. Ist die Bedingung nicht erfüllt, werden die Befehle kein einziges Mal ausgeführt.

Dieser Unterschied wird deutlich, wenn man das erste Beispiel aus dem vorherigen Abschnitt so umschreibt, dass es eine `do-while`-Schleife enthält:

```
<html>
    <body>
        <script>
        "use strict";

        let eingabe;
        do {
            eingabe = prompt("Was ist das Ergebnis aus 3 + 2?");
        }while (eingabe != 5);
        alert("Richtige Lösung!");

        </script>
    </body>
</html>
```

Bei der Verwendung der `while`-Schleife musste man der Variablen eingabe bereits am Anfang einen festen Wert zuweisen, damit die Bedingung erfüllt ist und die Schleife mindestens einmal durchlaufen wird. Das ist nun nicht mehr notwendig. Hier reicht es aus, die Variable zu deklarieren.

Die `do-while`-Schleife kommt vergleichsweise selten zum Einsatz. In manchen Situationen bietet sie jedoch einige Vorteile, um den Ablauf des Programms zu steuern.

## 7.3 Die for-Schleife

In Kapitel 7.1 wurde bereits erwähnt, dass Schleifen häufig dazu dienen, bestimmte Befehle mit einer fest vorgegebenen Anzahl an Wiederholungen auszuführen. Dafür haben wir zunächst die `while`-Schleife verwendet. Es gibt jedoch auch eine etwas einfachere Alternative: die `for`-Schleife.

Diese wird mit dem Begriff `for` eingeleitet. Danach folgt eine klammer mit drei Elementen, die jeweils durch ein Semikolon voneinander getrennt sind. Der erste Teil definiert den Startwert des Zählers. Das zweite Element gibt die Abbruchbedingung vor. Der dritte Eintrag zeigt an, auf welche Weise der Zähler bei jedem Durchlauf der Schleife verändert wird.

Anhand dieser Informationen kann man das Programm aus Kapitel 7.1 so umschreiben, dass es eine `for`-Schleife verwendet. Der Code dafür sieht so aus:



```
<html>
    <body>
        <script>
        "use strict";
        let eingabe = Number(prompt(decodeURI("Bis zu welchem Wert
        m%C3%B6chten Sie z%C3%A4hlen?")));

        for (let i = 1; i <= eingabe; i++){
            document.write(i + "<br>");
        }

        </script>
    </body>
</html>
```

Wenn man sich den ursprünglichen Code mit der `while`-Schleife nochmals anschaut, wird deutlich, dass dieser alle Elemente der `for`-Schleife ebenfalls enthielt. Sie standen jedoch in unterschiedlichen Bereichen des Programms. Die `for`-Schleife fasst sie zu einem einzigen Ausdruck zusammen. Daher gestaltet sie das Programm kürzer und übersichtlicher.

Der Startwert der `for`-Schleife muss nicht zwingend bei 1 liegen. Häufig wird auch mit dem Wert 0 begonnen. Das ist beispielsweise sinnvoll, wenn man die Elemente eines Arrays ausgeben will – da der Index hierbei mit 0 beginnt. Man kann aber auch beliebige andere Startwerte vorgeben. Auch der Zähler muss nicht zwangsläufig bei jedem Durchlauf um den Wert 1 erhöht werden. Es ist beispielsweise möglich, ihn um 1 zu erniedrigen (`i--`), um rückwärts zu zählen oder ihn bei jedem Durchlauf zu verdoppeln (`i *= 2`).

Es ist auch möglich, die erste oder die dritte Angabe wegzulassen. Wenn das Programm beispielsweise den passenden Startpunkt aus einer anderen Berechnung ermittelt hat, ist es nicht notwendig, diesen neu zu definieren. Falls hingegen die Veränderung des Zählers von den Abläufen im Schleifenkörper abhängig ist, ist es nicht sinnvoll, hierfür bereits eine Vorgabe bei der Deklarierung der Schleife zu machen.

Das folgende Beispielprogramm fragt nicht nur den Endpunkt vom Anwender ab, sondern auch den Startpunkt. Daher wird dieser Wert bereits vor dem Beginn der Schleife definiert. Aus diesem Grund bleibt die entsprechende Angabe bei der Definition der `for`-Schleife leer.

```
<html>
    <body>
        <script>
        "use strict";
        let i = Number(prompt("Geben Sie den Startwert vor!"));
        let eingabe = Number(prompt(decodeURI("Bis zu welchem Wert
        m%C3%B6chten Sie z%C3%A4hlen?")));

        for (; i <= eingabe; i++){
            document.write(i + "<br>");
        }

        </script>
    </body>
</html>
```

**Abb. 7.2** Nun kann man den Start- und den Endpunkt individuell vorgeben

## 7.4 Sonderformen der for-Schleife

Häufig dienen `for`-Schleifen dazu, eine bestimmte Aktion mit allen Elementen eines Arrays durchzuführen. Da dessen Index stets mit dem Wert 0 beginnt, kann man diese Zahl als Startwert für den Zähler festlegen. Wenn man die Anzahl der Elemente bereits kennt, kann man diesen Wert direkt für die Bedingung übernehmen. Ist die Länge unbekannt, kann man diese über die `length`-Funktion ermitteln. So ist es beispielsweise möglich, alle Elemente des Arrays auszugeben oder auf eine bestimmte Weise zu verändern.

Da diese Aufgaben sehr häufig vorkommen, bietet JavaScript hierfür eine noch etwas einfachere Form an: die `for-of`-Schleife. Diese wird ebenfalls mit dem Schlüsselbegriff `for` eingeleitet. Danach folgt eine

Klammer. Dort muss man nun jedoch eine neue Variable deklarieren. Danach steht der Schlüsselbegriff `of` und anschließend der Name des Arrays. Unter dem Namen der Variablen, die in der Klammer deklariert wurde, kann man nun alle Elemente des Arrays ausgeben:

```
<html>
    <body>
        <script>
        "use strict";

        let arr = [2, 5, 9, 4, 2];

        for (let wert of arr){
            document.write(wert + "<br>");
        }

        </script>
    </body>
</html>
```

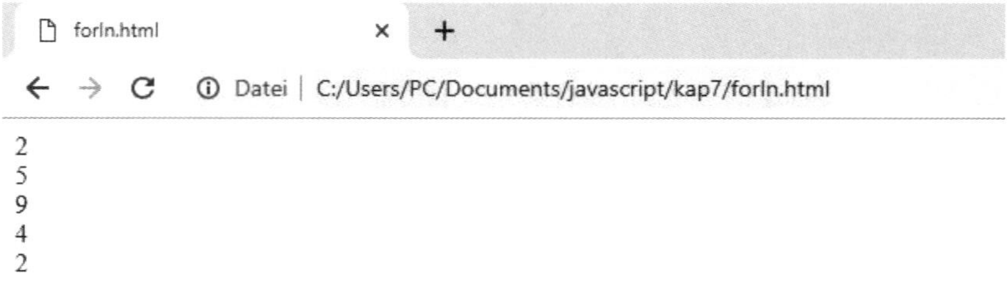


**Abb. 7.3** Mit der for-of-Schleife kann man alle Array-Felder ausgeben

Die `for-of`-Schleife führt eine sogenannte „Iteration" durch. Das bedeutet, dass sie alle Elemente des entsprechenden Objekts – in diesem Beispiel also des Arrays – durchgeht. Bei jedem Durchgang weist sie den Wert des aktuellen Feldes der Variablen `wert` zu, die bei der Definition der Schleife definiert wurde. Unter dieser Bezeichnung kann man dann im Schleifenkörper auf den Wert zugreifen. Beim nächsten Durchlauf weist das Programm der Variablen dann den Inhalt des nächsten Array-Feldes zu.

Aus dieser Funktionsweise wird deutlich, dass der Schleifenkörper nicht direkt auf den Inhalt des Arrays zugreift. Er verwendet lediglich die Variable `wert`, die den Wert des entsprechenden Feldes aufgenommen hat. Daher handelt es sich nur um eine Kopie. Das hat zur Folge, dass man auf diese Weise den Wert nur ausgeben oder für weitere Berechnungen verwenden kann. Es ist jedoch nicht möglich, den Inhalt des Arrays zu verändern.

Die `for-of`-Schleife bietet sich nicht nur für die Arbeit mit Arrays an. Sie ist auch sehr nützlich, wenn man mit Sets oder Maps arbeitet. Bei einem `Set` gibt sie einfach dessen Inhalte aus. Bei einer `Map` enthält die entsprechende Variable sowohl den Schlüsselbegriff als auch den Inhalt des zugehörigen Feldes. Beide Einträge werden zusammen in einem Array gespeichert. Das bedeutet, dass man auch auf einen einzelnen Wert zugreifen kann. Will man den Schlüsselbegriff ausgeben, muss man die Indexnummer 0 verwenden. Soll das Programm hingegen die Inhalte anzeigen, ist die Indexnummer 1 notwendig. Das folgende Programm stellt beide Möglichkeiten vor:

```
<html>
    <body>
        <script>
        "use strict";

        let meineMap = new Map();
        meineMap.set("Produkttyp", "Bohrmaschine");
        meineMap.set("Preis", 34.99);
        meineMap.set("Verfuegbarkeit", true);

        for (let wert of meineMap){
            document.write("Schlüsselbegriff: " + wert[0] + "<br>");
            document.write("Inhalt: " + wert[1] + "<br><br>");
        }

        </script>
    </body>
</html>
```

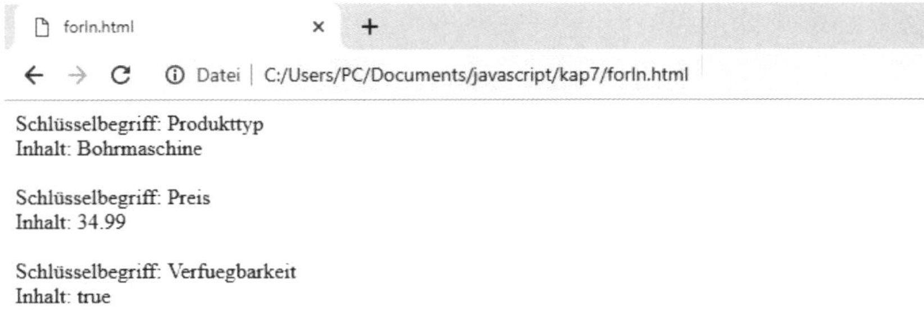


**Abb. 7.4** Die Ausgabe des Schlüsselbegriffs und des Inhalts

## 7.5 Schleifen mit break und continue steuern

Bisher verwendeten wir in unseren Beispielen fast immer die Bedingung, um den Ablauf der Schleife zu steuern. Diese gibt an, unter welchen Voraussetzungen sie weitergeführt werden soll. Die einzige Ausnahme davon war bisher die `for-of`-Schleife. Diese verwendete keine Bedingung. Stattdessen führte sie eine Iteration über alle Elemente des entsprechenden Objekts durch.

Darüber hinaus gibt es noch eine weitere Möglichkeit, um den Ablauf einer Schleife zu steuern: `break` und `continue`. Diese Befehle lassen sich sowohl in der `while`- als auch in der `for`-Schleife verwenden. Darüber hinaus ist es möglich, sie in einer `do-while`-Schleife zu nutzen.

Wenn man den Befehl `break` im Körper einer Schleife anbringt, führt dieser zu einem sofortigen Abbruch derselben. Wenn man ihn direkt in den Schleifenkörper schreibt, hat das bereits im ersten Durchgang die Beendigung der Schleife zur Folge. Das wäre wenig sinnvoll, da man in diesem Fall überhaupt keine Schleife benötigen würde. Daher steht dieser Befehl normalerweise innerhalb eines weiteren Elements der Ablaufsteuerung – in der Regel in einer `if`-Abfrage.

Um die Verwendung zu verdeutlichen, soll ein Beispielprogramm entstehen. Dessen Aufgabe besteht darin, vom Anwender einen Wert abzufragen und daraufhin zu überprüfen, ob dieser in einem gegebenen Array vorhanden ist. Daher geht es dieses Feld für Feld durch und überprüft, ob der eingegebene Wert mit dem Inhalt übereinstimmt.

```
<html>
    <body>
        <script>
        "use strict";

        let arr = [2,7,9,15,12,18];

        let eingabe = prompt("Vergleichswert:");
        let i = 0;

        for (let wert of arr){
            if (wert == eingabe){
                document.write("Der eingegebene Wert ist im Array
                vorhanden.<br>");
                document.write("Für die Überprüfung waren " + (i + 1)
                + " Durchläufe notwendig.");
                break;
            }
            i++;
        }
        if ( i == arr.length){
            document.write("Der Wert ist nicht enthalten.");
        }
        </script>
    </body>
</html>
```

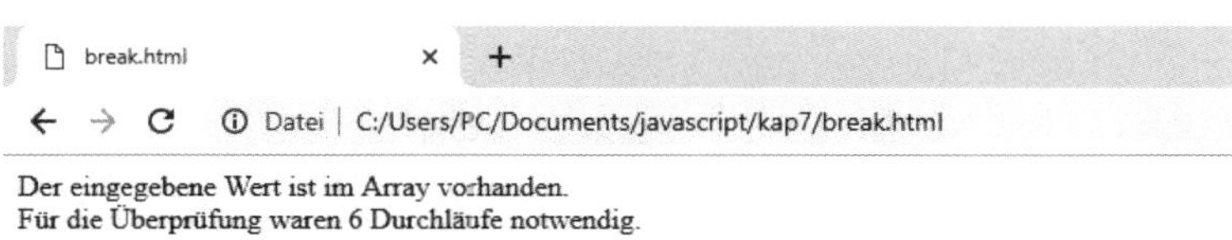


**Abb. 7.5** Der eingegebene Wert ist im Array vorhanden

Wenn der Eingabewert vorhanden ist, gibt das Programm eine entsprechende Meldung aus. Außerdem zeigt es an, wie viele Durchläufe notwendig waren. Zu diesem Zweck wird ein Zähler eingefügt. Danach bricht es die Ausführung der Schleife ab.

Darüber hinaus soll eine Nachricht erscheinen, wenn der Wert nicht enthalten ist. Dazu wird wieder der Zähler verwendet. Wenn der Wert vorhanden ist, wird die Schleife durch den `break`-Befehl vorzeitig abgebrochen. Das bedeutet, dass der Zähler kleiner bleibt als die Anzahl der Elemente des Array, die über die `length`-Funktion ermittelt wird. Wenn der Zähler nach der Beendigung der Schleife jedoch den gleichen Wert wie die Länge des Arrays aufweist, bedeutet das, dass sie komplett durchlaufen wurde. Daraus folgt, dass es zu keinem vorzeitigen Abbruch kam und dass der entsprechende Wert daher nicht im Array vorhanden ist. Daher kann man diesen Vergleich als Bedingung für die Ausgabe verwenden.

Eine weitere Möglichkeit für die Steuerung der Schleife stellt der `continue`-Befehl dar. Dieser führt nicht zum Abbruch der gesamten Schleife. Er beendet lediglich den aktuellen Durchgang. Daraufhin springt er wieder zum Anfang der Schleife zurück. Hier wird nun die Bedingung erneut überprüft und wenn sie nach wie vor erfüllt ist, wird die Schleife fortgesetzt.

Das folgende Beispielprogramm verwendet den `continue`-Befehl. Es fragt einen Wert vom Anwender ab und überprüft daraufhin, wie viele Elemente des Arrays durch diesen teilbar sind. Hierfür kommt der Modulo-Operator zum Einsatz, der den Rest der ganzzahligen Division ausgibt. Wenn dieser den Wert 0 errechnet, bedeutet das, dass die Zahlen genau teilbar sind.

Die Schleife enthält eine `if`-Abfrage mit der Bedingung, dass der entsprechende Wert ungleich 0 ist. Das bedeutet, dass die Zahlen nicht teilbar sind. In diesem Fall springt das Programm aufgrund des `continue`-Befehls zum Anfang der Schleife zurück, ohne eine Aktion durchzuführen. Wenn sie hingegen teilbar sind, wird der `continue`-Befehl nicht ausgeführt. Daher fährt das Programm mit den übrigen Befehlen des Schleifenkörpers fort. In diesem Beispiel erhöht es daher den Zähler um 1.

```
<html>
    <body>
        <script>
        "use strict";

        let arr = [2,7,9,15,12,18];

        let eingabe = prompt("Vergleichswert:");
        let i = 0;

        for (let wert of arr){
            if (wert % eingabe != 0){
                continue;
            }
            i++;
        }
        document.write(i + " Elemente sind durch " + eingabe +
        " teilbar.");
        </script>
    </body>
</html>
```

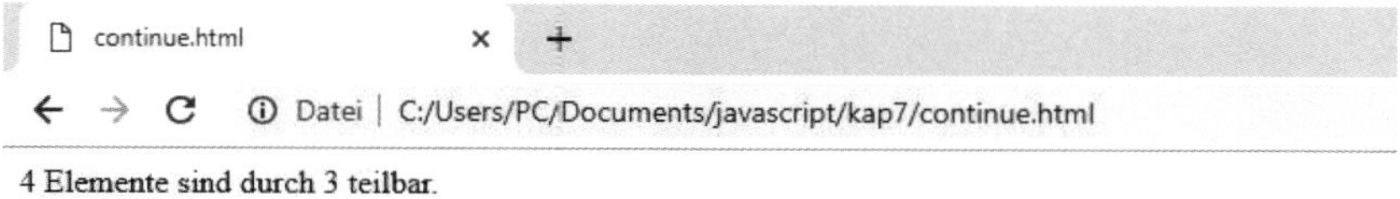


**Abb. 7.6** Das Programm zeigt an, wie viele Werte des Arrays durch die eingegebene Zahl teilbar sind

## 7.6 Übungsaufgabe: Schleifen selbst erstellen

1. Erstellen Sie ein Programm, das vom Anwender fünf beliebige Werte abfragt. Schreiben Sie diese in ein Array. Verwenden Sie dieses für die Erstellung eine `for`-Schleife. Geben Sie das Array anschließend aus.

2. Schreiben Sie ein Programm mit einer identischen Funktion wie in Aufgabe 1. Verwenden Sie dieses Mal jedoch eine `while`-Schleife.

3. Erzeugen Sie ein `Set` mit mehreren Wörtern. Fragen Sie daraufhin den Anwender nach einem Wort und überprüfen Sie, ob dieses im `Set` enthalten ist. Verwenden Sie dafür eine `for-of`-Schleife.

Wäre es hierfür auch möglich, eine gewöhnliche `for`- oder eine `while`-Schleife zu verwenden?

## Lösungen:

**1.**

```
<html>
    <body>
        <script>
        "use strict";

        let arr = [];

        for (let i = 0; i < 5; i++){
            arr[i] = prompt("Geben Sie einen beliebigen Wert ein.");
        }
        document.write(arr);
        </script>
    </body>
</html>
```

**Abb. 7.7** Die Ausgabe der Werte

**2.**

```
<html>
    <body>
        <script>
        "use strict";

        let arr = [];
        let i = 0;

      while (i < 5){
```

```
                arr[i] = prompt("Geben Sie einen beliebigen Wert ein.");
                i++;
            }
            document.write(arr);
            </script>
        </body>
</html>
```

**3.**

```
<html>
    <body>
        <script>
        "use strict";

        let meinSet = new Set();

        meinSet.add("Baum");
        meinSet.add("Blume");
        meinSet.add("Haus");
        meinSet.add("Wolke");
        meinSet.add("Auto");

        let eingabe = prompt("Geben Sie ein Wort ein.");

        for (let wert of meinSet){
            if (wert == eingabe){
                document.write("Das Wort ist im Set enthalten.");
            }
        }
        </script>
    </body>
</html>
```

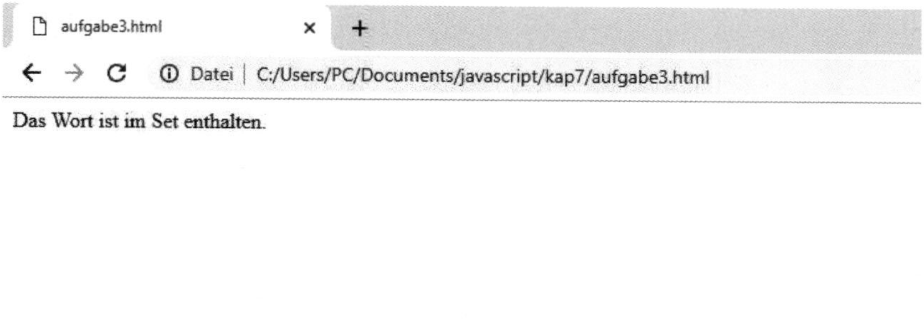


**Abb. 7.8** Die Nachricht, dass das eingegebene Wort im Set enthalten ist

In diesem Fall wäre es nicht möglich, eine gewöhnliche `for`- oder eine `while`-Schleife zu verwenden. Das `Set` hat keinen Index, über den man auf die Werte zugreifen könnte. Allerdings könnte man diese Aufgabe auch ganz ohne Schleife lösen – indem man den Befehl `meinSet.has(eingabe)` verwendet.

Alle Programmcodes aus diesem Buch sind als PDF zum Download verfügbar. Dadurch müssen Sie sie nicht abtippen: https://bmu-verlag.de/books/javascript/

Außerdem erhalten Sie die eBook Ausgabe zum Buch im PDF Format kostenlos auf unserer Website:

https://bmu-verlag.de/books/javascript/
**Downloadcode:** siehe Kapitel 20

Kapitel 8

# Funktionen in JavaScript

Wenn man ein längeres Programm schreibt, kommt es häufig vor, dass sich dabei bestimmte Abfolgen von Befehlen wiederholen. Wenn man diese jedes Mal aufs Neue eingeben muss, bringt das einen erheblichen Arbeitsaufwand mit sich. Daher erlauben viele Programmiersprachen das Erstellen von *Funktionen*. Dabei wird der entsprechende Abschnitt in einen gesonderten Programmbereich ausgelagert. Dieser Bereich wird als Funktion bezeichnet und entsprechend gekennzeichnet. Dabei gibt ihr der Programmierer einen passenden Namen. Daraufhin kann man die entsprechenden Befehle ausführen, indem man einfach den Funktionsnamen angibt.



Die Verwendung von Funktionen bringt viele Vorteile mit sich. Sie spart nicht nur viel Schreibarbeit beim Programmieren. Darüber hinaus gestaltet sie den Programmcode deutlich übersichtlicher. Auch die Wartung eines Programms ist auf diese Weise einfacher. Wenn man einen Fehler entdeckt, muss man diesen nur ein einziges Mal in der Funktion beheben. Das wirkt sich dann auf alle übrigen Programmbereiche aus, die diese aufrufen. Schließlich erleichtern Funktionen die Zusammenarbeit zwischen mehreren Programmierern. Sie schaffen klare Strukturen und ermöglichen es, dass jedes Teammitglied an seiner eigenen Funktion arbeitet. So kommen sich die Mitarbeiter nicht gegenseitig in die Quere.

## 8.1 Eine Funktion erstellen

Eine Funktion dient dazu, eine bestimmte Abfolge von Befehlen außerhalb des Hauptprogramms abzuspeichern. Das macht es möglich, sie durch die Nennung des Funktionsnamens an einer anderen Stelle aufzurufen. Daher ist es zunächst notwendig, der Funktion einen Namen zu geben. Die Auswahl ist dabei frei. Es sind dabei lediglich die gleichen

Regeln wie bei den Variablennamen zu beachten. Dem Namen der Funktion muss der Schlüsselbegriff `function` vorangestellt werden. Dieser macht deutlich, dass es sich um eine Funktion handelt.

Nach dem Namen der Funktion folgt eine runde Klammer. In den ersten Beispielen bleibt diese leer. Sie stellt jedoch einen wichtigen Teil der Funktion dar, sodass man sie unbedingt einfügen muss – selbst wenn sie leer bleibt. Welche Aufgabe sie hat, wird in Kapitel 8.4 vorgestellt.

Daran schließt sich eine geschweifte Klammer an. Genau wie bei `if`-Abfragen oder Schleifen kann darin eine beliebige Anzahl an Befehlen stehen. Jedes Mal, wenn man die Funktion später aufruft, führt das Programm die entsprechenden Kommandos aus. Die Struktur der Funktion sieht dann so aus:

```
function Funktionsname() {
        Befehl 1;
        Befehl 2;
        Befehl 3;
        .
        .
        Befehl n;
}
```

Nun bleibt noch die Frage zu klären, an welcher Stelle die Funktion definiert werden muss. Hierfür gibt es mehrere Möglichkeiten. Zum einen ist es möglich, sie direkt in das Programm zu schreiben, das sie aufrufen soll. Die Definition der Funktion kann dabei an jeder beliebigen Stelle durchgeführt werden. Es ist sogar möglich, die Funktion zuerst aufzurufen und sie erst später zu definieren. Allerdings wäre diese Vorgehensweise sehr unübersichtlich. Daher ist sie nicht zu empfehlen. Es ist üblich, die Definition der Funktionen ganz oben im Programm vorzunehmen – vor allen übrigen Kommandos.

Darüber hinaus ist es möglich, die Funktion in einer separaten Datei zu definieren. Manche Programmierer gestalten dabei eine Datei mit einer Sammlung mehrerer Funktionen. Eine weitere Möglichkeit besteht darin, jeweils eine einzelne Datei zu erstellen. Die Einbindung der Funktionen erfolgt wieder, indem man das Attribut `src` mit dem entsprechenden Dateinamen in das `script`-Tag integriert. Wenn man mehrere Dateien mit Funktionen erstellt hat, ist es wichtig, darauf zu achten, dass man in diesem Fall auch mehrere `script`-Tags benötigt. Diese haben dann keinen Inhalt. Sie dienen lediglich der Einbindung der entsprechenden Dateien und werden sofort wieder geschlossen. Dennoch sind diese dann auch in allen weiteren Bereichen der Seite verfügbar.

Viele Anfänger schrecken davor zurück, separate Dateien für Funktionen zu verwenden. Diese Vorgehensweise erscheint ihnen sehr kompliziert. Zu Beginn sind die Programme außerdem meistens so kurz, dass die Übersicht nicht darunter leidet, wenn man die Funktion innerhalb der HTML-Datei definiert. Bei größeren Projekten ist es jedoch sehr zu empfehlen, separate Dateien zu verwenden.



Nachdem die wichtigsten Details zu den Funktionen vorgestellt wurden, soll diese Aufgabe nun in die Praxis umgesetzt werden. Das Programm soll eine Funktion erhalten, die zunächst den Namen des Anwenders abfragt. Diesen speichert sie dann in einer Variablen und gibt daraufhin eine personalisierte Begrüßung aus:

```
<html>
    <body>
        <script>
            "use strict";
            function begruessung() {
                let name = prompt("Geben Sie Ihren Namen ein:");
                alert("Herzlich willkommen, " + name);
            }
        </script>
    </body>
</html>
```

## 8.2 Eine Funktion aufrufen

Wenn man das Programm aus dem vorigen Abschnitt nun ausführt, stellt man fest, dass es bislang keinerlei Aktion durchführt. Das liegt daran, dass die Funktion zwar definiert ist, dass sie aber an keiner Stelle aufgerufen wird. Daher kommt es nicht zur Ausführung der entsprechenden Befehle.

Um die Funktion aufzurufen, ist es lediglich notwendig, deren Namen zu nennen. Danach folgt eine Klammer, die in diesem Beispiel jedoch leer bleibt:

```
begruessung();
```

Wenn man diesen Kommando nun in das Programm eingibt, führt dieses die Befehle, die in der Funktion enthalten sind, aus. Der Code dafür sieht dann so aus:

```
<html>
    <body>
        <script>
            "use strict";
            function begruessung() {
                let name = prompt("Geben Sie Ihren Namen ein:");
                alert("Herzlich willkommen, " + name);
            }
            begruessung();
        </script>
    </body>
</html>

```

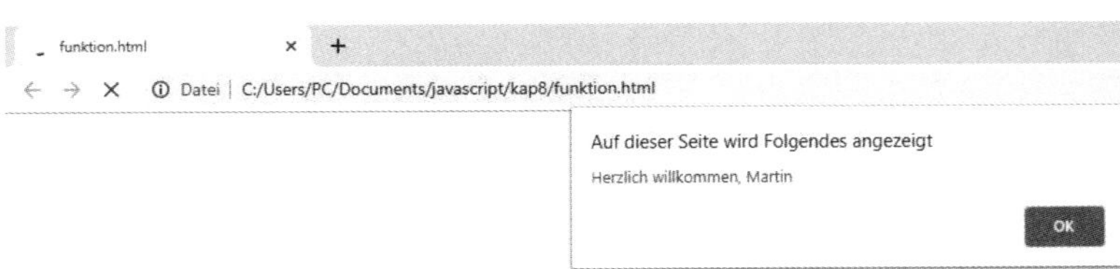


**Abb. 8.1** Die durch die Funktion erzeugte Begrüßung

Um auch die Verwendung von Funktionen in externen Dateien vorzustellen, soll nun ein neues Programm entstehen, das jedoch genau die gleiche Aufgabe erfüllt. Es speichert die Funktion allerdings in der externen Datei **funktion.js** ab. Diese enthält lediglich deren Definition:

```
function begruessung() {
    let name = prompt("Geben Sie Ihren Namen ein:");
    alert("Herzlich willkommen, " + name);
}
```

Um die Funktion in die HTML-Datei einzubinden, ist ein eigenes `script`-Tag erforderlich. Dieses enthält das `src`-Attribut mit dem Namen der entsprechenden Datei. Es darf jedoch keine weiteren Befehle enthalten und wird danach gleich wieder geschlossen. Um die Funktion aufzurufen, ist daher ein neues `script`-Tag erforderlich. Der komplette Quellcode sieht dann so aus:



```
<html>
    <body>
        <script src="funktion.js"></script>
        <script>
            "use strict";
            begruessung();
        </script>
    </body>
</html>
```

## 8.3 Der Gültigkeitsbereich der Variablen

Wenn man mit Funktionen arbeitet, ist es wichtig, auf den *Gültigkeitsbereich* der Variablen zu achten. Welche Rolle dieser spielt, soll ein kleines Beispielprogramm verdeutlichen. Dieses enthält die gleiche Funktion wie im vorherigen Abschnitt. Darin wird die Variable `name` definiert. In diesem Beispiel wird der Name des Anwenders jedoch noch an einer weiteren Stelle benötigt. Da die Variable bereits in der Funktion definiert wurde, könnte man auf die Idee kommen, diese einfach im Hauptprogramm zu verwenden. Der zugehörige Code könnte so aussehen.

```
<html>
    <body>
        <script>
            "use strict";
            function begruessung() {
            let name = prompt("Geben Sie Ihren Namen ein:");
            alert("Herzlich willkommen, " + name);
            }
            begruessung();
            document.write("Ihr Name: " + name);
        </script>
    </body>
</html>
```

Wenn man dieses Programm ausführt, stellt man jedoch fest, dass die Seite leer bleibt. Der `document.write`-Befehl wird demnach nicht bearbeitet. Der Grund dafür liegt darin, dass die Variable `name` im Hauptprogramm nicht definiert ist. Wenn man eine Variable innerhalb einer Funktion deklariert, ist sie nur in diesem Bereich gültig. Das bedeutet, dass das Hauptprogramm nicht auf sie zugreifen kann.

Wenn man eine Variable hingegen im Hauptprogramm definiert, gilt diese Einschränkung nicht. In diesem Fall ist sie auch in allen weiteren Bereichen des Programms verfügbar – selbst innerhalb der Funktion. Der Fachbegriff hierfür lautet, dass es sich um eine globale Variable handelt. Innerhalb der Funktion kann man nicht nur deren Wert abrufen. Es ist auch möglich, diesen zu verändern. Dieses Verhalten kann man nutzen, um die gewünschte Funktionsweise zu erreichen. Dazu muss man lediglich die Variable deklarieren, bevor man die Funktion aufruft. Dann handelt es sich um eine globale Variable, die in allen Bereichen zugänglich ist. In der Funktion darf sie nun nicht nochmals deklariert werden. Daher muss man den Begriff `let` entfernen. Das Programm sieht dann so aus:

```
<html>
    <body>
        <script>
            "use strict";
           function begruessung() {
```

```
            name = prompt("Geben Sie Ihren Namen ein:");
            alert("Herzlich willkommen, " + name);
            }
            let name;
            begruessung();
            document.write("Ihr Name: " + name);
        </script>
    </body>
</html>
```

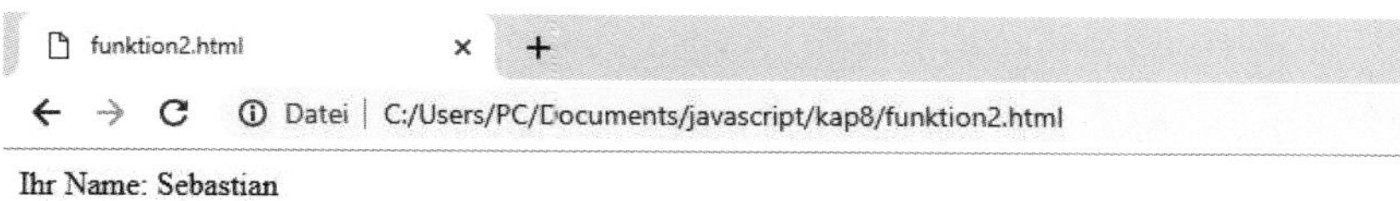


**Abb. 8.2** Die Verwendung der Variablen im Hauptprogramm

Wenn man die Variable auf diese Weise verwendet, ist es wichtig, darauf zu achten, dass man sie innerhalb der Funktion nicht neu deklariert. Wenn man diese Regel nicht beachtet und der Variablen den Ausdruck `let` (oder `var`) voranstellt, entsteht eine neue Variable mit lokalem Gültigkeitsbereich. Obwohl diese den gleichen Namen hat, ist sie nicht mit der global definierten Variable identisch. Daher kann man damit die Werte aus dem Hauptprogramm nicht aufrufen. Auch die Änderungen wirken sich nur innerhalb der Funktion aus. Das verdeutlicht das folgende Programm. Dieses definiert die Variable `name` zunächst im Hauptprogramm und gibt ihr einen entsprechenden Wert. Wenn man diese nun erneut in der Funktion definiert, kann man über das Eingabefeld jeden beliebigen Namen eingeben. Dieser wird jedoch nur innerhalb der Funktion im `alert`-Befehl angezeigt. Das Hauptprogramm gibt stets den ursprünglich definierten Namen aus:

```
<html>
    <body>
```

```
        <script>
            "use strict";
            function begruessung() {
            let name = prompt("Geben Sie Ihren Namen ein:");
            alert("Herzlich willkommen, " + name);
            }
            let name = "Martin";
            begruessung();
            document.write("Ihr Name: " + name);
        </script>
    </body>
</html>
```

Die Verwendung von globalen Variablen ist zwar möglich. Allerdings ist sie nicht zu empfehlen. Sie gestalten den Code sehr unübersichtlich. Deshalb stellt sie eine häufige Fehlerquelle dar. Wenn das Programm nicht die gewünschte Aufgabe erfüllt, ist es bei der Verwendung globaler Variablen außerdem sehr schwierig, den Fehler zu finden. Darüber hinaus machen sie die Wartung des Programms deutlich aufwendiger und bringen noch einige weitere Probleme mit sich. Die folgenden Abschnitte stellen daher sinnvolle Alternativen zur Verwendung globaler Variablen vor.

## 8.4 Funktionen mit Übergabewerten

In vielen Fällen ist es notwendig, dass die Funktion Werte aus dem Hauptprogramm für ihre Berechnungen verwendet. Wie im vorherigen Abschnitt beschrieben, ist es möglich, hierfür globale Variablen zu nutzen. Es wurde jedoch dargestellt, dass das nicht zu empfehlen ist. Daher wird im Folgenden eine alternative Vorgehensweise vorgestellt.

Wenn man eine Funktion aufruft, ist es möglich, ihr einen *Übergabewert* zu übermitteln. Dieser steht in der Klammer, die nach dem Funktionsnamen aufgeführt werden muss. Er wird auch als „Parameter" oder „Argument" der Funktion bezeichnet. Hier kann man einen beliebigen Datentyp einfügen. Es ist möglich, den Wert direkt in die Klammer zu schreiben. Häufig steht hier jedoch eine Variable, die die erforderlichen Informationen enthält.

Bei der Definition der Funktion muss man den übergebenen Wert dann aufnehmen. Dafür ist es notwendig, eine entsprechende Variable zu definieren. Der Programmierer muss dazu den Namen, den er dafür verwenden will, in die Klammer hinter dem Namen der Funktion schreiben. Obwohl es sich hierbei um eine neue Variable handelt, die noch nicht deklariert ist, darf man an dieser Stelle nicht den Ausdruck `let` einfügen. Die Funktion übernimmt die *Deklaration* automatisch. Die Variable erhält dabei den übergebenen Wert und man kann sie dann innerhalb der geschweiften Klammer verwenden. Im folgenden Beispiel dient die Funktion wie in den vorherigen Abschnitten dazu, eine personalisierte Begrüßung auszugeben. Sie soll nun jedoch den Namen des Anwenders aus dem Hauptprogramm übermittelt bekommen.



```
<html>
    <body>
        <script>
            "use strict";
            function begruessung(name) {
            alert("Herzlich willkommen, " + name);
            }
            let anwender = prompt("Geben Sie Ihren Namen ein:");
            begruessung(anwender);
        </script>
    </body>
</html>
```

Auf diese Weise kann man nicht nur einen einzigen Wert übergeben. Es ist auch möglich, eine Funktion mit mehreren Übergabewerten zu erstellen. Hierfür muss man beim Aufruf der Funktion mehrere Werte in die Klammer schreiben – jeweils durch ein Komma getrennt. Bei der Definition muss man dann ebenfalls mehrere Variablen definieren, um die Werte aufzunehmen.

Die folgende Funktion erhält neben dem Namen auch das Alter des Besuchers übermittelt. Sie gibt die entsprechenden Werte dann auf der Seite aus:

```
<html>
    <body>
        <script>
            "use strict";
            function begruessung(name, alter) {
            document.write("Name: " + name + "<br>");
            document.write("Alter: " + alter);
            }
            let anwender = prompt("Geben Sie Ihren Namen ein:");
            let alter = prompt("Geben Sie Ihr Alter ein:");
            begruessung(anwender, alter);
        </script>
    </body>
</html>
```

**Abb. 8.3** Die Ausgabe der übergebenen Werte

**Anmerkung:** In diesem Beispiel nimmt die Funktion den Übergabewert in einer Variablen auf, deren Namen bereits im Hauptprogramm existiert. Diese sind dennoch nicht identisch. Die Funktion erstellt eine neue Variable mit lokalem Gültigkeitsbereich. Wenn man deren Wert verändert, wirkt sich das nicht auf die gleichlautende Variable im Hauptprogramm aus.

## 8.5 Funktionen mit Rückgabewert

Oftmals soll eine Funktion dazu dienen, einen bestimmten Wert zu berechnen. In diesem Fall kann sie das Ergebnis selbstverständlich direkt auf der Seite ausgeben. Häufig ist es jedoch erwünscht, dass sie dieses an das Hauptprogramm übermittelt, damit es damit weitere Berechnungen durchführen kann. Wenn man auch hierbei auf globale Variablen verzichten will, ist es notwendig, *Rückgabewerte* zu verwenden.

Um eine Funktion mit einem Rückgabewert zu erzeugen, kommt der `return`-Befehl zum Einsatz. Diesen muss man in die Funktion integrieren und anschließend den gewünschten Rückgabewert angeben. Um diesen dann im Hauptprogramm aufzunehmen, ist es notwendig, die Funktion mit dem Zuweisungsoperator einer Variablen zuzuweisen.



Das folgende Programm verdeutlicht diese Funktionsweise. Es dient dazu, das Ergebnis einer mathematischen Funktion zu berechnen. Diese Aufgabe übernimmt eine Funktion. Das Hauptprogramm speichert den Rückgabewert zunächst in einer Variablen und gibt ihn anschließend aus:

```
<html>
    <body>
        <script>
            "use strict";
            function funktion(x) {
            let ergebnis = 2 * x * x + 5 * x + 7;
            return ergebnis;
            }
            let wert = funktion(3);
            alert (wert);
        </script>
    </body>
</html>
```

Bei der Verwendung von Rückgabewerten ist es wichtig, zu beachten, dass jede Funktion nur einen einzigen Wert an das Programm zurückgeben darf. Wenn es erforderlich ist, mehrere Variablen zu übermitteln, ist es empfehlenswert, dafür jeweils eine eigene Funktion zu erstellen. Wenn das nicht möglich ist, kann man jedoch auch ein Array verwenden und darin mehrere Werte aufnehmen.

## 8.6 Übungsaufgabe: mit Funktionen arbeiten

1. Erstellen Sie ein Programm, das eine Funktion enthält. Dieses soll einen Wert vom Anwender erfragen und daraufhin den doppelten Wert auf der Seite ausgeben.
2. Schreiben Sie ein weiteres Programm, das genau die gleiche Aufgabe wie in Aufgabe 1 erfüllt. Allerdings sollen die Abfrage des Werts sowie die Ausgabe nun im Hauptprogramm erfolgen. Daher muss die Funktion Übergabe- und Rückgabewerte verwenden.
3. Erstellen Sie ein Programm, das ein Array mit beliebigen Zahlen enthält. Schreiben Sie eine Funktion, die alle im Array enthaltenen Werte verdoppelt. Die Ergebnisse sollen im ursprünglichen Array abgelegt und anschließend im Hauptprogramm ausgegeben werden. Verzichten Sie dabei auf die Verwendung globaler Variablen.

## Lösungen:

1.

```
<html>
    <body>
        <script>
            "use strict";
            function verdopplung() {
                let wert = prompt("Geben Sie einen Wert ein:");
                document.write("Doppelter Wert: " + wert * 2);
            }
            verdopplung();
        </script>
    </body>
</html>
```

**Abb. 8.4** Die Ausgabe des doppelten Werts

**2.**

```
<html>
    <body>
        <script>
            "use strict";
            function verdopplung(x) {
                return x * 2;
            }
            let wert = prompt("Geben Sie einen Wert ein:");
            let ergebnis = verdopplung(wert);
           document.write("Doppelter Wert: " + ergebnis);
```

```
        </script>
    </body>
</html>
```

**3.**

```
<html>
    <body>
        <script>
            "use strict";
            function verdopplung(arr) {
                for (let i = 0; i < arr.length; i++){
                    arr[i] *= 2;
                }
                return arr;
            }
            let array = [3, 5, 7, 14];
            array = verdopplung(array);
            document.write("Doppelte Werte: " + array);
        </script>
    </body>
</html>
```

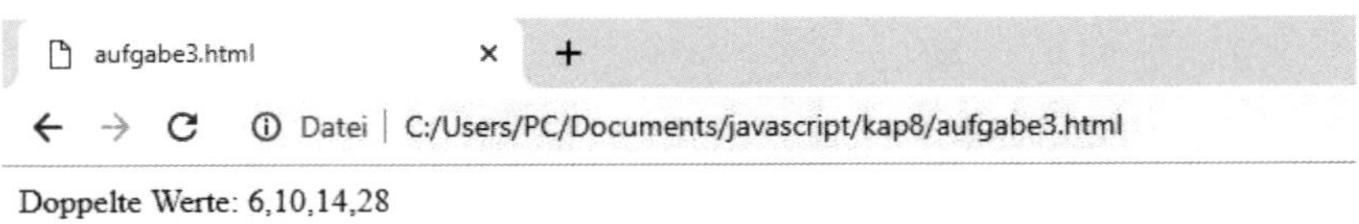


**Abb. 8.5** Die verdoppelten Werte des Arrays

Alle Programmcodes aus diesem Buch sind als PDF zum Download verfügbar. Dadurch müssen Sie sie nicht abtippen:
https://bmu-verlag.de/books/javascript/

Außerdem erhalten Sie die eBook Ausgabe zum Buch im PDF Format kostenlos auf unserer Website:

https://bmu-verlag.de/books/javascript/
**Downloadcode:** siehe Kapitel 20

Kapitel 9

# Objektorientierte Programmierung mit JavaScript

Ein Computerprogramm dient meistens dazu, einen Vorgang in der realen Welt nachzustellen. Dafür ist jedoch eine gewisse Abstraktion notwendig. Das Programm kann lediglich Variablen bestimmen, deren Inhalte mit den realen Gegenständen in Bezug stehen. Das macht es jedoch häufig schwierig, den Zusammenhang zwischen den Werten des Programms und dem realen Objekt nachzuvollziehen.

Die objektorientierte Programmierung hilft dabei, diese Verbindungen zu verstehen. Dabei erzeugen die Programme Objekte, die sich hinsichtlich ihrer Eigenschaften an den natürlichen Gegenständen orientieren.

Diese Vorgehensweise macht das Verständnis der Programme einfacher und trägt außerdem zu einer sehr effizienten Arbeitsweise bei. Sie ist aus der modernen Informatik nicht mehr wegzudenken. Fast alle neueren Programmiersprachen unterstützen dieses Paradigma. Das ist auch bei JavaScript der Fall. Das folgende Kapitel stellt vor, wie man diese Technik hier umsetzt.

## 9.1 Was bedeutet objektorientierte Programmierung?

Wenn man ein Objekt in der realen Welt betrachtet, erkennt man verschiedene Eigenschaften. Wenn es sich dabei beispielsweise um eine Kaffeemaschine handelt, dann hat dieses Gerät einen bestimmten Stromverbrauch, eine bestimmte Farbe, eine feste Geschwindigkeit, mit der es den Kaffee zubereitet und eine maximale Menge für die Zubereitung. Darüber hinaus gibt es in diesem Bereich ganz unterschiedliche Typen – von der Espressomaschine über den Kaffee-Vollautomaten bis hin zum Mengenbrüher für Großveranstaltungen. Bei jedem einzelnen Gerät können die Werte für die entsprechenden Eigenschaften verschieden sein – es gibt beispielsweise schwarze, weiße und silberfarbene Kaffeemaschinen.

Wenn man nun ein herkömmliches Programm erstellt, kann man all diese Werte in einzelnen Variablen speichern. Wenn ein fremder Programmierer den Programmcode liest, wäre es jedoch nicht ersichtlich, dass sich diese alle auf die gleiche Kaffeemaschine beziehen. Das macht das Verständnis des Programms deutlich schwerer. Besonders kompliziert wird es, wenn das Programm mehrere Kaffeemaschinen behandelt – beispielsweise wenn es sich um eine Software für die Verwaltung des Sortiments eines Haushaltswarengeschäfts handelt. In diesem Fall wäre es sehr schwierig, nachzuvollziehen, welcher Wert sich auf welches Gerät bezieht.

Wir haben in den vorherigen Kapiteln bereits einige Formen kennengelernt, die die Strukturierung des Programms erleichtern. Beispielsweise wäre es möglich, die verschiedenen Werte in einem Array zusammenzufassen. Noch besser eignet sich eine Map für diese Aufgabe. In diesem Fall kann man für jedes Feld eine bestimmte Bezeichnung vorgeben. Diese zeigt an, welche Bedeutung der entsprechende Inhalt hat.



Objekte sind auf den ersten Blick sehr ähnlich aufgebaut. Auch hier kann man verschiedene Felder definieren und diesen daraufhin einen Wert zuweisen. Auf diese Weise ist es möglich, die Eigenschaften eines Objekts zusammenzufassen.

Um ein Objekt in JavaScript zu erzeugen, ist es zunächst notwendig, einen Namen dafür auszuwählen. Da es sich hierbei um eine Variable handelt, muss dieser mit dem Schlüsselbegriff `let` (oder `var`) eingeleitet werden. Danach folgen der Zuweisungsoperator und der Schlüsselbegriff `new`. Daran schließen sich der Begriff `Object` und eine leere Klammer an. Um ein Objekt für die Kaffeemaschine zu erzeugen, wäre demnach folgender Ausdruck notwendig:

```
let meineKaffeemaschine = new Object();
```

Diesem Objekt kann man nun verschiedene Eigenschaften zuweisen. Dazu muss man den Namen der entsprechenden Eigenschaft nach einem Punkt an den Namen des Objekts anhängen und ihm einen Wert zuweisen. Um anzuzeigen, dass die Farbe der Kaffeemaschine Schwarz ist, wäre folgender Befehl notwendig:

```
meineKaffeemaschine.Farbe = "schwarz";
```

Auf die gleiche Art kann man auch alle weiteren Eigenschaften hinzufügen. Um später auf deren Wert zuzugreifen, muss man wieder den Namen des Objekts nennen und nach einem Punkt die Bezeichnung für die Eigenschaft angeben. Will man die Farbe in einem `alert`-Befehl ausgeben, könnte man folgenden Befehl verwenden:

```
alert(meineKaffeemaschine.Farbe);
```

Darüber hinaus gibt es noch eine alternative Schreibweise für die Bestimmung und die Festlegung der Eigenschaften eines Objekts. Statt den Begriff nach einem Punkt anzufügen, kann man ihn auch in Anführungszeichen und in eine eckige Klammer setzen:

```
meineKaffeemaschine["Farbe"] = "schwarz";
alert(meineKaffeemaschine["Farbe"]);
```

Die Schreibweise mit einem Punkt ist in vielen Programmiersprachen üblich. Die Verwendung eckiger Klammern ist hingegen fast ausschließlich in JavaScript anzutreffen. Aus diesem Grund ist es empfehlenswert, wenn möglich die erste der beiden Alternativen zu verwenden. Allerdings gibt es eine Ausnahme, bei der dies nicht möglich ist. Wenn man eine Bezeichnung verwenden will, die Leerzeichen oder andere für Variablennamen ungültige Symbole enthält, ist dies nur möglich, wenn man eckige Klammern verwendet.

Wenn man mit Objekten arbeitet, ist die Verwendung der `for-in`-Schleife sehr hilfreich. Daher soll diese hier kurz vorgestellt werden. Sie funktioniert ganz ähnlich wie die `for-of`-Schleife. Allerdings gibt sie die Bezeichnungen für alle Eigenschaften des Objekts aus. Um auf die Werte zuzugreifen, muss man diese an den Namen des Objekts anhängen. In diesem Fall ist nur die Schreibweise mit einer eckigen Klammer zulässig.

Das folgende Programm definiert ein Objekt und weist diesem verschiedene Eigenschaften zu. Dafür verwendet es unterschiedliche Methoden. Anschließend gibt es alle Eigenschaften zusammen mit den zugehörigen Werten mit einer `for-in`-Schleife aus:

```
<html>
    <body>
        <script>
            "use strict";
            let meineKaffeemaschine = new Object();
            meineKaffeemaschine.Farbe = "schwarz";

            meineKaffeemaschine.Verbrauch = 500;

            meineKaffeemaschine["max. Menge(l)"] = 0.75;

            for (let i in meineKaffeemaschine) {
                document.write(i + ": " + meineKaffeemaschine[i] +
                "<br>");
            }
        </script>
    </body>
</html>
```



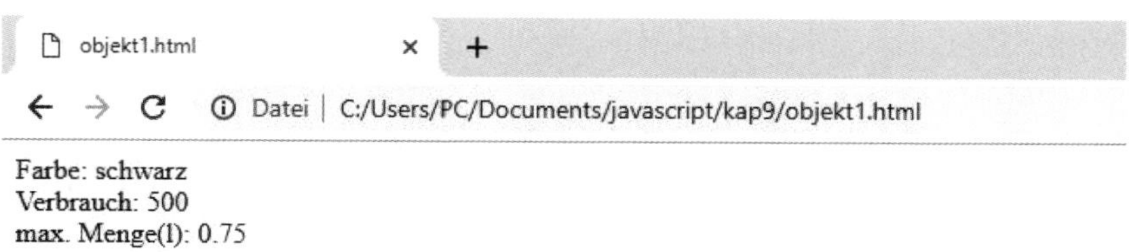


**Abb. 9.1** Die Ausgabe der Eigenschaften und der Werte des Objekts

## 9.2 Javascript: Objektorientierung – ursprünglich ohne Klassen

Wenn man sich den vorherigen Abschnitt genau anschaut, fällt auf, dass die darin erzeugten Objekte kaum Unterschiede zu Maps aufweisen. Lediglich für die Erzeugung und die Definition der Eigenschaften kommen verschiedene Vorgehensweisen zum Einsatz. Ein grundlegender Unterschied ist bislang nicht zu erkennen.

Obwohl Objekte sehr ähnlich aufgebaut sind wie Maps, gibt es dennoch einige wichtige Unterschiede. Im vorherigen Abschnitt wurden die Objekte vollkommen frei erzeugt. Es war jederzeit möglich, neue Eigenschaften hinzuzufügen. Daher war die Verwendung identisch wie bei einer `Map`.

Objekte erlauben es jedoch, genaue Strukturen vorzugeben. Wenn es sich dabei um den gleichen Typ handelt, ist davon auszugehen, dass dabei auch die gleichen Eigenschaften von Interesse sind. Um beim vorherigen Beispiel zu bleiben: Wenn ein Händler mehrere verschiedene Kaffeemaschinen erfassen will, nimmt er dabei in der Regel stets die gleichen Eigenschaften auf. Es ist nicht davon auszugehen, dass er bei einem Gerät die Farbe und den Verbrauch im Programm verwendet und bei einem anderen Modell den Hersteller und den Preis. Normalerweise sind bei Objekten des gleichen Typs auch die gleichen Werte von Interesse.

Aus diesem Grund ist es sinnvoll, klare Strukturen für verschiedene Objekte zu definieren. Wenn man ein Objekt vom Typ Kaffeemaschine erzeugt, kann man etwa die Farbe, den Verbrauch, den Typ der Kaffeemaschine und den Hersteller angeben. Wenn hingegen ein Obsthändler seine Äpfel erfasst, sind dabei andere Eigenschaften von Interesse – beispielsweise das Gewicht und die Sorte. Selbstverständlich kann es dabei auch zu Überschneidungen kommen. Der Preis wäre sowohl bei einem Apfel als auch bei einer Kaffeemaschine von Interesse.

In der objektorientierten Programmierung ist es daher üblich, genaue Strukturen für die verschiedenen Objekt-Typen vorzugeben. Das bedeutet, dass man dabei immer die gleichen Eigenschaften erfasst. Wenn man dann konkrete Objekte erzeugt, können die einzelnen Merkmale selbstverständlich unterschiedliche Werte annehmen.

In den meisten objektorientierten Programmiersprachen kommen hierfür *Klassen* zum Einsatz. JavaScript verzichtete jedoch lange Zeit auf deren Verwendung. Daher ist in älteren Werken häufig zu lesen, dass es sich hierbei um eine klassenlose objektorientierte Programmiersprache handelt. Stattdessen kamen hier andere Werkzeuge für die Vorgabe dieser Strukturen zum Einsatz – Funktionen und *Prototypen*.

Mit der Version ECMAScript 6, die 2015 erschien, hat JavaScript jedoch ebenfalls Klassen eingeführt. Seitdem gibt es noch eine weitere Möglichkeit, um die Strukturen für Objekte vorzugeben. In den folgenden Abschnitten werden alle Alternativen vorgestellt.



## 9.3 Funktionen als Konstruktor verwenden

Wenn man ein Objekt erzeugt, kann man dafür einen *Konstruktor* verwenden. Dabei handelt es sich um eine spezielle Funktion, die dafür sorgt, dass dem neuen Objekt direkt die gewünschten Werte zugewiesen werden. Diese muss man hierfür lediglich bei der Erzeugung in die Klammer schreiben. Diese Vorlage gibt genau vor, welche Eigenschaften das Objekt aufnehmen kann. Daher besteht der erste Schritt stets darin, sich zu überlegen, welche Attribute für das Programm notwendig sind.

Um einen Konstruktor zu erzeugen, kann man eine gewöhnliche Funktion verwenden. Diese erhält die Eigenschaften des Objekts als Übergabewerte. Daher muss man hierfür entsprechende Variablen definieren. Wenn man eine Vorlage für Objekte vom Typ `Kaffeemaschine` erstellen will, könnte man hierfür beispielsweise die Eigenschaften Farbe, Preis, Verbrauch und Typ verwenden. Um die entsprechende Funktion zu definieren, wäre folgender Code notwendig:

```
function Kaffeemaschine(farbe, preis, verbrauch, typ){
        this.Farbe = farbe;
        this.Preis = preis;
        this.Verbrauch = verbrauch;
        this.Typ = typ;
}
```

Wenn man diesen Code betrachtet, fällt die Verwendung des Begriffs `this` auf. Dieser bezieht sich stets auf das aktuelle Objekt, das durch die Funktion erzeugt wird. Für dieses werden dann die entsprechenden Eigenschaften erzeugt. Außerdem wird ihnen gleich ein Wert zugewiesen. Um die Funktionsweise zu verstehen, ist es sinnvoll, sich vor Augen zu führen, dass jedes konkrete Objekt, das man mit dieser Funktion erzeugt, einen anderen Namen hat. Da die Funktion jedoch allgemeingültig sein muss, ist es nicht möglich, den konkreten Namen zu verwenden. Der Ausdruck `this` steht als Platzhalter und bezieht sich stets auf das entsprechende Objekt. Wenn man beispielsweise ein Objekt mit der Bezeichnung `meineKaffeemaschine` erzeugt, dann wäre der Begriff `this.Farbe` gleichbedeutend mit `meineKaffeemaschine.Farbe`.

Wenn man nun ein Objekt mit dieser Funktion erzeugen will, muss man diesem wie bisher zunächst einen Namen geben. Auch die Verwendung des Begriffs `new` ist nach wie vor notwendig. Danach steht jedoch nicht mehr der Ausdruck `Object`, der für allgemeine Objekte ohne vorgegebene Struktur vorgesehen ist. Stattdessen kommt hierbei der Name der Funktion zum Einsatz. Das macht deutlich, dass an dieser Stelle ein Objekt vom Typ `Kaffeemaschine` definiert wird. In der Klammer muss man dann die Werte für die entsprechenden Eigenschaften eingeben. Mit folgendem Code könnte man beispielsweise ein Objekt für eine Kaffeemaschine erzeugen:

```
let meineKaffeemaschine = new Kaffeemaschine("silber", 39.99, 600,
"Kaffeevollautomat");
```

Nun kann man ein Programm erstellen, das zunächst einen Konstruktor gestaltet, danach ein entsprechendes Objekt erzeugt und dessen Eigenschaften schließlich auf der Seite ausgibt:

```
<html>
    <body>
        <script>
            "use strict";

            function Kaffeemaschine(farbe, preis, verbrauch, typ){
                this.Farbe = farbe;
                this.Preis = preis;
                this.Verbrauch = verbrauch;
                this.Typ = typ;
            }

            let meineKaffeemaschine = new Kaffeemaschine("silber",
            39.99, 600, "Kaffeevollautomat");

            for (let i in meineKaffeemaschine) {
                document.write(i + ": " + meineKaffeemaschine[i] +
                "<br>");
            }
        </script>
    </body>
</html>
```

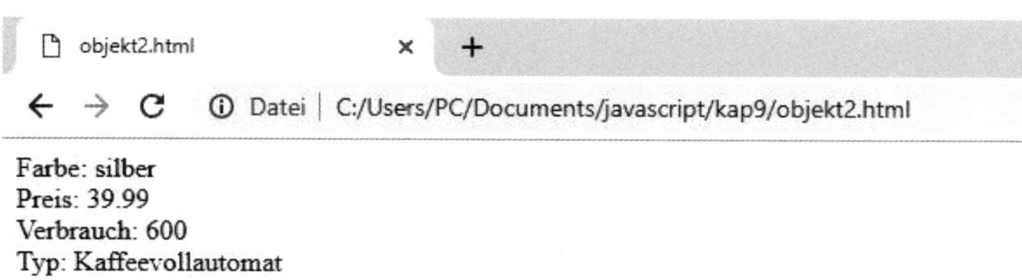


**Abb. 9.2** Die Ausgabe der Werte

## 9.4 Vererbung durch Prototypen

Eines der wesentlichen Grundprinzipien der objektorientierten Programmierung ist die *Vererbung*. Diese ermöglicht es, verschiedene Objekttypen in über- und untergeordnete Kategorien einzuteilen.

Die Kaffeemaschinen, die im vorherigen Abschnitt behandelt wurden, könnte man beispielsweise in die übergeordnete Kategorie „elektrische Küchengeräte" einordnen. Diese umfasst darüber hinaus auch Mixer, Küchenmaschinen, Knetmaschinen und weitere Produkte. All diese Geräte weisen einige Unterschiede auf. Daher sind die Eigenschaften, die ein Objekt für die entsprechenden Artikel aufweisen sollte, verschieden. Allerdings gibt es dabei auch viele Gemeinsamkeiten. Die Farbe, der Preis und der Verbrauch sind beispielsweise bei allen genannten Produkten von Interesse.

Aus diesem Grund ist es sinnvoll, eine übergeordnete Kategorie für die elektrischen Küchengeräte zu erstellen. Diese umfasst die Eigenschaften, die bei allen Produkten aufgeführt werden sollen.

Wenn man nun ein Objekt für ein spezielles Gerät erzeugen will, ist es notwendig, weitere spezifische Eigenschaften vorzugeben. Im Fall der Kaffeemaschine wäre dies beispielsweise der Gerätetyp. Wenn man bereits eine Konstruktor-Funktion für die elektrischen Küchengeräte erstellt hat, ist es jedoch nicht notwendig, die Funktion für die Kaffeemaschinen vollständig neu zu definieren. Man kann in diesem Fall die bereits vorhandene Funktion als Prototyp verwenden. Dann muss man nur noch das zusätzliche Attribut angeben, das für die Kaffeemaschinen von Bedeutung ist.

Auf diese Weise lassen sich die bereits vorhandenen Funktionen für beliebig viele untergeordnete Objekttypen als Prototyp verwenden. Das erleichtert die Programmierung erheblich. Außerdem sorgt diese

Vorgehensweise für klare Strukturen und macht die Verbindungen zwischen den einzelnen Objekten deutlich.

Um Prototypen zu verwenden, ist es zunächst notwendig, die übergeordnete Funktion zu definieren. Die Vorgehensweise ist dabei genau die gleiche wie bei gewöhnlichen Konstruktor-Funktionen. Daher bedarf der folgende Code keiner weiteren Erklärung:

```
function eGeraete(farbe, preis, verbrauch){
    this.Farbe = farbe;
    this.Preis = preis;
    this.Verbrauch = verbrauch;
}
```

Wenn man davon nun ein untergeordnetes Objekt ableiten will, muss man in der entsprechenden Funktion nur noch das zusätzliche Attribut angeben – in diesem Fall also den Typ der Kaffeemaschine. Damit klar wird, dass es sich hierbei um eine Ableitung der Konstruktor-Funktion `eGeraete` handelt, ist es notwendig, diese als Prototyp anzugeben. Diese Angabe steht nach der geschweiften Klammer. Dabei muss man an den Namen der untergeordneten Funktion einen Punkt und den Begriff `prototype` anhängen. Danach folgen der Zuweisungsoperator und der Schlüsselbegriff `new`. Zum Schluss steht der Name der Funktion, die als Prototyp dient – in diesem Fall jedoch ohne Klammer:

```
Kaffeemaschine.prototype = new eGeraete;
```

Die komplette Konstruktor-Funktion für die Kaffeemaschine sieht dann bislang so aus:

```
function Kaffeemaschine(farbe, preis, verbrauch, typ){
    this.Typ = typ;
}
Kaffeemaschine.prototype = new eGeraete;
```

Nun kann man bereits ein Programm schreiben, das die beiden Konstruktor-Funktionen enthält, ein Objekt vom Typ `Kaffeemaschine` erzeugt und dessen Werte dann wie im vorherigen Abschnitt ausgibt. Dafür ist dieser Code notwendig:

```
<html>
    <body>
        <script>
            "use strict";

            function eGeraete(farbe, preis, verbrauch){
                this.Farbe = farbe;
                this.Preis = preis;
                this.Verbrauch = verbrauch;
            }

            function Kaffeemaschine(farbe, preis, verbrauch, typ){
                this.Typ = typ;
            }
            Kaffeemaschine.prototype = new eGeraete;

            let meineKaffeemaschine = new Kaffeemaschine("silber",
            39.99, 600, "Kaffeevollautomat");

            for (let i in meineKaffeemaschine) {
                document.write(i + ": " + meineKaffeemaschine[i] +
                "<br>");
            }
        </script>
    </body>
</html>
```

Der folgende Screenshot zeigt, was dabei passiert:

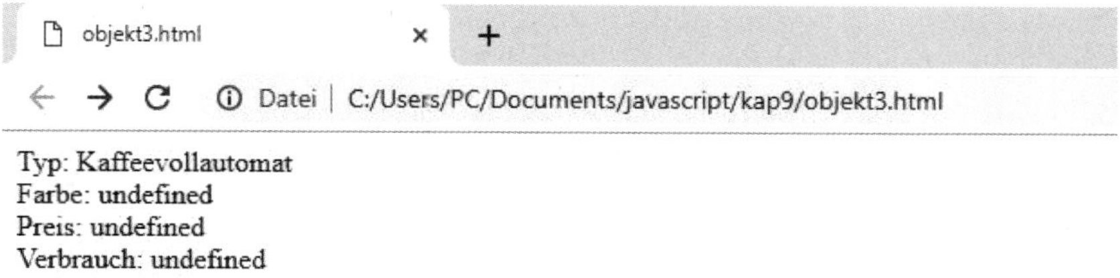


**Abb. 9.3** Die Attribute des Prototyps sind noch nicht definiert

Das zeigt, dass das Objekt vom Typ `Kaffeemaschine` durch die Angabe des Prototyps auch dessen Attribute erhält. Allerdings sind die Werte noch nicht definiert. Das liegt daran, dass wir sie noch nicht an den Prototypen weitergeleitet haben. Daher ist noch eine kleine Nachbearbeitung der Konstruktor-Funktion für die Kaffeemaschine notwendig.



Zunächst muss man die Konstruktor-Funktion für die `eGeraete` als Attribut einfügen. Diese erhält den Namen `base`. Auch in diesem Fall ist die Bezeichnung eigentlich frei wählbar. Allerdings ist es üblich, diesen Ausdruck zu verwenden, um anzuzeigen, dass es sich hierbei um die Basis-Funktion des Objekts handelt. Dem Attribut wird dann die entsprechende Funktion zugewiesen:

```
this.base = eGeraete;
```

Nun ist es noch notwendig, die entsprechenden Werte einzufügen. Dazu muss man die unter dem Begriff `base` eingeführte Konstruktorfunktion aufrufen und in der Klammer die übergebenen Werte einfügen:

```
this.base(farbe, preis, verbrauch);
```

Wenn man diese beiden Codezeilen in die Konstruktor-Funktion einfügt, sieht sie so aus:

```
function Kaffeemaschine(farbe, preis, verbrauch, typ){
   this.Typ = typ;
   this.base = eGeraete;
   this.base(farbe, preis, verbrauch);
}
Kaffeemaschine.prototype = new eGeraete;
```

Alle übrigen Bereiche des Programms bleiben unverändert. Wenn man es nun erneut ausführt, stellt man fest, dass die entsprechenden Attribute auch die gewünschten Werte aufweisen. Allerdings wird auch deutlich, dass das Objekt ein weiteres Attribut erhalten hat. Dabei handelt es sich um die Funktion `eGeräte`, die nun Bestandteil der Objekte vom Typ `Kaffeemaschine` geworden ist.

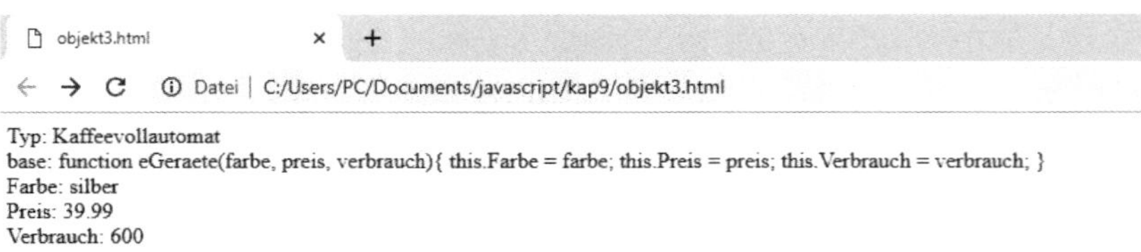


**Abb. 9.4** Die Attribute des Objekts umfassen nun auch die Funktion `eGeraete`

## 9.5 Klassen in JavaScript

Wie bereits beschrieben, bietet JavaScript seit 2015 noch eine weitere Möglichkeit, um Strukturen für Objekte vorzugeben: Klassen. Das sorgt für eine Angleichung an die meisten anderen gängigen objektorientierten Programmiersprachen. Allerdings handelt es sich hierbei nicht um eine vollkommen neue Einheit, die eigenständig implementiert wurde. Vielmehr basieren die Klassen in JavaScript auf den bereits vorgestellten Funktionen. Das wird beispielsweise deutlich, wenn man den Typ einer Klasse mit der `typeof`-Funktion abfragt. Diese gibt dabei an, dass es sich um eine Funktion handelt.

Dennoch erleichtert die Verwendung von Klassen den Umgang mit Objekten. Insbesondere Lesern, die bereits Erfahrungen in einer anderen objektorientierten Programmiersprache gesammelt haben, fällt die Umstellung auf diese Weise leichter. Daher soll auch die Verwendung von Klassen in JavaScript vorgestellt werden.

Klassen werden stets mit dem Schlüsselbegriff `class` eingeleitet. Danach steht der Name der Klasse. Es folgt eine geschweifte Klammer, die alle notwendigen Definitionen enthält. Um die Struktur für die entsprechenden Objekte vorzugeben, muss man einen Konstruktor erstellen. Dafür ist der Schlüsselbegriff `constructor` notwendig. Genau wie bei den bisherigen Konstruktor-Funktionen erhält dieser auch bei Programmen mit Klassen die entsprechenden Übergabewerte und weist diese den Attributen unter Verwendung des Begriffs `this` zu. Wenn man eine Klasse für Objekte vom Typ `Kaffeemaschine` definieren will, benötigt man dafür diesen Code:



```
class Kaffeemaschine{
    constructor(farbe, preis, verbrauch, typ){
        this.Farbe = farbe;
        this.Preis = preis;
        this.Verbrauch = verbrauch;
        this.Typ = typ;
    }
}
```

Die Erzeugung und der Abruf der Attribute des Objekts sind vollkommen identisch wie bei der Verwendung von Funktionen. Daher muss man die übrigen Programmteile nicht verändern, wenn man ein Objekt erzeugen und dessen Eigenschaften ausgeben will.

Klassen gestalten auch die Vererbung sehr einfach. Hierfür muss man genau wie bei der Verwendung von Prototypen zunächst die Struktur für das Eltern-Objekt erstellen – dieses Mal jedoch unter Verwendung des Begriffs `class`. Wenn man nun die abgeleitete Klasse gestaltet, muss man bei deren Definition den Ausdruck `extends` und daraufhin den Namen der Basis-Klasse anhängen:

```
class Kaffeemaschine extends eGeraete
```

Nun muss man wieder den Konstruktor erstellen. Darin wird zunächst der Konstruktor der Basis-Klasse aufgerufen. Hierfür ist nun lediglich der Ausdruck `super` notwendig:

```
super(farbe, preis, verbrauch);
```

Damit werden alle Attribute automatisch zugeordnet. Nun muss man nur noch über den Ausdruck this das neue Attribut für die Klasse `Kaffeemaschine` hinzufügen:

```
this.Typ = typ;
```

Das vollständige Programm sieht dann so aus:

```
<html>
    <body>
        <script>
            "use strict";

            class eGeraete{
                constructor(farbe, preis, verbrauch){
                    this.Farbe = farbe;
                    this.Preis = preis;
                    this.Verbrauch = verbrauch;
                }
            }

            class Kaffeemaschine extends eGeraete{
                constructor(farbe, preis, verbrauch, typ){
```

```
                super(farbe, preis, verbrauch);
                this.Typ = typ;
            }
        }

        let meineKaffeemaschine = new Kaffeemaschine("silber",
        39.99, 600, "Kaffeevollautomat");

        for (let i in meineKaffeemaschine) {
            document.write(i + ": " + meineKaffeemaschine[i] +
            "<br>");
        }
    </script>
  </body>
</html>
```

## 9.6 Methoden erstellen und anwenden



Objekte erlauben es, bestimmte Aktionen mit ihnen durchzuführen. Hierfür kommen Methoden zum Einsatz. Diese sind sehr ähnlich aufgebaut wie Funktionen. Der Unterschied besteht darin, dass sie sich stets auf ein Objekt beziehen. Wenn man eine Methode aufrufen will, muss man daher auch das Objekt nennen, auf das sie angewendet werden soll.

Um das zu verdeutlichen, soll nun eine Methode mit dem Namen `Rabatt` entstehen. Wenn der Händler ein Sonderangebot für eine Kaffeemaschine erstellen will, muss er einfach diese Methode auf das entsprechende Objekt anwenden. Diese berechnet dann den neuen Verkaufspreis und speichert ihn im entsprechenden Attribut.

Um eine Methode zu definieren, gibt es zwei Möglichkeiten: die klassische Vorgehensweise unter Verwendung von Funktionen oder die moderne Alternative mit Klassen. Hier wird zunächst die ursprüngliche Vorgehensweise vorgestellt.

Um eine Methode für ein Objekt, das mit einer Funktion definiert ist, zu erstellen, muss man zunächst eine neue Funktion gestalten. Diese ist genau wie die bisher vorgestellten Funktionen aufgebaut. Der einzige Unterschied besteht darin, dass sie auf Werte des Objekts, auf das sie angewandt wird, zugreifen oder sie verändern kann. Dafür ist wieder der Schlüsselbegriff `this` erforderlich. Die folgende Funktion erhält als Übergabewert den Prozentsatz, um den der Preis gesenkt werden soll. Anhand dieses Werts berechnet sie den neuen Preis und fügt diesen direkt in das Preis-Attribut des Objekts ein:

```
function Rabatt(wert) {
    this.Preis *= 1 - wert/100;
}
```

Wenn man diese Funktion wie bisher unabhängig von einem Objekt aufruft, kommt es jedoch zu einem Fehler, da der Befehl `this` in diesem Fall nicht definiert ist. Um sie mit einem Objekt zu verbinden, ist es allerdings notwendig, sie in dessen Konstruktor-Funktion einzubinden. Die Funktion wird dann zu einem neuen Attribut. Sie wird über den Schlüsselbegriff `this` eingefügt:

```
this.Rabatt = Rabatt;
```

Auf diese Weise wird sie zu einer Methode des Objekts. Es ist üblich, für den Namen der Methode den gleichen Namen wie für die entsprechende Funktion zu verwenden – in diesem Fall also Rabatt. Das ist jedoch keine zwingende Vorgabe.

Die Methode lässt sich nur auf Objekte anwenden, die mit der gleichen Funktion erstellt wurden, in der sie definiert ist. Um sie aufzurufen, ist es notwendig, sie nach einem Punkt an ein Objekt des entsprechenden Typs anzuhängen:

```
meineKaffeemaschine.Rabatt(10);
```

Das folgende Programm erstellt die Methode `Rabatt`, erzeugt ein Objekt vom Typ `Kaffeemaschine` und wendet die Methode darauf an. Anschließend gibt es alle Werte aus:

```
<html>
    <body>
        <script>
            "use strict";
            function Rabatt(wert) {
                this.Preis *= 1 - wert/100;
            }

            function Kaffeemaschine(farbe, preis, verbrauch, typ){
                this.Farbe = farbe;
                this.Preis = preis;
                this.Verbrauch = verbrauch;
                this.Typ = typ;
                this.Rabatt = Rabatt;
            }

            let meineKaffeemaschine = new Kaffeemaschine("silber",
            39.99, 600, "Kaffeevollautomat");

            meineKaffeemaschine.Rabatt(10);

            for (let i in meineKaffeemaschine) {
                document.write(i + ": " + meineKaffeemaschine[i] +
                "<br>");
            }
        </script>
    </body>
</html>
```

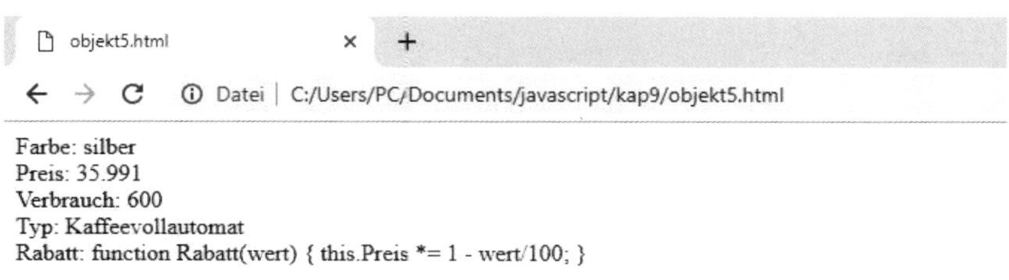


**Abb. 9.5** Die Methode hat den ursprünglichen Preis verändert. Außerdem wird sie bei der Auflistung der Attribute aufgeführt

Etwas einfacher ist die Vorgehensweise, wenn man Klassen verwendet. In diesem Fall muss man die Funktion lediglich in die

Klassendefinition hinter dem Konstruktor einfügen. Dabei wird jedoch nicht das Schlüsselwort `function` verwendet. Bei der Verwendung von Klassen ist es nicht notwendig, die Methode zu den Attributen hinzuzufügen. Die Klassendefinition sieht dann so aus:

```
class Kaffeemaschine{
    constructor(farbe, preis, verbrauch, typ){
        this.Farbe = farbe;
        this.Preis = preis;
        this.Verbrauch = verbrauch;
        this.Typ = typ;
    }
    Rabatt(wert) {
       this.Preis *= 1 - wert/100;
    }
}
```

Der Aufruf der Methode geschieht genau auf die gleiche Weise. Daher bleiben die übrigen Programmteile unverändert. Deshalb muss man lediglich die Funktionen durch die Klasse ersetzen, um das Programm auszuführen.

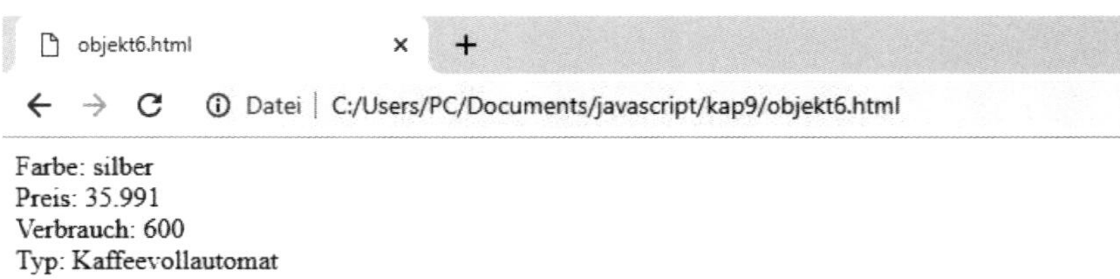


**Abb. 9.6** Bei der Verwendung von Klassen wird die Methode nicht als Attribut angezeigt

## 9.7 Datenkapselung in Javascript

Die Datenkapselung ist ein weiteres wichtiges Prinzip der objektorientierten Programmierung. Sie dient dazu, die im Objekt gespeicherten Daten zu schützen. Bei den bisherigen Programmen war es möglich, alle Werte abzufragen und sie zu verändern. In vielen Fällen enthalten die Objekte jedoch Daten, die nur für den internen Gebrauch bestimmt sind. In diesem Fall ist es nicht erwünscht, dass man sie aus jedem beliebigen Programmteil abrufen kann. Andere Daten haben einen festen Wert und sind nicht veränderbar. Wenn das zutrifft, sollte die Struktur des Programms bereits verhindern, dass man sie verändern kann.

Viele Programmiersprachen erlauben es, innerhalb einer Klasse öffentliche und private Variablen und *Methoden* zu definieren. Für die Attribute des Objekts kommen in der Regel private Variablen zum Einsatz. Das bedeutet, dass der Zugriff nur innerhalb der Klassendefinition erlaubt ist. Das Hauptprogramm kann sie nicht aufrufen. Da ein Objekt jedoch nutzlos ist, wenn man dessen Inhalte nicht verwenden kann, gibt es hierfür selbstverständlich trotz der *Kapselung* eine Möglichkeit. Hierzu dienen die Methoden. Diese werden als öffentlich deklariert und ermöglichen daher den Zugriff aus jedem beliebigen Teil des Programms. Da die Methoden jedoch innerhalb der Klassendefinition stehen, können sie auf die Attribute zugreifen.



Dieser indirekte Zugriff bietet viele Vorteile. Zum einen kann man auf diese Weise bereits in der Klassendefinition vorgeben, welche Werte aus dem Hauptprogramm zugänglich sein sollten. Zum anderen lässt sich genau definieren, ob und auf welche Weise Werte verändert werden können. Das schützt sie vor unerwünschten Modifikationen.

JavaScript erlaubt es jedoch nicht, private Attribute zu deklarieren. Da bedeutet, dass der Zugang auch aus dem Hauptprogramm immer möglich ist. Allerdings gibt es eine Konvention, um das zu verhindern. Wenn man dem Namen einen Unterstrich voranstellt, bedeutet das, dass die Variable nur für den internen Gebrauch innerhalb der Klasse bestimmt ist. Zwar wäre der Zugriff auch von außerhalb möglich, doch sollte man darauf unbedingt verzichten. Aus diesem Grund soll die Klassendefinition der Kaffeemaschine nun wie folgt abgeändert werden:

```
class Kaffeemaschine{
    constructor(farbe, preis, verbrauch, typ){
        this._Farbe = farbe;
        this._Preis = preis;
        this._Verbrauch = verbrauch;
        this._Typ = typ;
}
```

Wenn man auf die Variablen mit dem vorangestellten Unterstrich nicht zugreifen soll, stellt sich jedoch die Frage, wie man dann mit den Werten arbeiten kann. Hierfür kommen spezielle getter- und setter-Methoden zum Einsatz. Diese sind ähnlich aufgebaut wie gewöhnliche Methoden, sie haben allerdings einige besondere Verhaltensweisen.

Die getter-Methode dient dazu, einen Wert abzufragen. Sie wird mit dem Begriff `get` eingeleitet. Danach folgt der Name des Attributs, das man abrufen will – allerdings ohne den einleitenden Unterstrich. Innerhalb der Methode steht dann lediglich ein `return`-Befehl, der den Wert des entsprechenden Attributs zurückgibt:

```
get Farbe(){
    return this._Farbe;
}
```

Nun kann man innerhalb des Programms wie gewohnt auf das entsprechende Attribut ohne den Unterstrich zugreifen. Der Befehl `meineKaffeemaschine.Farbe` führt zur Ausgabe der Farbe des Geräts, die eigentlich unter der Bezeichnung `_Farbe` abgespeichert ist. Wenn ein Attribut nicht im Hauptprogramm ausgelesen werden soll, fügt man dafür keine getter-Methode ein. Dann kann man sie auf diese Weise nicht aufrufen. Es bliebe in diesem Fall lediglich der Zugriff über den eigentlichen Attributsnamen mit dem Unterstrich, was jedoch gegen die geltende Konvention verstößt.

Da in diesem Beispiel die Werte aller Attribute ausgelesen werden dürfen, kann man nach dem gleichen Muster getter-Methoden für alle weiteren Werte erstellen.

Um einen Wert zu verändern, kommt die setter-Methode zum Einsatz. Diese wird mit dem Begriff `set` eingeleitet. In der Klammer steht ein Übergabewert, der den Inhalt aufnimmt, der in das Objekt eingetragen werden soll. Die Methode muss diesen Wert dann dem eigentlichen Attribut zuweisen:

```
set Farbe(wert){
    this._Farbe = wert;
}
```



Nun kann man dem Attribut innerhalb des Hauptprogramms einen neuen Wert zuweisen, ohne dafür die Bezeichnung mit dem Unterstrich zu verwenden:

```
meineKaffeemaschine.Farbe = "grau";
```

Bei vielen Attributen muss der Wert ganz bestimmten Vorgaben entsprechen. Beispielsweise wäre es beim Preis nicht sinnvoll, einen negativen Wert einzutragen. Um solche Eingaben zu verhindern, ist es üblich, dies bereits in der setter-Methode zu unterbinden. Daher sieht die setter-Methode für den Preis so aus:

```
set Preis(wert){
    if (wert >= 0){
        this._Preis = wert;
    }
    else{
        alert("Der Preis darf nicht negativ sein.");
    }
}
```

Manche Werte der Kaffeemaschine sind unveränderlich. Der Typ lässt sich bei einem bestimmten Gerät beispielsweise nicht verändern. Daher ist es nicht sinnvoll, hierfür eine setter-Methode zu gestalten. Auf diese Weise lassen sich unbeabsichtigte Veränderungen fester Werte verhindern. Da der Verbrauch bei einem bestimmten Gerät ebenfalls keinen Veränderungen unterliegt, ist auch hierfür keine setter-Methode notwendig.

Das folgende Programm erstellt die Klasse mit den gekapselten Werten, mit allen notwendigen getter- und setter-Methoden und es ruft exemplarisch einige Werte auf und verändert sie:

```
<html>
    <body>
        <script>
            "use strict";

            class Kaffeemaschine{
                constructor(farbe, preis, verbrauch, typ){
                    this._Farbe = farbe;
                    this._Preis = preis;
                    this._Verbrauch = verbrauch;
                    this._Typ = typ;
                }
                get Farbe(){
                    return this._Farbe;
                }
                get Preis(){
                    return this._Preis;
                }
                get Verbrauch(){
                    return this._Verbrauch;
                }
                get Typ(){
                    return this._Typ;
                }
                set Farbe(wert){
                    this._Farbe = wert;
                }
                set Preis(wert){
                    if (wert >= 0){
                        this._Preis = wert;
                    }
                   else{
```

```
                        alert("Der Preis darf nicht negativ sein.");
                    }
                }
            }
            let meineKaffeemaschine = new Kaffeemaschine("silber",
            39.99, 600, "Kaffeevollautomat");
            alert("Farbe: " + meineKaffeemaschine.Farbe);
            meineKaffeemaschine.Preis = 42.99;
            alert("Neuer Preis: " + meineKaffeemaschine.Preis);
        </script>
    </body>
</html>
```

## 9.8 Vorgefertigte Objekte und Methoden verwenden

JavaScript bietet nicht nur die Möglichkeit, eigene Objekte zu erzeugen. Darüber hinaus beinhaltet diese Programmiersprache eine Menge an bereits vorgefertigten Objekten. Diese enthalten viele verschiedene Methoden, die das Erstellen zahlreicher Programme erleichtern. Wenn man eine bestimmte Funktionalität benötigt, dann muss man diese häufig nicht immer von Grund auf selbst programmieren. Es bietet sich an, nachzuschauen, ob hierfür nicht bereits vorgefertigte Objekte und Methoden bestehen.

Um sich über diese Möglichkeiten zu informieren, ist es notwendig, eine JavaScript-Referenz zur Hand zu nehmen. Diese listet alle vorgefertigten Objekte und Methoden auf und erklärt, wie sie anzuwenden sind. Eine passende Referenz findet sich beispielsweise unter folgendem Link:

https://bmu-verlag.de/js3

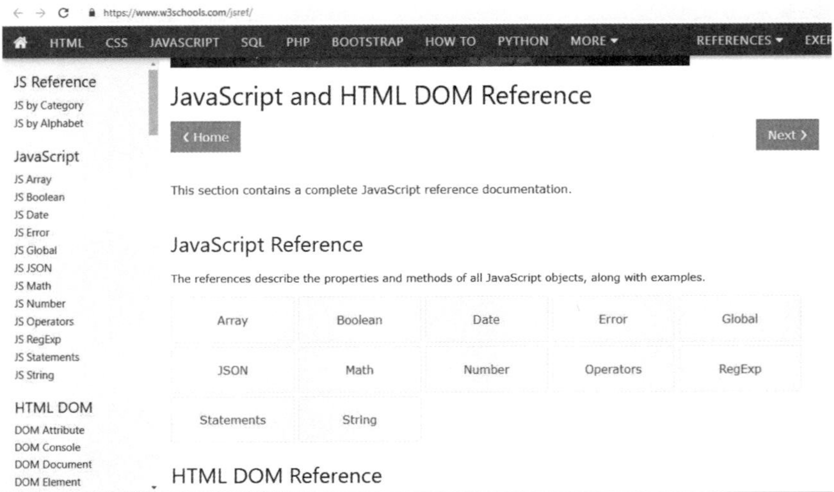


**Abb. 9.7** Die JavaScript-Referenz

Hierbei sind mehrere Blöcke aufgeführt. Im Moment ist insbesondere der erste Block unter der Überschrift „JavaScript Reference" von Bedeutung. Auf die weiteren Blöcke wird im weiteren Verlauf des Buchs noch eingegangen.

Als Beispiel für die vorgefertigten Methoden soll nun das `Math`-Objekt angeklickt werden. Wenn man eine mathematische Aufgabe lösen muss, bietet dieses viele praktische Hilfsmittel. Seine Attribute enthalten beispielsweise wichtige mathematische Konstanten wie e (`Math.E`) oder Pi (`Math.PI`). Darüber hinaus sind viele Methoden enthalten. Damit kann man ganz unterschiedliche Berechnungen durchführen. Wenn man beispielsweise eine Quadratwurzel, einen Sinuswert oder einen Maximalwert berechnen will, stehen hierfür passende Methoden bereit. Auch wenn man eine Zufallszahl generieren will, findet man hier ebenfalls eine geeignete Lösung. Das `Math`-Objekt kann man einfach in das Programm einfügen und auf die Methoden zugreifen.

Das soll an einem Beispiel verdeutlicht werden. Das folgende Programm erzeugt eine Zufallszahl und berechnet daraufhin dessen Wurzel. Es gibt beide Werte auf der Seite aus:

```
<html>
    <body>
        <script>
            "use strict";
            let zufall = Math.random() * 1000;
            document.write("Die Wurzel aus " + zufall + " ist " +
            Math.sqrt(zufall) + ".");
        </script>
    </body>
</html>
```

**Abb. 9.8** Die Wurzel eines zufälligen Werts

Die `Random`-Methode gibt einen zufälligen Wert zwischen 0 und 1 zurück (wobei die Zahl 1 dabei nicht eingeschlossen ist). Indem man diesen mit einem beliebigen Wert multipliziert, erhält man ein Ergebnis zwischen 0 und dem entsprechenden Faktor. In diesem Beispielprogramm ist es möglich, dass die Funktion auch Kommazahlen erzeugt. Wenn man die Werte auf ganze Zahlen beschränken will, kann man noch die `floor`-Methode anwenden, die ebenfalls für das `Math`-Objekt definiert ist. Diese gibt stets die Zahl zurück, die vor dem Komma steht:

```
let zufall = Math.floor(Math.random() * 1000);
```

Neben dem `Math`-Objekt gibt es noch viele weitere vorgefertigte Objekte mit sehr nützlichen Methoden. Wenn man beispielsweise mit Zeichenketten arbeitet und diese auswerten oder verändern will, ist das `String`-Objekt sehr hilfreich. Aus diesem Grund ist es empfehlenswert, die entsprechende Seite genau durchzulesen, um sich einen Überblick über die Möglichkeiten zu verschaffen.

## 9.9 Übungsaufgaben: Objekte verwenden

1. Erzeugen Sie mit einer Funktion die Struktur für ein Objekt, das einen Spieler in einem Computerspiel repräsentiert. Dieses soll als Attribut den Namen des Spielers enthalten. Außerdem soll eine Zahl vorhanden sein, die das Feld repräsentiert, auf dem er sich befindet. Erstellen Sie ein Programm, das ein entsprechendes Objekt erzeugt und dessen Werte ausgibt.

2. Erstellen Sie nun eine Methode. Diese soll dazu dienen, einen weiteren Zug durchzuführen. Sie erhält als Übergabewert die Anzahl der Felder, die der Spieler in diesem Zug vorrücken soll. Verwenden Sie hierfür ebenfalls eine Funktion. Wenden Sie die Methode auf das `Spieler`-Objekt an.

3. Erstellen Sie ein neues Programm, das genau die gleiche Aufgabe erfüllt wie in der vorherigen Übungsaufgabe. Verwenden Sie jedoch dieses Mal für die Erstellung eine Klasse.

## Lösungen:

**1.**

```
<html>
    <body>
        <script>
            "use strict";

            function Spieler(name,feld){
                this.Name = name;
                this.Feld = feld;
            }

            let Spieler1 = new Spieler("Katharina", 5);

            for (let i in Spieler1) {
                document.write(i + ": " + Spieler1[i] + "<br>");
            }
        </script>
    </body>
</html>
```

**Abb. 9.9** Die Ausgabe der Attribute des Objekts

```
<html>
    <body>
        <script>
            "use strict";
            function Zug(wert){
                this.Feld += wert;
            }

```

```
            function Spieler(name,feld){
                this.Name = name;
                this.Feld = feld;
                this.Zug = Zug;
            }

            let Spieler1 = new Spieler("Katharina", 5);

            Spieler1.Zug(3);

            for (let i in Spieler1) {
                document.write(i + ": " + Spieler1[i] + "<br>");
            }
        </script>
    </body>
</html>
```

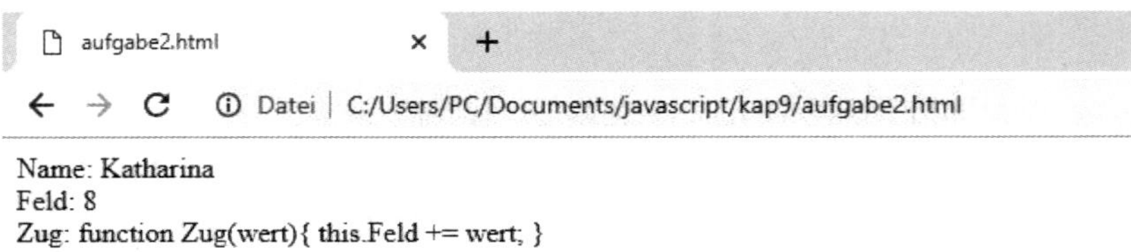


**Abb. 9.10** Die Methode hat den Spielstand verändert und wird nun als Attribut angezeigt

```
<html>
    <body>
        <script>
            "use strict";
            class Spieler{
                constructor(name,feld){
                    this.Name = name;
                    this.Feld = feld;
                }
                Zug(wert){
                    this.Feld += wert;
                }
            }
```

```
            let Spieler1 = new Spieler("Katharina", 5);

            Spieler1.Zug(3);

            for (let i in Spieler1) {
                document.write(i + ": " + Spieler1[i] + "<br>");
            }
        </script>
    </body>
</html>
```

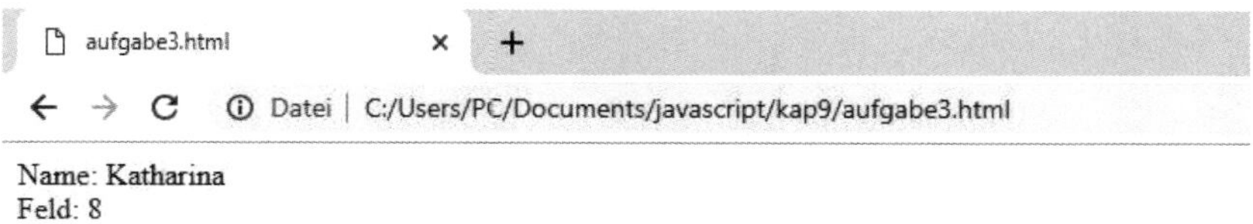


**Abb. 9.11** Die Methode verändert hier ebenfalls den Wert, wird aber nicht mehr als Attribut angezeigt

Alle Programmcodes aus diesem Buch sind als PDF zum Download verfügbar. Dadurch müssen Sie sie nicht abtippen: https://bmu-verlag.de/books/javascript/

Außerdem erhalten Sie die eBook Ausgabe zum Buch im PDF Format kostenlos auf unserer Website:

https://bmu-verlag.de/books/javascript/
**Downloadcode:** siehe Kapitel 20

Kapitel 10

# Fehlerbehandlung in JavaScript

Den meisten Lesern ist bei der Gestaltung der bisherigen Programme sicherlich der eine oder andere Fehler unterlaufen – sei es beim Abtippen der Beispielprogramme oder bei den Übungsaufgaben. Das passiert nicht nur Anfängern, sondern auch erfahrenen Programmierern. Aus diesem Grund stellt es einen wesentlichen Teil der Arbeit eines Informatikers dar, Fehler im Programm zu suchen und zu verbessern.

Um diese möglichst schnell zu finden und zu korrigieren, ist ein systematisches Vorgehen sehr wichtig. Aus diesem Grund befasst sich dieses Kapitel mit der Behandlung von Fehlern. Es stellt vor, welche Arten von Fehlern es beim Programmieren gibt und wie man diese möglichst effizient verbessern kann.



## 10.1 Verschiedene Arten von Fehlern

In der Informatik gibt es drei verschiedene Arten von Fehlern: Syntaxfehler, Laufzeitfehler und semantische Fehler. Jede dieser drei Arten erfordert eine unterschiedliche Vorgehensweise bei der Lösung des Problems. Aus diesem Grund ist es zunächst notwendig, die Unterscheidungskriterien zwischen den verschiedenen Fehlerarten zu definieren.

Besonders häufig kommen Syntaxfehler in einem Programm vor. Dabei handelt es sich um Verstöße gegen die formalen Anforderungen der Programmiersprache. Ein Beispiel hierfür ist es, wenn man eine Klammer vergisst oder wenn man eine Variable nicht mit dem Ausdruck `let` oder `var` einführt. Letzteres ist jedoch nur unter Verwendung des `"use strict"`-Modus ein Fehler. Wenn ein Syntaxfehler im Programm auftritt, hat das zur Folge, dass die Seite nicht richtig angezeigt wird. Der Browser führt in der Regel alle Befehle aus, die vor dem Syntaxfehler stehen. Wenn er dann jedoch auf die fehlerhafte Stelle trifft, bricht er die Ausführung ab. Das bedeutet, dass er auch die folgenden Befehle nicht mehr ausführt – selbst wenn diese korrekt sind.

Eine weitere Möglichkeit für Fehler sind Laufzeitfehler. Diese entstehen erst bei der Ausführung eines Programms. Sie setzen voraus, dass darin keine Syntaxfehler vorhanden sind. Das Programm ist daher ausführbar. Laufzeitfehler entstehen jedoch, wenn eine unerwartete Eingabe eintritt, mit der das Programm nicht umgehen kann. Daher treten sie in erster Linie auf, wenn das Programm Eingaben des Anwenders oder Daten aus externen Dateien verwendet. In anderen Programmiersprachen gibt es sehr viele Möglichkeiten für Laufzeitfehler – beispielsweise wenn das Programm aufgrund einer unerwarteten Eingabe des Anwenders eine Rechenoperation mit einer Zeichenkette durchführen, einen Wert durch 0 teilen oder auf ein nicht vorhandenes Arrayfeld zugreifen will. Die meisten Programmiersprachen brechen das Programm in diesem Fall ab und geben eine Fehlermeldung aus. JavaScript ist in dieser Hinsicht jedoch deutlich robuster. In diesen Fällen verwendet es die Werte `NaN` („Not a Number"), `Infinity` und `Undefinded`. Daher kommt es hierbei nicht zu einem Abbruch des Programms. Daher sind Laufzeitfehler in einem JavaScript-Programm sehr selten. Dennoch gibt es einige vorgefertigte Methoden, die Laufzeitfehler verursachen können. Daher stellt das Kapitel 10.3 vor, wie man damit umgehen sollte.

Schließlich gibt es Semantikfehler. Diese werden auch als logische Fehler bezeichnet. In diesen Fällen ist das Programm problemlos ausführbar. Es enthält also weder Laufzeit- noch Syntaxfehler. Allerdings führt es nicht die gewünschte Aktion durch oder es liefert ein falsches Ergebnis. Diese Fehler sind insbesondere bei längeren Programmen besonders schwer zu finden. Daher wird in Kapitel 10.4 vorgestellt, wie man Semantikfehler im Programm aufspüren kann.

## 10.2 Syntaxfehler beheben

Den meisten Lesern ist sicherlich bereits der eine oder andere Syntaxfehler unterlaufen, sodass dieser kein vollkommen neues Phänomen darstellt. Um zu verdeutlichen, wie man damit umgehen sollte, wird er nun jedoch bewusst herbeigeführt.

Zu diesem Zweck nehmen wir nochmals das Programm aus der Übungsaufgabe 3 aus Kapitel 9.8 zur Hand. Dabei entfernen wir nun den Schlüsselbegriff `let` vor der Erzeugung des Objekts `Spieler1`. Wenn man das Programm anschließend im Browser aufruft, erscheint eine leere Seite.

Wenn dieser Fall eintritt, ist es sinnvoll, den Quellcode nochmals genau unter die Lupe zu nehmen, um zu überprüfen, wo denn der Fehler auftritt. Bei einem kurzen Programm wie diesem sollte es nicht allzu schwer sein, den Fehler zu finden und zu verbessern. Wenn man jedoch später längere Programme schreibt, kann das eine sehr schwierige Aufgabe darstellen. Aus diesem Grund ist es sinnvoll, ein Hilfsmittel zu verwenden.

Die meisten Browser bieten die Möglichkeit, anzuzeigen, an welcher Stelle der Syntaxfehler aufgetreten ist. Unter Google Chrome muss man hierfür auf die drei Punkte im rechten oberen Eck klicken, um das Auswahlmenü zu öffnen. Hier muss man nun auf „Weitere Tools“ und anschließend auf Entwicklertools klicken.



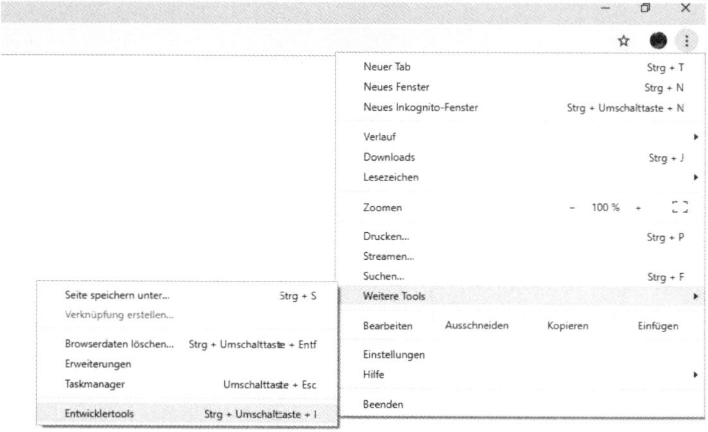


**Abb. 10.1** Der Aufruf der Entwicklertools

Daraufhin wird das Browserfenster zweigeteilt und am rechten Bildrand erscheinen einige Informationen zur Seite. Dabei wird bereits unten im Fenster der Fehler angezeigt. Übersichtlicher ist die Darstellung jedoch, wenn man oben in der Menüleiste auf „Console" klickt.

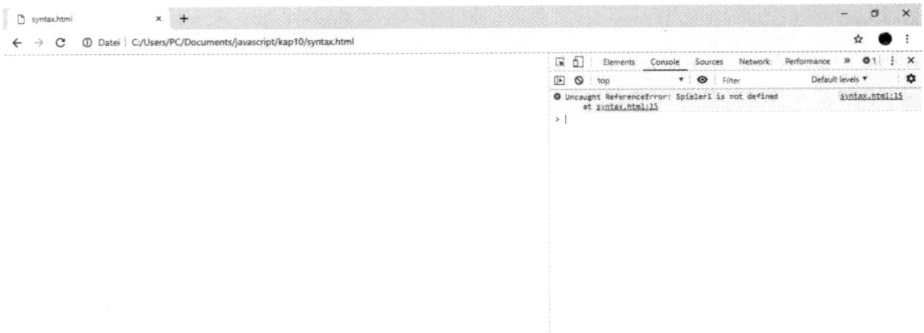


**Abb. 10.2** Die Anzeige des Fehlers

Die Nachricht, die das Entwicklertool hier ausgibt, enthält viele hilfreiche Informationen, um den Fehler zu finden. Zum einen steht hier „Spieler1 is not defined". Daraus kann man bereits schließen, dass es sich um ein Problem bei der Definition der Variable `Spieler1` handelt. Zum anderen ist der Ort, an dem der Fehler aufgetreten ist, angegeben. Dabei wird zum einen die Datei genannt. Das ist insbesondere dann wichtig, wenn man mit mehreren externen JavaScript-Dateien arbeitet. Danach steht eine Zahl, die die Zeilennummer angibt. Auf diese Weise lässt sich das Problem genau lokalisieren. Mit dieser Hilfestellung ist es in der Regel ganz einfach, den Fehler zu beheben.

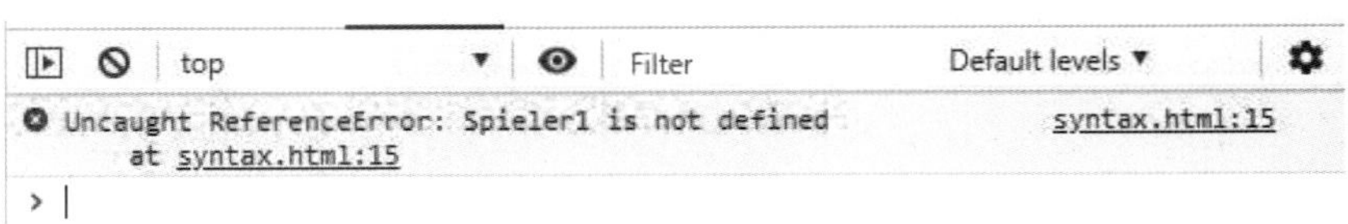


**Abb. 10.3** Die Fehlernachricht im Detail

Allerdings darf man die angegebene Zeilennummer nicht immer als unumstößlich hinnehmen. In manchen Fällen ist der eigentliche Fehler bereits zuvor passiert. Das Programm bemerkt ihn jedoch erst an einer späteren Stelle. Um das zu verdeutlichen, soll der Begriff `let` wieder eingefügt werden. Stattdessen wird die schließende geschweifte Klammer der Methode `Zug` entfernt. Diese steht im Beispielprogramm in der Zeile 12. Wenn man das Programm nun im Browser ausführt, erscheint jedoch die Fehlermeldung „unexpected identifier at syntax2.html:15". Das heißt, dass der Browser nicht die fehlende schließende Klammer als Problem ausgemacht hat, sondern eine unerwartete Variablendeklaration. Außerdem wird die Zeile 15 als Fehlerquelle angegeben, in der wir das Objekt `Spieler1` erzeugt haben.

Um diese Nachricht zu verstehen, muss man sich das Programm nochmals genau anschauen. Nach der schließenden Klammer, die wir entfernt haben, folgt eine weitere schließende Klammer, die eigentlich die Klassendefinition beenden sollte. Da nun jedoch die Methode noch geöffnet ist, wird diese zuerst geschlossen. Das bedeutet, dass die Klassendefinition noch nicht abgeschlossen ist. Es ist jedoch nicht möglich, eine Variable innerhalb einer Klassendefinition zu deklarieren. Daher kommt es in Zeile 15 zu der entsprechenden Fehlermeldung, da wir hier genau das tun.



Wenn in der angegebenen Zeile kein Fehler zu erkennen ist, ist es daher sinnvoll, auch die vorherigen Zeilen zu überprüfen. Insbesondere wenn der Browser die Nachricht „unexpected Identifier" ausgibt, ist es wahrscheinlich, dass der eigentliche Fehler bereits früher passiert ist.

## 10.3 Ausnahmen für Laufzeitfehler erstellen

Wie bereits in Kapitel 10.1 erwähnt, sind Laufzeitfehler in JavaScript sehr selten. Wenn der Anwender ungültige Werte eingibt, kommt es zwar zu unerwünschten Ergebnissen im Programm – beispielsweise wird anstelle eines Ausgabewerts „NaN" oder „undefined" angezeigt. Allerdings führt das nicht zum Abbruch des Programms.

Dennoch gibt es einige Möglichkeiten, die zu einem Laufzeitfehler führen können. Das zeigt das folgende Programm:

```
<html>
    <body>
        <script>
            "use strict";

            let a = 1.2232342343253443665562354 5;
            let x = prompt("Wie viele Stellen sollen angezeigt werden?");
            let b = a.toPrecision(x);
            document.write("Wert mit der gewünschten Präzision:
            " + b);
        </script>
    </body>
</html>
```

**Abb. 10.4** Die Anzeige bei Eingabe der Zahl 10

Dieses Programm erstellt zunächst die Variable a mit einer hohen Zahl an Nachkommastellen. Danach fordert es den Anwender dazu auf, die gewünschte Präzision einzugeben. Anschließend ruft es die Methode `toPrecision` auf. Diese reduziert die Anzahl der Nachkommastellen auf die Zahl, die in der Klammer steht. Wenn man nun beispielsweise den Wert 10 eingibt, funktioniert das Programm problemlos. Das zeigt der obige Screenshot.

Allerdings gibt es einen maximalen Wert, den diese Methode verarbeiten kann. Dieser liegt bei 100. Wenn der Anwender nun eine Zahl eingibt, die größer als 100 ist, kommt es zu einem Laufzeitfehler und damit zum Abbruch des Programms. Daher wird lediglich eine leere Seite angezeigt.

Das Ziel beim Programmieren besteht darin, dass das Programm mit jedem beliebigen Eingabewert umgehen kann. Wenn es nicht möglich ist, die gewünschte Aktion durchzuführen, soll es nicht zu einem Abbruch kommen. Stattdessen soll das Programm eine alternative Aktion durchführen. In diesem Fall wäre es beispielsweise sinnvoll, den Anwender dazu aufzufordern, einen Wert zwischen 1 und 100 einzugeben.

Das erreicht man, in dem man die Programmteile, die anfällig gegenüber Laufzeitfehlern sind, in einen `try`-Block stellt. Dieser wird mit dem Schlüsselbegriff `try` eingeleitet. Die Anweisungen stehen in einer geschweiften Klammer:

```
try {
    let b = a.toPrecision(z);
    document.write("Wert mit der gewünschten Präzision: " + b);
}
```

Dabei ist es wichtig, auch den Ausgabebefehl in diesen Block zu setzen. Da die Variable `b` im `try`-Block deklariert wird, ist sie nur hier gültig. Darüber hinaus macht es keinen Sinn, den neuen Wert auszugeben, wenn man diesen nicht erzeugen kann.



Wenn man diese Struktur verwendet, probiert das Programm lediglich, die entsprechenden Befehle auszuführen. Wenn das nicht möglich ist, führt das jedoch nicht zu einem Abbruch.

Ein `try`-Block darf niemals alleine stehen. Daran muss sich immer ein `catch`-Block anschließen. Dieser enthält die Anweisungen, die auszuführen sind, wenn es im `try`-Block zu einem Fehler kommt:

```
catch{
    alert("Geben Sie einen Wert zwischen 1 und 100 ein!");
 }
```

Um zu zeigen, dass das Programm nun selbst bei der Eingabe eines sehr großen Werts nicht beendet wird, soll danach noch eine weitere Ausgabe mit beliebigem Inhalt stehen. Diese wird dann in jedem Fall ausgegeben – selbst wenn es zur Eingabe eines ungültigen Werts kommt.

```
<html>
    <body>
        <script>
            "use strict";

            let a = 1.22323423432534436655623545;
            let x = prompt("Wie viele Stellen sollen angezeigt
            werden?");
            try {
                let b = a.toPrecision(x);
                document.write("Wert mit der gewünschten Präzision:
                " + b);
            }
            catch{
               alert("Geben Sie einen Wert zwischen 1 und 100 ein!");
           }
           document.write("Weitere Inhalte");

        </script>
    </body>
</html>
```

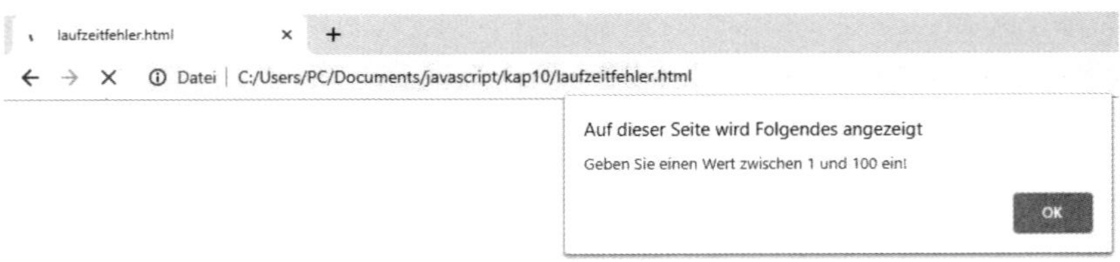


**Abb. 10.5** Die Ausgabe der Fehlermeldung

Wenn es zu einem Laufzeitfehler kommt, erzeugt JavaScript automatisch ein Objekt, das Details zum aufgetretenen Problem enthält. Dieses kann man verwenden, um die Art des Fehlers auszugeben. Dazu muss man nach dem Ausdruck `catch` eine Klammer mit einem neuen Variablennamen (in diesem Beispiel `err`) einfügen. Unter diesem Begriff kann man dann auf das Fehler-Objekt zugreifen. Es enthält beispielsweise die Attribute `name` mit der Bezeichnung des Fehlers und `message` mit einer Fehlermeldung:

```
<html>
    <body>
        <script>
            "use strict";

            let a = 1.22323423432534436655623545;
            let x = prompt("Wie viele Stellen sollen angezeigt
            werden?");
            try {
                let b = a.toPrecision(x);
                document.write("Wert mit der gewünschten Präzision:
                " + b);
            }
            catch(err){
                alert(err.name);
                alert(err.message);
            }
            document.write("Weitere Inhalte");

        </script>
    </body>
</html>
```



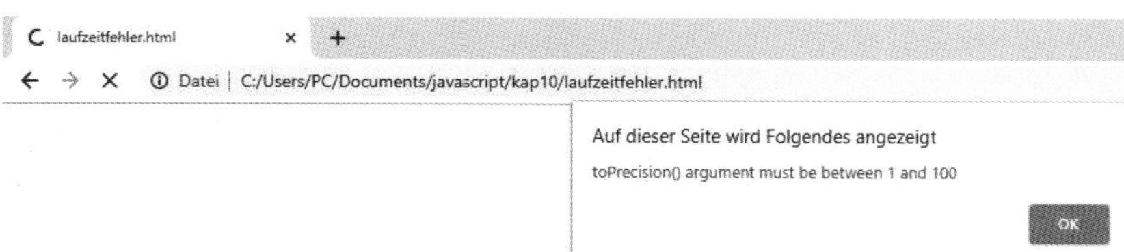


**Abb. 10.6** Die automatisch erzeugte Fehler-Benachrichtigung

## 10.4 Logische Fehler durch Debugging erkennen

Ein semantischer oder logischer Fehler tritt dann auf, wenn das Programm nicht die gewünschte Aufgabe erfüllt. Dabei gibt der Browser jedoch keine Fehlermeldungen aus, da es formal korrekt ist. Häufig ist eine Verwechslung von Variablen oder ein fehlerhafter Rechenschritt die Ursache für einen Semantikfehler.

Um dies zu demonstrieren, soll ein Programm entstehen, das einige Rechenaufgaben mit Variablen durchführt. Es definiert zunächst im Hauptprogramm die Variable `y`. Daraufhin gibt es deren doppelten Wert aus. Anschließend ruft es eine Funktion auf, die einen Übergabewert mit einer vom Anwender eingegeben Zahl multipliziert. Diesen gibt es dann als Rückgabewert zurück. Da sie Übergabe- und Rückgabewerte nutzt, sollen keine globalen Variablen genutzt werden. Das Hauptprogramm verwendet daraufhin die ursprüngliche Variable `y` und den Rückgabewert der Funktion, der in der Variablen `Ergebnis` gespeichert wurde, weiter. Dabei erstellt es eine Ausgabe mit den entsprechenden Werten:

```
<html>
    <body>
        <script>
            "use strict";

            function multiplikation (x){
                y = prompt("Geben Sie den zweiten Faktor ein.");
                return x * y;
            }

            let y = 6;
            document.write("Wert der Variablen y: " + y + "<br>");
            document.write("Der doppelte Wert der Variablen y beträgt
            " + y*2 + ".<br>");

            let ergebnis = multiplikation(3);

            document.write("Das Programm enthält nun die Variablen
            y mit dem Wert " + y);
            document.write(" und ergebnis mit dem Wert " + ergebnis +
            ".<br>");


        </script>
    </body>
</html>
```

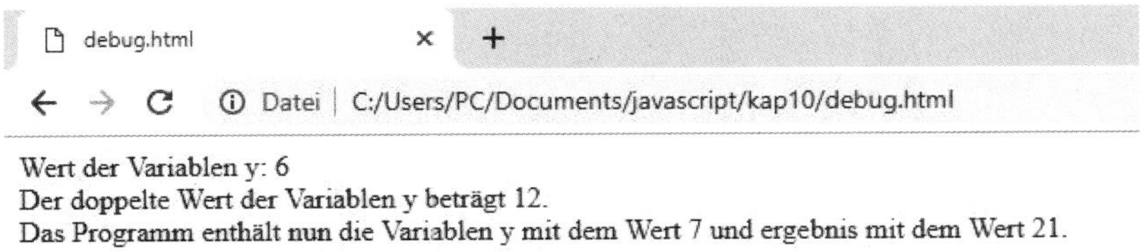


**Abb. 10.7** Die Ausgabe der Ergebnisse

Wenn man diesen Code ausführt, stellt man jedoch fest, dass die Variable y bei der abschließenden Ausgabe nicht mehr ihren ursprünglichen Wert hat, obwohl sie eigentlich unverändert bleiben sollte. Das erscheint auf den ersten Blick seltsam, da wir sie nicht verändert haben – zumindest nicht im Hauptprogramm. Das heißt, dass das Programm nicht die gewünschte Funktion ausführt.



Bei einem kurzen Programm wie diesem kann man selbstverständlich den Code Zeile für Zeile durchgehen, um nach dem Fehler zu suchen. In der Regel entdeckt man ihn recht schnell. Wenn es sich jedoch um ein längeres Programm mit vielen Hundert Codezeilen handelt, stellt das eine ausgesprochen komplizierte Aufgabe dar. Da man dabei nicht erkennen kann, welche Variable in welchem Programmabschnitt welchen Wert annimmt, ist es sehr schwierig, herauszufinden, an welcher Stelle der Fehler eintritt.

Daher ist es sinnvoll, ein Hilfsmittel zu verwenden. Dazu dient das Debugging. Auch dieses ist in alle gängigen Browser integriert. Dazu muss man wieder die Entwicklertools aufrufen. Danach ist es notwendig, in der Menüleiste auf „Sources“ zu klicken.

Dabei erscheint ein dreigeteiltes Fenster. Für eine bessere Übersicht ist es empfehlenswert, das gesamte Fenster mit der Maus etwas größer zu ziehen. Auch der mittlere Bereich sollte vergrößert werden. In der linken Spalte sieht man die Datei, die im Browser geöffnet ist. Wenn man diese anklickt, erscheint in der mittleren Spalte der zugehörige Code.

Nun kann man im Code *Haltepunkte* einfügen. Wenn man daraufhin die Seite erneut lädt, stoppt der Browser die Ausführung des Programms an dieser Stelle. Dabei zeigt er an, welche Werte die verschiedenen Variablen zu diesem Zeitpunkt haben. Um einen Haltepunkt zu setzen, muss man links vom Code auf die Zeilennummer klicken. Daraufhin erscheint ein blauer Pfeil, der den Haltepunkt markiert.

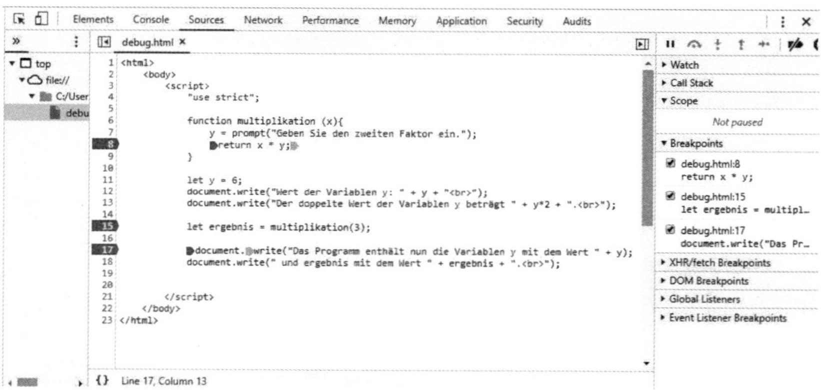

**Abb. 10.8** Der Code mit den Haltepunkten

Nun muss man die Seite neu laden. Das Programm stoppt dann am ersten Haltepunkt – zu Beginn der Zeile 15. Der andere Haltepunkt steht zwar früher im Code, da er sich jedoch auf die Funktion bezieht, wird diese Stelle erst später ausgeführt. Nun ist die linke Spalte von Interesse. Diese zeigt die aktuellen Werte der Variablen an dieser Stelle an. Da bislang nur die Variable `y` definiert ist, gibt sie deren Wert an: 6.

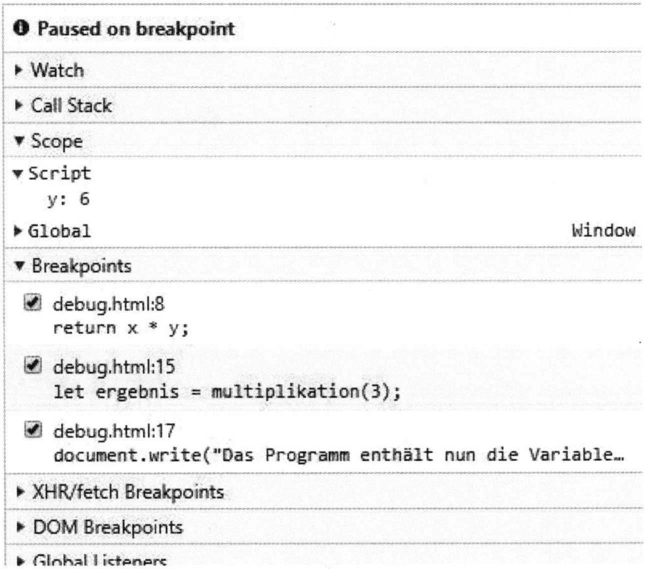


**Abb.10.9** Der Wert am ersten Haltepunkt



Das bedeutet, dass das Programm bis hierhin ordnungsgemäß verläuft. Daher ist es sinnvoll, oben in dieser Spalte auf den blauen Pfeil zu klicken. Dann fährt das Programm bis zum nächsten Haltepunkt fort.

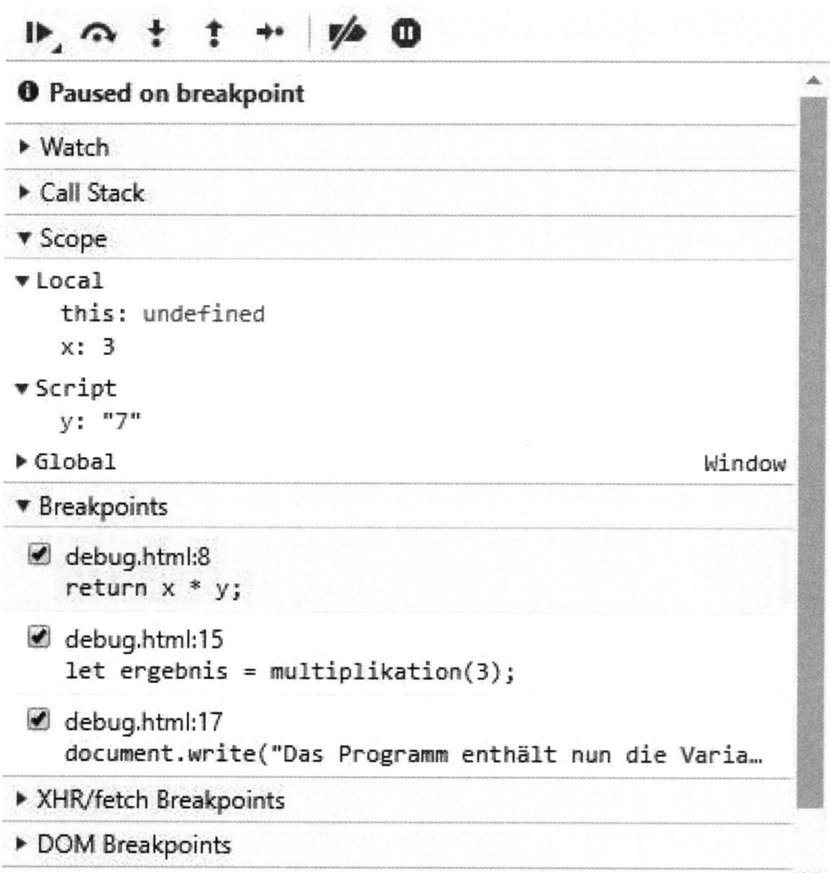


**Abb. 10.10** Die Werte am 2. Haltepunkt

Am zweiten Haltepunkt werden die Werte von x und y mit 3 und "7" (in diesem Fall hat der Anwender die Zahl 7 eingegeben) angezeigt. Nun könnte bereits der Verdacht entstehen, dass es hier zu einem Fehler kommt, da die Variable y einen neuen Wert erhält. Da man jedoch normalerweise innerhalb der Funktion nur lokale Variablen verwenden sollte, dürfte diese den Wert der gleichlautenden Variablen im Hauptprogramm nicht beeinflussen. Daher scheint der Programmverlauf auch bis hierhin korrekt zu sein. Deshalb soll bis zum nächsten Haltepunkt fortgefahren werden.

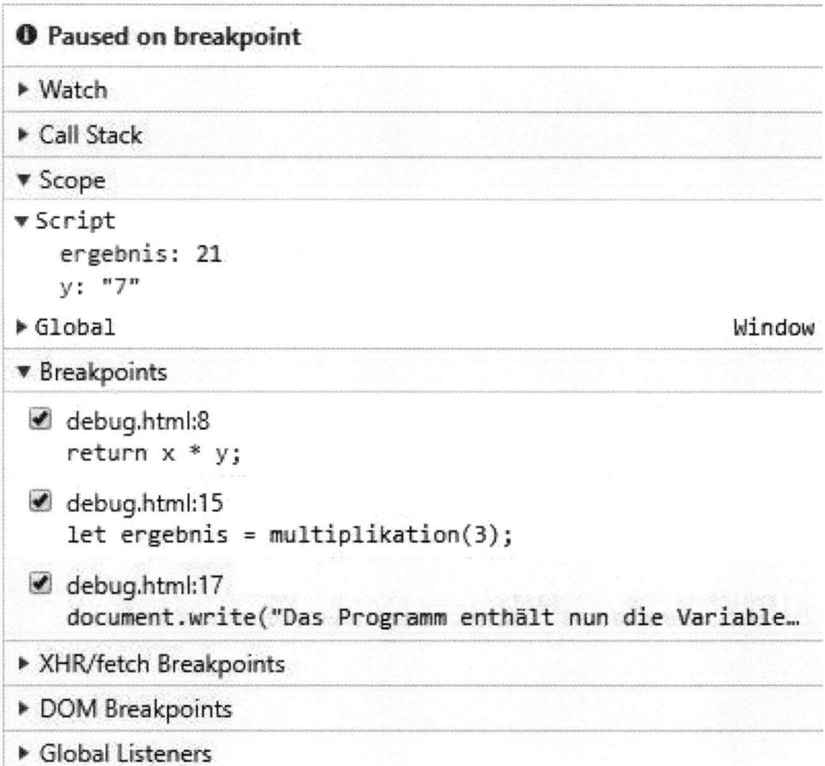




**Abb. 10.11** Die Werte am dritten Haltepunkt

Der dritte Haltepunkt befindet sich wieder im Hauptprogramm. Daher sollte die Variable `y` hier wieder den ursprünglichen Wert aufweisen. Der Debugger deckt jedoch auf, dass sie nun den Wert "7" hat – genau wie innerhalb der Funktion. Daran wird deutlich, dass diese den Wert der Variablen verändert hat. Wenn man sich deren Code nun nochmals genau anschaut, stellt man fest, dass die Variable `y` hier nicht neu deklariert wurde. Daher kommt es zu einer globalen Verwendung, sodass die Zuweisung in der Funktion auch das Hauptprogramm beeinflusst. Daher muss man vor der Variablen den Begriff `let` einfügen, um den Fehler zu beheben.

Alle Programmcodes aus diesem Buch sind als PDF zum Download verfügbar. Dadurch müssen Sie sie nicht abtippen: https://bmu-verlag.de/books/javascript/

Außerdem erhalten Sie die eBook Ausgabe zum Buch im PDF Format kostenlos auf unserer Website:

https://bmu-verlag.de/books/javascript/
**Downloadcode:** siehe Kapitel 20

Kapitel 11

# JavaScript und Webbrowser

In den vorherigen Kapiteln wurden die Grundlagen von JavaScript bereits ausführlich erläutert. Wir haben uns mit Variablen, `if`-Abfragen, Schleifen, Funktionen und Objekten beschäftigt. Derartige Befehle und Steuerungsmöglichkeiten stellen die Grundlage fast aller Programmiersprachen dar. Das bedeutet, dass sich JavaScript bislang kaum von diesen absetzt.

In der Einleitung wurde jedoch bereits erwähnt, dass es sich bei JavaScript um eine Programmiersprache mit einem ganz spezifischen Einsatzzweck handelt. Sie dient der clientseitigen Programmierung von Internetanwendungen. JavaScript-Programme werden in der Regel in einem Webbrowser ausgeführt. Ihr Ziel besteht darin, die Darstellung von Internetseiten zu beeinflussen oder ihnen neue Funktionen zu geben. Um dies zu erreichen, muss JavaScript auf eine ganz spezifische Weise mit dem Webbrowser interagieren. Dieses Kapitel gibt einen groben Überblick darüber, welche Beziehung zwischen JavaScript und dem Webbrowser besteht und welche Elemente für die Programmierung von Browseranwendungen von Bedeutung sind. Die folgenden Kapitel stellen diese dann detailliert vor.

## 11.1 Die besonderen Anwendungsmöglichkeiten von JavaScript

JavaScript dient dazu, dynamische Webseiten zu gestalten. Deren wesentliche Eigenschaft besteht darin, dass sie eine Interaktion mit dem Anwender zulassen. Statische Seiten verändern sich nicht. Um neue Inhalte anzuzeigen, ist es notwendig, eine andere Seite zu laden. Wenn man jedoch JavaScript in den HTML-Code einbettet, kann man eine Seite gestalten, die unmittelbar auf die Aktionen des Anwenders reagiert.

Für diese Aufgabe ist es notwendig, eine Verbindung zwischen dem Browser und der Programmiersprache herzustellen. Der Browser muss beispielsweise mitteilen, wenn der Anwender eine spezielle Aktion durchführt. Auf diese Weise gibt er dem Programmierer die Möglichkeit, darauf zu reagieren. Auf der anderen Seite muss es möglich sein, auf die verschiedenen Elemente des Browsers und damit der Internetseite zuzugreifen. Dadurch kann der Programmierer die Inhalte und die Darstellung verändern.

JavaScript zeichnet sich gegenüber anderen Programmiersprachen dadurch aus, dass hier vielfältige Funktionen für die Interaktion mit dem Browser vorhanden sind. Um JavaScript sinnvoll in eine Internetseite einzubinden, ist es notwendig, sich intensiv mit diesem Thema zu befassen.

## 11.2 Events in JavaScript

Eines der wesentlichen Hilfsmittel für die Interaktion zwischen dem Webbrowser und dem JavaScript-Programm stellen Events dar. Jedes Mal, wenn der Anwender eine bestimmte Aktion durchführt, löst der Browser ein entsprechendes Event aus. Das passiert beispielsweise, wenn der Besucher ein Element der Seite anklickt, wenn er mit der Maus darüber fährt, wenn er ein Fenster schließt oder wenn er eine Eingabe mit der Tastatur macht.



Um interaktive Webseiten zu gestalten, ist es sehr wichtig, auf diese Events zu reagieren. JavaScript verfügt über zahlreiche vorgefertigte Funktionen, die diese Aufgabe erfüllen. Auf diese Weise kann der Programmierer auf jede Aktion des Anwenders reagieren. Kapitel 12 stellt vor, wie man in einem JavaScript-Programm auf Events eingeht.

## 11.3 Verschiedene Objektmodelle

Wenn man auf eine Aktion des Anwenders reagiert, kann das ganz unterschiedliche interne Prozesse im Programm auslösen. Unabhängig davon, wie diese im Detail aussehen, ist es in der Regel notwendig, dem Besucher die Ergebnisse zu übermitteln. Auch das geschieht über den Browser. JavaScript bietet hierfür verschiedene vorgefertigte Objekte mit zahlreichen Methoden an. Diese erlauben es, fast alle Elemente des Browsers zu beeinflussen und auf diese Weise die Ergebnisse des Programms auf der Seite darzustellen. Diese sind in verschiedene Objektmodelle zusammengefasst, die im Folgenden kurz vorgestellt werden.

Das `Browser Object Model` (BOM) dient dazu, die grundlegenden Eigenschaften des Browsers zu steuern. Von besonderer Bedeutung ist dabei das `window`-Objekt, das in Kapitel 13 noch ausführlicher vorgestellt wird. Damit lassen sich die grundlegenden Eigenschaften des Fensters wie dessen Größe festlegen. Das `window`-Objekt kam bereits in vielen Programmen zum Einsatz. Sowohl der `alert`- als auch der `prompt`-Befehl gehört zu diesem Element. Das `window`-Objekt weist jedoch die Besonderheit auf, dass man es nicht ausdrücklich im Programm nennen muss. Die eigentliche Schreibweise für den `alert`-Befehl würde beispielsweise so lauten: `window.alert("Ihr Text");` Da dieses Objekt jedoch die Grundlage aller Interaktionsformen mit dem Browser darstellt, müsste man diesen Zusatz bei allen Befehlen in diesem Bereich hinzufügen. Aus diesem Grund ist es möglich, ihn wegzulassen.

Vom BOM abgeleitet ist das `Document Object Model` (DOM). Auch dieses kam in unseren bisherigen Programmen bereits häufig zum Einsatz – mit dem `document.write`-Befehl. Das `document`-Objekt ist vom `window`-Objekt abgeleitet. Daher lautet die ausführliche Schreibweise für diesen Befehl eigentlich `window.document.write("Ihr Text")`. Doch auch in diesem Fall ist es nicht erforderlich, das Root-Objekt zu nennen. Das `document`-Objekt bietet Zugriff auf alle Inhalte der Seite. Damit ist es möglich, Texte, Links und weitere Inhalte zu verändern. Das `Document Object Model` wird ausführlich in Kapitel 14 vorgestellt.

Von großer Bedeutung ist auch das `CSS Object Model` (CSSOM). Dieses dient dazu, die Layout-Vorgaben, die mit CSS angefertigt wurden, zu verändern. Damit lassen sich Schrift- und Hintergrundfarben beeinflussen und es ist möglich, die Größe und die Anordnung einzelner Elemente zu verändern.

Darüber hinaus gibt es noch mehr vorgefertigte Objekte, die Zugang zu zahlreichen weiteren Funktionen des Browsers bieten. In einigen Fällen ist sogar der Zugriff auf Betriebssystem-Funktionen erlaubt – beispielsweise um das Datum abzurufen. Das Kapitel 16 stellt einige weitere Objekte vor, die für die Arbeit mit JavaScript hilfreich sind.

Alle Programmcodes aus diesem Buch sind als PDF zum Download verfügbar. Dadurch müssen Sie sie nicht abtippen:
https://bmu-verlag.de/books/javascript/

Außerdem erhalten Sie die eBook Ausgabe zum Buch im PDF Format kostenlos auf unserer Website:

https://bmu-verlag.de/books/javascript/
**Downloadcode:** siehe Kapitel 20

Kapitel 12

# Browser Events

Die Interaktion zwischen einem JavaScript-Programm und dem Anwender findet – von einigen Ausnahmen abgesehen – über einen Webbrowser statt. Dieser muss dabei zwei verschiedene Aufgaben erledigen. Zum einen ist es notwendig, dass er die Aktionen des Anwenders an das Programm übermittelt. Zum anderen muss er die Ergebnisse, die das Programm erzeugt, dem Besucher präsentieren.

Diese beiden Bereiche sind in JavaScript recht deutlich voneinander getrennt. Dieses Kapitel befasst sich mit der ersten dieser beiden Aufgaben: mit der Übermittlung der Aktionen des Anwenders an das JavaScript-Programm. Hierfür kommen Browser-Events zum Einsatz.

## 12.1 Was sind Events und wie lässt sich damit ein Programm steuern?



Wenn der Anwender eine Internetseite in einem Webbrowser aufruft, löst er viele verschiedene Events aus. Einige von diesen führt er ganz bewusst durch – beispielsweise indem er ein Formular abschickt oder auf einen Button klickt. Darüber hinaus gibt es auch viele Aktionen, die eher unbewusst ablaufen. Wenn der Anwender beispielsweise mit der Maus über ein bestimmtes Element der Seite fährt, löst das ebenfalls ein Event aus.

Die folgende Liste stellt einige der wichtigsten Events vor:

- `click`: Klick auf ein beliebiges Element
- `contextmenu`: Klick mit der rechten Maustaste auf ein beliebiges Element
- `mouseover`: Cursor wird auf ein Element bewegt

- `mouseout`: Cursor wird von einem Element entfernt
- `mousedown`: Maustaste wird gedrückt
- `mouseup`: Maustaste wird losgelassen
- `mousemove`: Maus wird bewegt
- `dblclick`: Doppelklick auf das Element
- `submit`: Formular wird abgeschickt
- `focus`: Anwender setzt den Fokus auf ein Element
- `keydown`: Drücken einer Taste auf der Tastatur
- `keyup`: Loslassen einer Taste auf der Tastatur
- `DOMContentLoaded`: Wird ausgelöst, wenn der HTML-Inhalt der Seite geladen ist
- `transitionend`: Ende einer CSS-Animation

Der größte Teil dieser Aktionen ist für die Gestaltung des Programms ohne große Bedeutung. Daher ist es nicht notwendig, dass es darauf reagiert. Nur in ausgewählten Fällen ist eine Reaktion des Programms erforderlich. Aus diesem Grund ist es möglich, genau festzulegen, bei welchen Aktionen des Anwenders das Programm reagieren soll.

Bei Events handelt es sich um Nachrichten, die der Browser an das Programm übermittelt. Sie enthalten Informationen darüber, welche Art von Aktion ausgeführt wurde und auf welches Element der Seite sie sich bezog. Aufgrund der vielfältigen Möglichkeiten sendet der Browser bei jedem Besuch der Seite unzählige Event-Nachrichten aus. Die Mehrheit von ihnen soll das Programm jedoch ignorieren.

Wenn es jedoch gewünscht ist, dass das Programm auf eine bestimmte Aktion reagiert, ist es notwendig, einen sogenannten *„Event-Handler“* in das Programm zu integrieren. Das ist ein Element, das auf ausgewählte Events reagiert. Der Event-Handler enthält sowohl die Art des Events als auch das Seitenelement, auf das er sich bezieht. Wenn nun ein Event ausgelöst wird, bei dem beide Anforderungen zutreffen, wird der Event-Handler aktiviert. Das Programm führt dann alle Befehle, die mit diesem verbunden sind, aus.

## 12.2 Auf Events reagieren: verschiedene Vorgehensweisen

Nachdem die theoretischen Grundlagen zu Events und Event-Handlern erklärt sind, ist es an der Zeit, die Kenntnisse in die Praxis umzusetzen. Um auf ein Event zu reagieren, gibt es mehrere verschiedene Möglichkeiten.

Einen Event-Handler kann man erzeugen, indem man dem Namen des Events den Begriff `on` voranstellt. Um auf einen Mausklick zu reagieren, müsste man beispielsweise den Schlüsselbegriff `onclick` verwenden.

Den Event-Handler kann man direkt in den HTML-Code einfügen. Dafür sind keine `script`-Tags notwendig. Wenn man beispielsweise einen Button in die Seite einfügt und eine Nachricht ausgeben will, wenn der Anwender darauf klickt, könnte man folgenden Code verwenden:

```
<html>
    <body>
        <input value="Hier klicken!" onclick="alert('Sie haben den
        Button geklickt!')"
        type="button">
    </body>
</html>
```

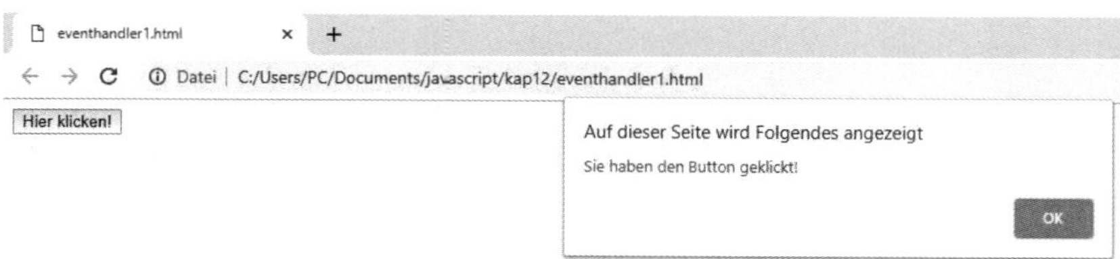


**Abb. 12.1** Die Anzeige beim `click`-Event

Der Event-Handler wird hier direkt in das Button-Element eingefügt. Es handelt sich daher um ein HTML-Attribut. In dieses Attribut kann man dann JavaScript-Code einfügen. Dabei ist es wichtig, darauf zu achten, dass der Inhalt des Attributs wie in HTML üblich bereits in Anführungszeichen steht. Daher muss man den Text des alert-Befehls in einfache Anführungszeichen stellen, um Interferenzen zu vermeiden.

Theoretisch wäre es auch möglich, mehrere Befehle in das HTML-Attribut einzufügen. Das würde den Code jedoch extrem unübersichtlich gestalten. Aus diesem Grund ist es in diesem Fall sinnvoll, Funktionen zu verwenden. Auf diese Weise kann man alle Befehle übersichtlich in die Funktion einfügen. Im HTML-Attribut muss man dann nur die Funktion aufrufen:

```
<html>
    <body>
        <input value="Hier klicken!" onclick="verdopplung()"
        type="button">
        <script>
        function verdopplung(){
            let zahl = prompt("Geben Sie eine Zahl ein:");
            zahl *= 2;
            alert("Doppelter Wert: " + zahl);
        }
        </script>
    </body>
</html>
```

Eine weitere Möglichkeit, um auf Events zu reagieren, besteht darin, den entsprechenden HTML-Elementen per id–Attribut einen Namen zu geben. Über diese Bezeichnung kann man anschließend im JavaScript-Code darauf zugreifen.

Um zu zeigen, dass man auf diese Weise auch auf andere Events reagieren kann und dass sich diese auch auf verschiedene Elemente der HTML-Seite beziehen können, soll nun ein ganz neues Programm entstehen. Die neue Seite besteht aus drei Absätzen, die jeweils mit p-Tags gekennzeichnet sind. Wenn der Anwender mit der Maus über den zweiten Absatz fährt, soll eine Nachricht angezeigt werden. Aus diesem Grund erhält dieser das Attribut `id="absatz"`.

Um einen Event-Handler zu gestalten, muss man zunächst den Namen des entsprechenden HTML-Elements nennen. Danach folgen ein Punkt und die Art des Events mit vorangestelltem Präfix “on”. In diesem Fall müsste die Bezeichnung daher so lauten: `absatz.onmouseover`.

Diesem Ausdruck muss man dann eine Funktion zuweisen. Es ist möglich, sie an dieser Stelle direkt zu definieren. Die Funktionsdefinition folgt dabei den bekannten Regeln, sodass folgender Code entsteht:

```
<html>
    <body>
        <p>Absatz 1</p>
        <p id="absatz">Absatz 2</p>
        <p>Absatz 3</p>
        <script>
            absatz.onmouseover = function(){
                alert("Hier befindet sich Absatz 2.");
            }
        </script>
    </body>
</html>
```



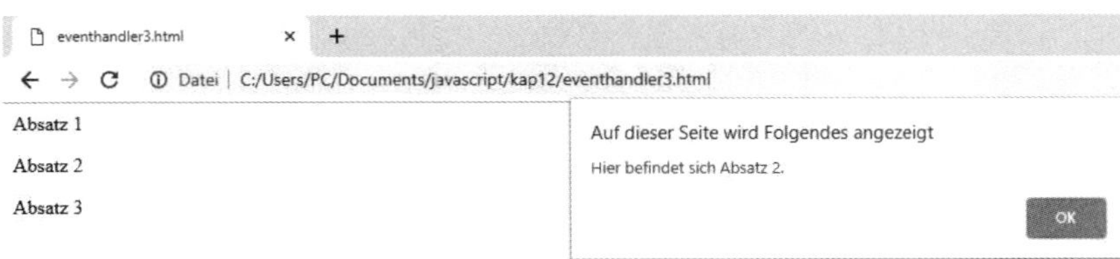


**Abb. 12.2** Diese Nachricht erscheint, wenn der Anwender mit der Maus über Absatz 2 fährt

Um die Reaktion auf das Event festzulegen, ist es nicht notwendig, eine neue Funktion zu definieren. Man kann auch eine bereits vorhandene Funktion verwenden. Dabei ist es jedoch wichtig, zu beachten, dass man in diesem Fall bei deren Aufruf keine Klammern hinter ihrem Namen anbringen darf:

```
<html>
    <body>
        <p>Absatz 1</p>
        <p id="absatz">Absatz 2</p>
        <p>Absatz 3</p>
        <script>
            function nachricht(){
                alert("Hier befindet sich Absatz 2.");
            }
            absatz.onmouseover = nachricht;
        </script>
    </body>
</html>
```

Wenn man hier Klammern hinter den Funktionsnamen stellt, weist das Programm dem Ausdruck `absatz.onmouseover` den Rückgabewert der Funktion zu. Daher wird sie bereits beim Aufbau der Seite aufgerufen, und nicht, wenn der Anwender mit der Maus über den entsprechenden Absatz fährt. Um dem Ausdruck die komplette Funktion zuzuweisen, darf man keine Klammern anbringen. Das hat zur Folge, dass man in diesem Fall keine Funktionen mit Übergabewerten verwenden kann.

Die bisher vorgestellten Methoden für Event-Handler bringen das Problem mit sich, dass das Programm nur einen einzigen Handler unterstützt. Wenn man einen weiteren Handler für das gleiche Element und das gleiche Event einfügt, überschreibt das die bisherigen Befehle. In manchen Programmen sollen sich die Aktionen jedoch während der Ausführung ändern.

In diesem Fall ist es notwendig, einen sogenannten *„Event-Listener“* zu verwenden. Diesen kann man mehrfach in das Programm einfügen und bei Bedarf wieder entfernen.

Um einen Event-Listener in das Programm einzufügen, muss man wieder dem entsprechenden HTML-Element einen Namen geben. Zu diesem muss man dann den Begriff `addEventListener` hinzufügen. Danach folgt eine Klammer, in der zunächst der Name des Events in Anführungszeichen steht – in diesem Fall jedoch ohne den Zusatz „on“. Nach einem Komma folgt der Name der Funktion, die dabei aufgerufen werden soll.

Der folgende Code hat genau die gleiche Funktion wie das vorherige Programm. Er verwendet jedoch nun einen Event-Listener:

```
<html>
    <body>
        <p>Absatz 1</p>
        <p id="absatz">Absatz 2</p>
        <p>Absatz 3</p>
        <script>
            function nachricht(){
                alert("Hier befindet sich Absatz 2.");
            }
            absatz.addEventListener ("mouseover", nachricht);
        </script>
    </body>
</html>
```



In diesem Beispiel bringt der Event-Listener jedoch keine Vorteile gegenüber den bisher vorgestellten Methoden mit sich. Um den Unterschied zu verdeutlichen, soll jetzt ein neues Programm entstehen. Dieses enthält einen Button. Wenn der Anwender diesen anklickt, sollen abwechselnd zwei verschiedene Nachrichten angezeigt werden. Beim ersten Klick ruft das Programm die Funktion nachricht1 auf. Diese entfernt den bisherigen Event-Listener. Das geschieht durch den Befehl `removeEventListener`. Danach fügt die Funktion einen neuen Event-Listener ein, der die Funktion nachricht2 aufruft.

Das hat zur Folge, dass beim nächsten Klick diese Funktion ausgeführt wird. Diese gibt eine andere Nachricht aus und tauscht nach der soeben vorgestellten Methode auch die Event-Listeners aus:

```
<html>
    <body>
        <input value="Hier klicken!" id="btn" type="button">
        <script>
            function nachricht1(){
                alert("Nachricht 1");
                btn.addEventListener ("click", nachricht2);
                btn.removeEventListener ("click", nachricht1);
            }
            function nachricht2() {
                alert("Nachricht 2");
                btn.addEventListener ("click", nachricht1);
                btn.removeEventListener ("click", nachricht2);
            }
            btn.addEventListener ("click", nachricht1);
        </script>
    </body>
</html>
```

## 12.3 Die Struktur der Seite: Wo werden Events ausgelöst?

Wenn man mit Events arbeitet, ist es wichtig, genau zu wissen, wo diese ausgelöst werden und welche Reichweite sie haben. Um die Funktionsweise zu verstehen, soll folgendes Programm erstellt und ausprobiert werden:

```
<html>
        <style>
                body * {
                  border: 1px solid red;
                }
              </style>
    <body id = "b">
        <div id = "d">Das ist ein div-Element
            <p id = "p">
                Hier steht ein Text, bei dem ein Teil <strong
                id = "s">fett</strong> gedruckt ist.
            </p>
        </div>
        <script>
            function bodyTag(){
                alert("Body-Tag");
           }
```

```
            b.onclick = bodyTag;
            function divTag(){
                alert("Div-Tag");
            }
            d.onclick = divTag;
            function pTag(){
                alert("P-Tag");
            }
            p.onclick = pTag;
            function strongTag(){
                alert("Strong-Tag");
            }
            s.onclick = strongTag;
        </script>
    </body>
</html>
```

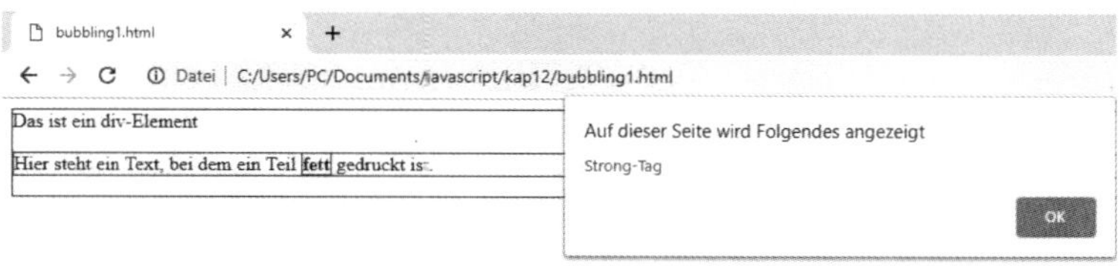


**Abb. 12.3** Die verschiedenen Seitenelemente und die Nachricht für das `strong`-Tag

Dieses Programm erzeugt eine Seite mit mehreren HTML-Elementen. Für eine bessere Übersichtlichkeit wird diesen ganz oben im Programm per CSS jeweils ein roter Rand zugewiesen. Danach wird für jedes dieser Elemente ein `onclick`-Event-Handler erstellt.

Wenn man nun auf das fett gedruckte Wort klickt, würde man erwarten, dass hierbei nur die Nachricht für das `strong`-Tag erscheint. Das trifft jedoch nicht zu. Nacheinander werden auch die Nachrichten für alle weiteren Elemente angezeigt. Diese Funktionsweise wird als „Bubbling" bezeichnet. Wenn ein Event für einen bestimmten Bereich der Seite ausgelöst wird, betrifft dieses immer auch die Elemente, die diesen umfassen.

Das `strong`-Tag steht innerhalb des `p`-Tags. Dieses befindet sich wiederum im `div`-Tag, welches im `body`-Tag steht. Wenn man daher auf das fett gedruckte Wort klickt, löst dieses zunächst das Event für diesen Bereich aus. Danach folgen die Events für alle übergeordneten Elemente. Wenn man mit Event-Handlern für unterschiedliche Bereiche arbeitet, ist es wichtig, dieses Verhalten zu berücksichtigen, um unerwünschte Nebeneffekte zu vermeiden.

Allerdings ist es auch möglich, das Bubbling zu beenden. Wenn man den Befehl `event.stopPropagation()` einfügt, wirkt sich das Event nicht mehr auf die übergeordneten Bereiche aus. Wenn man dieses Kommando im vorherigen Programm in jede einzelne Funktion integriert, wird nur noch die Nachricht angezeigt, die sich genau auf das Element bezieht, das angeklickt wurde:

```
<html>
        <style>
                body * {
                  border: 1px solid red;
                }
              </style>
    <body id = "b">
        <div id = "d">Das ist ein div-Element
            <p id = "p">
                Hier steht ein Text, bei dem ein Teil <strong
                id = "s">fett</strong> gedruckt ist.
            </p>
        </div>
        <script>
            function bodyTag(){
                alert("Body-Tag");
                event.stopPropagation();
            }
            b.onclick = bodyTag;
            function divTag(){
                alert("Div-Tag");
                event.stopPropagation();
            }
            d.onclick = divTag;
            function pTag(){
                alert("P-Tag");
                event.stopPropagation();
           }
```

```
            p.onclick = pTag;
            function strongTag(){
                alert("Strong-Tag");
                event.stopPropagation();
            }
            s.onclick = strongTag;
        </script>
    </body>
</html>
```

Obwohl das Event auch die übrigen Event-Handler aktiviert, registriert das Programm stets, in welchem Element es ausgelöst wurde. Der entsprechende Bereich der Seite kann unter der Bezeichnung `event.target` aufgerufen werden. Auf diese Weise kann man das auslösende Element auch aus anderen Bereichen heraus beeinflussen. Um dies zu zeigen, soll die Funktion `bodyTag` um folgenden Befehl erweitert werden: `event.target.style.backgroundColor = 'green';` Der Rest des Programms entspricht dem ursprünglichen Entwurf – also ohne die soeben eingefügten `event.stopPropagation()`-Befehle.

Dieses Kommando nimmt Einfluss auf die CSS-Vorgaben der Seite und fügt dem entsprechenden Element einen grünen Hintergrund hinzu. Wenn man nun eines der Elemente anklickt, erhält dieses einen grünen Hintergrund sobald alle Nachrichten ausgegeben sind:



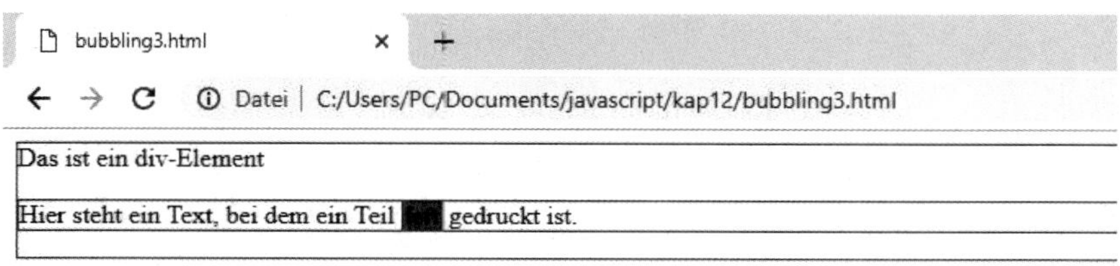


**Abb. 12.4** In diesem Fall wurde der Bereich im `strong-Tag` angeklickt

Darüber hinaus ist es möglich, auf das Element zuzugreifen, in dem der Event-Handler gerade aktiv ist. Das folgende Programm weist allen einzelnen Elementen unterschiedliche Hintergrundfarben zu. Je nachdem, welcher Bereich angeklickt wird, werden jedoch verschiedene Events ausgelöst. Daher kommt es auch zu verschiedenen Farbkombinationen.

```
<html>
        <style>
                body * {
                  border: 1px solid red;
                }
              </style>
    <body id = "b">
        <div id = "d">Das ist ein div-Element
            <p id = "p">
                Hier steht ein Text, bei dem ein Teil <strong
                id = "s">fett</strong> gedruckt ist.
            </p>
        </div>
        <script>
            function bodyTag(){
                alert("Body-Tag");
                this.style.backgroundColor = 'green';
            }
            b.onclick = bodyTag;
            function divTag(){
                alert("Div-Tag");
                this.style.backgroundColor = 'yellow';
            }
            d.onclick = divTag;
            function pTag(){
                alert("P-Tag");
                this.style.backgroundColor = 'grey';
            }
            p.onclick = pTag;
            function strongTag(){
                alert("Strong-Tag");
                this.style.backgroundColor = 'lightblue';
            }
            s.onclick = strongTag;
        </script>
    </body>
</html>
```

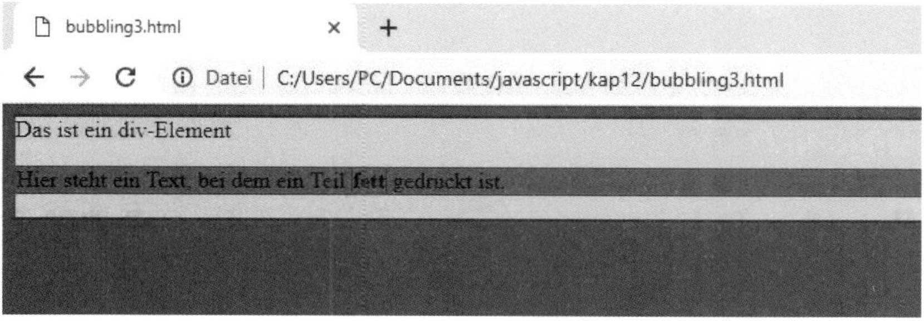


**Abb. 12.5** In diesem Fall wurde der Inhalt des `p`-Tags angeklickt Daher erscheint für den Inhalt des `strong`-Tags keine eigene Hintergrundfarbe

## 12.4 Events delegieren

Wenn man eine Seite mit vielen verschiedenen Elementen erstellt, die jeweils auf ein Ereignis reagieren sollen, ist es sehr mühsam, für jedes von ihnen einen eigenen Event-Handler zu gestalten. Aus diesem Grund ist es üblich, Events zu delegieren. Hierfür kommt der bereits im vorherigen Abschnitt vorgestellte Ausdruck `event.target` zum Einsatz.



Als Beispiel erzeugen wir eine Seite, die aus drei verschiedenen Absätzen besteht. Wenn man einen von ihnen anklickt, soll er eine neue Hintergrundfarbe erhalten. Dafür ist es nicht notwendig, einen eigenen Event-Handler für jeden einzelnen Absatz zu erstellen. Stattdessen ist es ausreichend, lediglich einen Handler für das `body`-Tag zu gestalten. Dieses umfasst alle Absätze. Über den Ausdruck `event.target` kann man dann auf das Element zugreifen, das das Event ausgelöst hat:

```
<html>
    <body id = "b">
        <p>Absatz 1</p>
        <p>Absatz 2</p>
        <p>Absatz 3</p>
        <script>
        function hintergrund(){
            event.target.style.backgroundColor = 'green';
```

```
        }

        b.onclick = hintergrund;
        </script>
    </body>
</html>
```

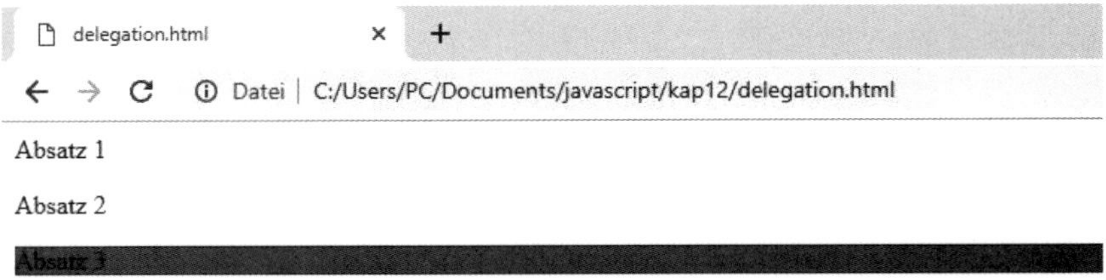


**Abb. 12.6** Hier wurde der dritte Absatz angeklickt

Diese Vorgehensweise erleichtert die Erstellung des Programms deutlich. Allerdings kann dabei ein Problem auftreten. Wenn die einzelnen Elemente weitere Tags enthalten, kann das das Verhalten des Programms ändern. Um das zu demonstrieren, soll der dritte Absatz aus dem vorherigen Beispiel einen Zusatz mit einem `strong`-Tag erhalten:

```
<p>Absatz 3 mit <strong>fett</strong> gedrucktem Wort</p>
```

Wenn man nun auf das fett gedruckte Wort klickt, erscheint der Hintergrund nicht mehr für den gesamten Absatz, sondern nur noch für dieses Wort. Das ist nicht erwünscht. Daher soll dieses Verhalten verändert werden.

Hierzu dient die Methode `closest`. Diese kann man auf ein beliebiges HTML-Element anwenden – in diesem Fall auf das Element `event.target`, das das Event ausgelöst hat. In die Klammer kann man dann in Anführungszeichen die Bezeichnung für ein anderes Tag eingeben. Die Methode gibt das Element mit der entsprechenden Bezeichnung zurück, das das auslösende Element umfasst. Mit folgendem Ausdruck gelangt man daher immer zum nächstgelegenen p-Tag: `event.target.closest('p');`

Den entsprechenden Rückgabewert kann man dann einer Variablen zuweisen. Daraufhin muss man den Befehl zum Ändern der Hintergrundfarbe auf diese Variable anwenden. Auf diese Weise stellt man sicher, dass stets der ganze Absatz markiert wird, selbst wenn der Anwender auf ein untergeordnetes Element klickt.

```
<html>
    <body id = "b">
        <p>Absatz 1</p>
        <p>Absatz 2</p>
        <p>Absatz 3 mit <strong>fett</strong> gedrucktem Wort</p>
        <script>
        function hintergrund(){
            let p = event.target.closest('p');
            p.style.backgroundColor = 'green';
        }

        b.onclick = hintergrund;
        </script>
    </body>
</html>
```

## 12.5 Mouse- und Keyboard-Events



Zum Abschluss ist es sinnvoll, nochmals auf die verschiedenen Arten von Events einzugehen. Bisher haben wir ausschließlich mit `Mouse`-Events gearbeitet. Besonders häufig kam das `click`-Event zum Einsatz. Dieses tritt auch in der Praxis sehr oft auf. Darüber hinaus haben wir ein Programm mit dem `mouseover`-Event erstellt, das ausgelöst wird, wenn man mit der Maus in den Bereich des entsprechenden Elements fährt.

Die Liste aus Kapitel 12.1 enthält noch einige weitere `Mouse`-Events, deren Funktionsweise ebenfalls recht einfach zu verstehen ist. Allerdings gilt es dabei zu beachten, dass es sich bei einigen von ihnen um zusammengesetzte Events handelt, die aus mehreren Einzel-Events bestehen. Ein Beispiel hierfür ist das `click`-Event. Um dieses auszulösen, muss man zunächst die Maustaste drücken. Das löst jedoch bereits das `mousedown`-Event aus. Danach muss man die Maustaste wieder loslassen. Das führt zu einem `mouseup`-Event. Erst aus dieser Kombination ergibt sich das `click`-Event.

Wenn man ausschließlich ein zusammengesetztes Event verwendet, stellt das kein Problem dar. Wenn man jedoch ein Programm erstellt, das sowohl die Einzel-Events als auch das zusammengesetzte Event verwendet, ist es wichtig, auf die richtige Reihenfolge zu achten. In diesem Fall werden immer zunächst die Einzel-Events bearbeitet – selbst wenn der Event-Handler für das zusammengesetzte Event im Code an erster Stelle angebracht ist. Das zeigt das folgende Programm:

```
<html>
    <body>
        <input value="Hier klicken!" id="btn" type="button">
        <script>
        function click(){
                alert("Click-Event");
            }
        function mdown(){
            alert("Mousedown-Event");
        }
        function mup(){
            alert("Mouseup-Event");
        }
        btn.onclick = click;
        btn.onmousedown = mdown;
        btn.onmouseup = mup;
        </script>
    </body>
</html>
```

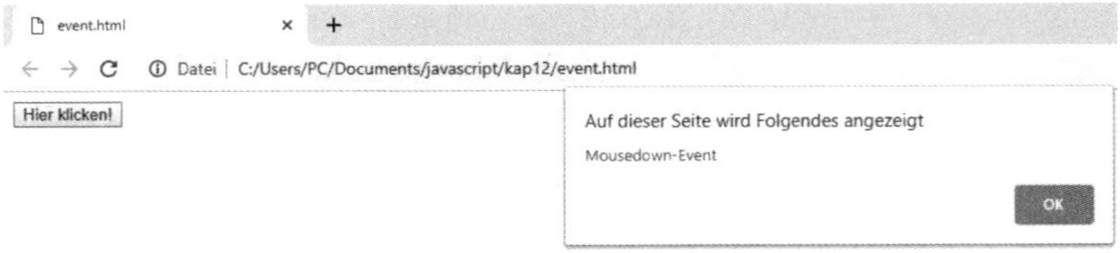


**Abb. 12.7** Beim Klick auf den Button wird das `mousedown`-Event ausgelöst

Wenn man nun auf den Button klickt, wird sofort das `mousedown`-Event ausgelöst. Daraufhin rückt die sich öffnende Message-Box in den Fokus, sodass der Browser das Loslassen der Maustaste nicht mehr dem Button zuordnet. Daher löst er keine weiteren Events aus. Wenn man das `mouseup`-Event auslösen will, muss man die Maustaste außerhalb des Buttons drücken und dann mit gedrückter Taste in diesen Bereich fahren. Wenn man sie hier loslässt, wird das entsprechende Event ausgelöst. Das `Click`-Event kann man mit diesem Code hingegen nicht erzeugen.

Events werden nicht nur durch die Maus ausgelöst. Eine weitere Möglichkeit stellt die Tastatur dar. Diese kommt in erster Linie bei der Bearbeitung von Eingabefeldern zum Einsatz. Dabei entstehen `Keyboard`-Events. Diese funktionieren ganz ähnliche wie bei der Betätigung der Maustaste. Auch hier gibt es drei verschiedende Events: `keydown`, `keyup` und `keypress`. Beim `keypress`-Event handelt es sich wieder um ein zusammengesetztes Event.

Die Tastatur unterscheidet sich jedoch von der Maus durch die Vielzahl an möglichen Tasten, die sie enthält. Diese lösen allerdings alle das gleiche Event aus. Ausnahmen stellen dabei besondere Tasten wie Shift- oder die Pfeiltasten dar. Diese lösen zwar `keydown`- und `keyup`-Events aus, jedoch kein `keypress`-Event.



In vielen Fällen soll sich der Programmablauf je nach der gedrückten Taste unterscheiden. Auch dies ist mit `keyword`-Events möglich. Diese verfügen über die Attribute `key` und `code`, die Informationen darüber enthalten, welche Taste gedrückt wurde.

Um auf diese zuzugreifen, muss man bei der Definition der Funktion, die der Event-Handler ausführen soll, in die Klammer eine Variable einfügen. Diese nimmt das Event auf. Anschließend kann man auf dessen Attribute zugreifen. Das folgende Programm gibt eine Meldung aus, welche Tasten der Anwender gedrückt hat:

```
<html>
    <body>
        <input id="eingabe" type="input">
        <script>
        function tastatureingabe(e){
                alert("Key: " + e.key + "  Code: " + e.code);
            }

        eingabe.onkeypress = tastatureingabe;
        </script>
    </body>
</html>
```

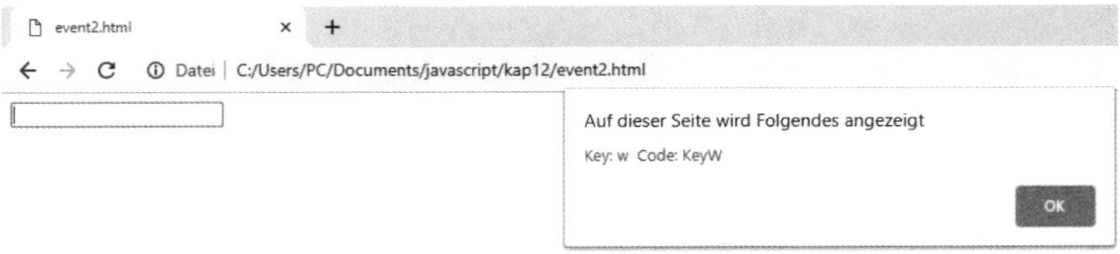


**Abb. 12.8** Die Ausgabe bei der Betätigung der Taste „W"

Nun bleibt noch zu klären, was der Unterschied zwischen dem `key`- und dem `code`-Attribut ist. Das Attribut `key` gibt immer den Buchstaben zurück, der bei der Eingabe entsteht. Das bedeutet, dass es auch die Groß- und Kleinschreibung beachtet. Das Attribut `code` gibt hingegen genau die Taste an, die gedrückt wurde – unabhängig davon, ob durch die Betätigung einer weiteren Taste ein Großbuchstabe entsteht oder nicht. Darüber hinaus ist dabei zu beachten, dass sich dieses Attribut stets an der amerikanischen Tastaturbelegung orientiert. Wenn man beispielsweise den Buchstaben Z eingibt, erscheint im `key`-Attribut genau dieser Wert. Das `code`-Attribut gibt jedoch den Buchstaben Y zurück, da dieser in der amerikanischen Tastatur an der entsprechenden Stelle steht. Auch bei den Umlauten treten Unterschiede auf.

## 12.6 Übungsaufgabe: Mit Events arbeiten

1. Gestalten Sie eine Seite, mit vier verschiedenen HTML-Elementen. Jedes von ihnen soll auf eine andere Art von Event reagieren. Gestalten Sie die passenden Event-Handler dafür.

2. Schreiben Sie ein Programm mit vier ineinander verschachtelten Elementen. Jedes von ihnen soll einen Event-Handler erhalten. Das Programm soll dem Element, das angeklickt wurde, einen grünen Hintergrund geben. Falls es sich dabei nicht bereits um das äußerste Element handelt, soll das darüber liegende Element einen gelben Hintergrund bekommen. Die übrigen Elemente sollen hingegen nicht verändert werden.

3. Erstellen Sie eine Seite mit einer HTML-Tabelle. Wenn der Anwender auf eines der enthaltenen Felder klickt, soll dieses eine rote Hintergrundfarbe erhalten. Verwenden Sie hierfür einen einzigen Event-Handler, der für alle Felder gilt – unabhängig davon, wie viele Spalten und Zeilen die Tabelle enthält. Das Programm soll immer das komplette Feld markieren, auch wenn innerhalb des `td`-Tags noch weitere HTML-Tags enthalten sind.

## Lösungen:

```
<html>
    <body>
        <div onclick = "alert('Click-Event im div-Tag')">Div-
        Element</div>
        <h1 onmousedown = "alert('Mousedown-Event im h1-Tag')">
            &Uuml;berschrift 1</h1>
        <p onmouseup = "alert('Mouseup-Event im p-Tag')">
            Das ist ein Absatz</p>
        <h2 onmousemove = "alert('Mousemove-Event im h2-Tag')">
            &Uuml;berschrift 2</h2>

    </body>
</html>
```

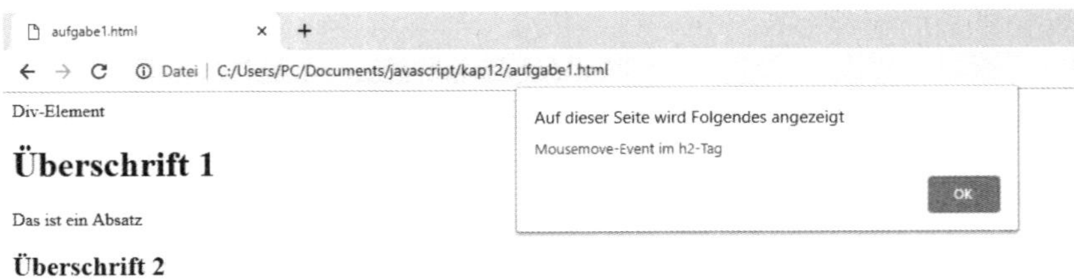


**Abb. 12.9** Die Seitenelemente und die Ausgabe des Elements

**2.**

```
<html>
    <body>
        <div id = "d">Div-Element
            <p id = "p">Das ist ein Absatz
                <i id = "i">
                    mit einem kursiven Bereich, der ein
                    <strong id = "s">
                            fettgedrucktes
                    </strong>
                    Wort enthält.
                </i>
              Danach geht der Absatz ohne Markierungen weiter.
          </p>
```

```
        </div>
        <script>
                let zaehler = 0;
                function divTag(){
                    if (zaehler == 0){
                            this.style.backgroundColor = 'green';
                            zaehler++;
                        }
                    else if (zaehler == 1){
                        this.style.backgroundColor = 'yellow';
                        zaehler = 0;
                        event.stopPropagation();
                    }
                }
                d.onclick = divTag;
                function pTag(){
                    if (zaehler == 0){
                            this.style.backgroundColor = 'green';
                            zaehler++;
                        }
                    else if (zaehler == 1){
                        this.style.backgroundColor = 'yellow';
                        zaehler = 0;
                        event.stopPropagation();
                    }
                }
                p.onclick = pTag;
                function iTag(){
                    if (zaehler == 0){
                            this.style.backgroundColor = 'green';
                            zaehler++;
                        }
                    else if (zaehler == 1){
                        this.style.backgroundColor = 'yellow';
                        zaehler = 0;
                        event.stopPropagation();
                    }
                }
                i.onclick = iTag;
                function strongTag(){
                    if (zaehler == 0){
                           this.style.backgroundColor = 'green';
                           zaehler++;
```

```
                        }
                    else if (zaehler == 1){
                        this.style.backgroundColor = 'yellow';
                        zaehler = 0;
                        event.stopPropagation();
                    }
                }
                s.onclick = strongTag;
            </script>
    </body>
</html>
```

**Abb. 12.10** Die Darstellung der Seite nach einem Klick auf den kursiven Bereich

**3.**

```
<html>
    <body>
        <table id = "t">
            <tr>
                <td>Zeile <strong>1</strong>, spalte 1</td>
                <td>Zeile <strong>1</strong>, spalte 2</td>
            </tr>
            <tr>
                <td>Zeile <strong>2</strong>, spalte 1</td>
                <td>Zeile <strong>2</strong>, spalte 2</td>
            </tr>
        </table>
        <script>
            function hintergrund(){
            let td = event.target.closest('td');
            td.style.backgroundColor = 'red';
        }
```

```

		t.onclick = hintergrund;
		</script>
	</body>
</html>
```

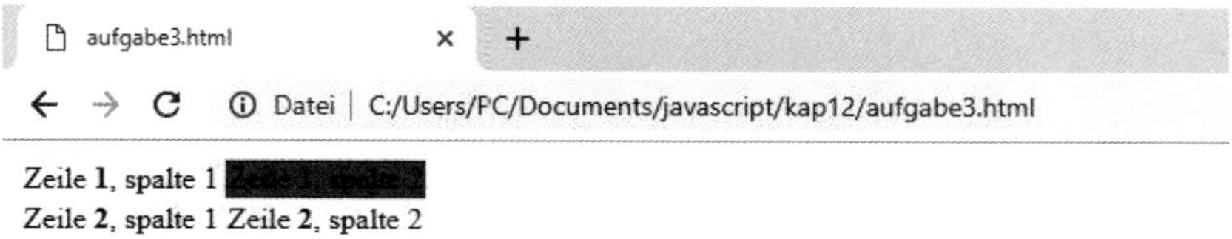


**Abb. 12.11** Die Markierung des rechten oberen Feldes

Alle Programmcodes aus diesem Buch sind als PDF zum Download verfügbar. Dadurch müssen Sie sie nicht abtippen: https://bmu-verlag.de/books/javascript/

Außerdem erhalten Sie die eBook Ausgabe zum Buch im PDF Format kostenlos auf unserer Website:

https://bmu-verlag.de/books/javascript/
**Downloadcode:** siehe Kapitel 20

Kapitel 13

# Das window-Objekt

Wie bereits in Kapitel 11 erwähnt, stellt das `window`-Objekt die Grundlage aller weiteren Objekte in JavaScript dar. Es wird daher auch als `root`-Objekt bezeichnet. Daher hat es für das Programmieren mit JavaScript eine ganz besondere Bedeutung. Allerdings gibt es nur relativ wenige Funktionen, die direkt mit dem `window`-Objekt verknüpft sind. Dieses Kapitel stellt vor, welche Möglichkeiten diese bieten.

## 13.1 Dialogfenster für Hinweise und Bestätigungen

Einige Methoden des `window`-Objekts haben wir in unseren Programmen bereits häufig verwendet. Dabei handelt es sich um den `alert`- und um den `prompt`-Befehl. Allerdings wurde dabei zunächst nicht deutlich, dass es sich dabei um Methoden des `window`-Objekts handelt. Das liegt daran, dass es hierbei nicht notwendig war, den Namen dieses Objekts zu nennen. Das `window`-Objekt stellt die Grundlage aller weiteren Objektmodelle in JavaScript dar. Daher wäre es eigentlich bei allen Befehlen – von einfachen Operatoren abgesehen – notwendig, das `window`-Objekt zu nennen. Da es aufgrund dieser Allgemeingültigkeit jedoch selbstverständlich ist, dass sich die Methoden auf das `window`-Objekt beziehen, beschlossen die Entwickler, dass dessen Nennung nicht notwendig ist. Daher kann man die Befehle auch ohne diesen Zusatz verwenden.



Um zu zeigen, dass sich diese Befehle auf das `window`-Objekt beziehen, verwendet sie das folgende Programm jedoch mit dieser Angabe. Darüber hinaus stellt es einen neuen Befehl vor, der sich ebenfalls direkt auf das `window`-Objekt bezieht.

```
<html>
    <body>
        <script>
```

```
        let zahl = window.prompt("Geben Sie eine Zahl ein.");
        window.alert("Eingegebene Zahl: " + zahl);
        let bestaetigung = window.confirm(decodeURI("Best%C3%A4tigen
        Sie die Eingabe?"));
        if (bestaetigung){
            document.write("Sie haben die Eingabe bestätigt.");
        }
        else{
            document.write("Sie haben die Eingabe nicht bestätigt.");
        }
        </script>
    </body>
</html>
```

Neu in diesem Programm ist der `confirm`-Befehl. Dieser dient der Bestätigung. Er gibt eine boolesche Variable zurück. Der Wert ist `true`, wenn der Anwender auf „OK" klickt. Drückt er hingegen den „Abbrechen"-Button, ist `bestaetigung false`.

## 13.2 Fenster schließen und neue Fenster öffnen

Das `window`-Objekt lässt es auch zu, ein neues Fenster zu öffnen. Dazu kommt der Befehl `window.open()` zum Einsatz. In die Klammer kann man die Adresse einer beliebigen Seite schreiben. Diese wird daraufhin je nach Browser in einem neuen Fenster oder in einem neuen Tab aufgerufen. Um diese Methode auszuprobieren, muss man zulassen, dass die entsprechende Seite Pop-Ups öffnen darf.

Die `window.close`-Methode dient dazu, ein Fenster zu schließen. Aus Sicherheitsgründen ignorieren viele Browser (beispielsweise Google Chrome und Mozilla Firefox) in ihrer aktuellen Ausführung diese Funktion jedoch. Wenn man sie in ein Programm einfügt, schließt sich das Fenster daher nur bei der Verwendung einiger spezieller Browser – beispielsweise des Internet Explorers. Allerdings gibt es auch eine Möglichkeit, diese Funktion im Chrome- oder im Firefox-Browser vorzustellen: Wenn es sich um ein Fenster handelt, das das

Skript selbst geöffnet hat, kann es auch wieder per Skript geschlossen werden.

Aus diesem Grund werden die beiden Befehle gemeinsam vorgestellt. Das erste Programm ruft mit dem `window.open`-Befehl die neue Seite **window4.html** auf. Diese enthält den `window.close`-Befehl, der sie wieder schließt. Damit dieser Befehl nicht sofort nach dem Öffnen ausgeführt wird, ist zuvor ein `alert`-Befehl integriert:

```
<html>
    <body>
        <script>
        window.open("window4.html");
        </script>
    </body>
</html>
```

window4.html:

```
<html>
    <body>
        <script>
        window.alert("Stop");
        window.close();
        </script>
    </body>
</html>
```



Darüber hinaus gibt es weitere Befehle, mit denen sich die Position und die Größe des Fensters beeinflussen lassen:

- `window.resizeTo()`
- `window.resizeBy()`
- `window.moveTo()`
- `window.moveBy()`

Allerdings unterliegen diese Befehle genau wie `window.open()` und `window.close()` bei vielen Browsern starken Einschränkungen. Da man bei der Entwicklung eines JavaScript-Programms nicht wissen kann, welchen Browser der Anwender nutzt, ist das Verhalten nicht vorhersehbar. Aus diesem Grund ist es nicht empfehlenswert, diese Befehle zu verwenden.

Darüber hinaus enthält das `window`-Objekt Informationen zum Fenster. Es ist beispielsweise möglich, die Höhe und die Breite abzufragen. Dabei wird der Wert in Pixeln angegeben. Um die Funktionsweise zu überprüfen, ist es sinnvoll, das folgende Programm mit verschieden großen Fenstern auszuprobieren.

```
<html>
    <body>
        <script>
        let hoehe = window.innerHeight;
        let breite = window.innerWidth;
        window.alert(decodeURI("H%C3%B6he: " + hoehe + ";
        Breite: " + breite));
        </script>
    </body>
</html>
```

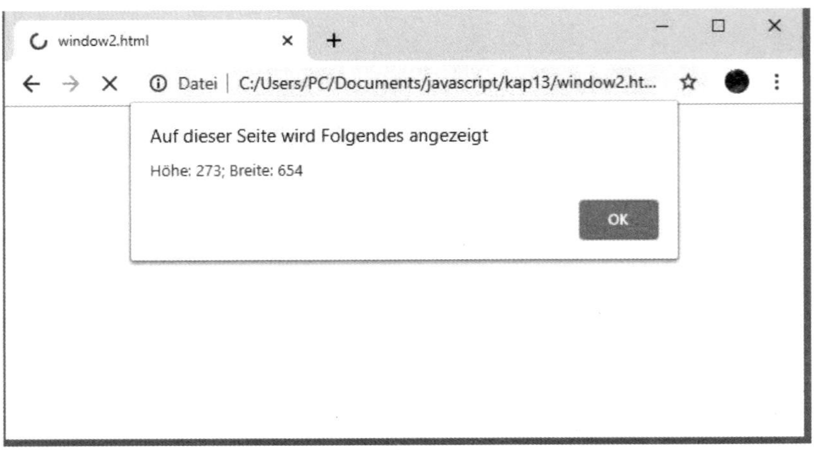


**Abb. 13.1** Die Anzeige der Höhe und der Breite des Fensters

## 13.3 Den zeitlichen Ablauf steuern

Bei vielen Internetanwendungen ist es nicht nur notwendig, dass die Seite ihre Inhalte dynamisch ändert. Darüber hinaus soll sie dabei einem speziellen zeitlichen Ablauf folgen. Das sorgt häufig für eine besondere Dramaturgie. Hierfür bietet das `window`-Objekt ebenfalls viele hilfreiche Methoden.

Häufig kommt beispielsweise die `setTimeout()`-Methode zum Einsatz. Diese gehört ebenfalls zum `window`-Objekt, sodass man auch `window.setTimeout()` schreiben könnte. Dabei muss man in die Klammer zunächst den Namen einer Funktion eingeben, die ausgeführt werden soll. Danach folgt eine Verzögerung in Millisekunden. Erst wenn diese Wartezeit vorbei ist, führt das Programm die Funktion aus.

Das folgende Programm enthält einen Button. Wenn der Anwender darauf klickt, erscheint nach einer Wartezeit von zwei Sekunden (also 2.000 Millisekunden) eine Nachricht.

```
<html>
    <body>
        <button onclick="start()">Start</button>
        <script>
        function nachricht(){
            alert(decodeURI("Button vor 2 Sekunden gedr%C3%BCckt!"));
        }
        function start(){
        setTimeout(nachricht, 2000);
        }
        </script>
    </body>
</html>
```



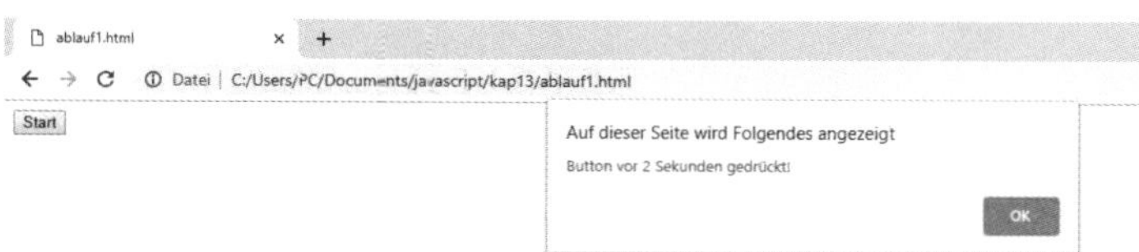


**Abb. 13.2** Diese Nachricht erscheint zwei Sekunden nach dem Klick auf den Button

Wenn man mehrere `setTimeout()`-Befehle im gleichen Programmteil verwendet, ist darauf zu achten, dass der Startpunkt dabei stets der gleiche ist. Wenn man dieses Kommando beispielsweise zweimal hintereinander einfügt, könnte man davon ausgehen, dass das Programm zunächst den ersten Befehl bearbeitet und erst nach dessen Ausführung mit dem nächsten Befehl fortfährt. Das würde bedeuten, dass auch die Wartezeit für den zweiten Befehl erst nach der Ausführung des ersten Kommandos – und somit nach der damit verbundenen Wartezeit – beginnt. Das ist aber nicht so. Nachdem das Programm die Wartezeit für das erste Kommando ausgelöst hat, fährt es unmittelbar mit der nächsten Codezeile fort und löst hier ebenfalls den Beginn der Wartezeit aus.

Wenn man also bei beiden `setTimeout()`-Befehlen den gleichen Wert eingibt, führt das Programm diese nach dem Verstreichen der ersten Wartezeit unmittelbar hintereinander aus. Wenn man wünscht, dass nach einer Wartezeit von weiteren 2 Sekunden eine neue Nachricht ausgegeben wird, muss man daher einen Wert von 4000 ms verwenden:

```
<html>
    <body>
        <button onclick="start()">Start</button>
        <script>
        function nachricht(){
            alert(decodeURI("Button vor 2 Sekunden gedr%C3%BCckt!"));
        }
        function nachricht2(){
            alert(decodeURI("Button vor 4 Sekunden gedr%C3%BCckt!"));
        }
        function start(){
        setTimeout(nachricht, 2000);
        setTimeout(nachricht2, 4000);
        }
        </script>
    </body>
</html>
```

Es ist auch möglich, einen Timeout abzubrechen. Dazu kommt der Befehl `clearTimeout()` zum Einsatz. Wenn man diesen aktiviert, bevor der Timeout beendet ist, wird die zugehörige Funktion nicht ausgeführt.

Um die Funktionsweise zu demonstrieren, soll das erste Programm in diesem Abschnitt einen weiteren Button erhalten. Wenn der Anwender diesen vor Ablauf der Wartezeit drückt, wird die Nachricht nicht mehr ausgegeben. Damit er dafür genügend Zeit hat, wird die der entsprechende Wert auf fünf Sekunden erhöht.

Hierfür ist es bereits beim Setzen des Timeouts notwendig, diesem einen Namen zu geben. Das erreicht man, indem man den Befehl einer Variablen zuweist. Diesen Variablennamen muss man dann in die Klammer des `clearTimeout()`-Befehls setzen, um die Ausführung zu verhindern:

```
<html>
    <body>
        <button onclick="start()">Start</button>
        <button onclick="stop()">Stop</button>
        <script>
        let to;
        function f(){
            alert(decodeURI("Button vor 5 Sekunden gedr%C3%BCckt!"));
        }
        function stop(){
            clearTimeout(to);
        }
        function start(){
            to = setTimeout(f, 5000);
        }
        </script>
    </body>
</html>
```

Sehr ähnlich funktioniert die `setInterval()`-Methode. Der Unterschied besteht jedoch darin, dass das Programm die entsprechende Funktion immer wieder aufs Neue aufruft. Zwischen jeder einzelnen

Ausführung wird die angegebene Wartezeit berücksichtigt. Dieser Vorgang wird endlos fortgesetzt.

Das folgende Programm verwendet diesen Befehl und zählt die Sekunden, die verstreichen:

```
<html>
    <body>
        <script>
        let i = 1;
        function f(){
            document.write(i + "<br>");
            i++;
        }
        setInterval(f, 1000);
        </script>
    </body>
</html>
```

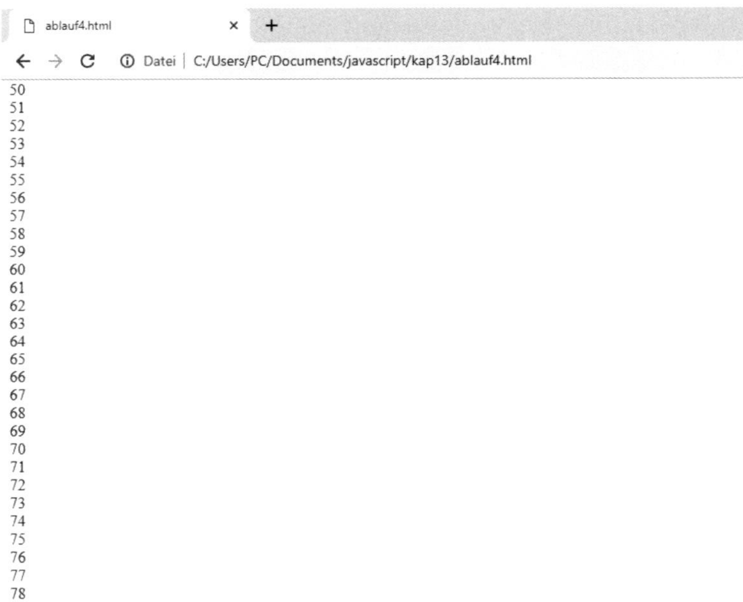


**Abb. 13.3** Die Sekunden werden so lange weitergezählt, bis der Anwender das Fenster schließt

## 13.4 Übungsaufgabe: mit dem window-Objekt arbeiten

1. Erstellen Sie drei verschiedene HTML-Seiten. Jede von ihnen soll einen Button enthalten. Wenn der Anwender auf diesen drückt, soll ihm jeweils eine Rechenaufgabe gestellt werden. Damit diese nicht immer gleich ist, ist es sinnvoll, hierfür Zufallszahlen zu verwenden.

   Wenn der Anwender die Aufgabe der ersten Seite richtig gelöst hat, ruft das Programm automatisch die zweite Seite in einem neuen Tab oder Fenster auf. Wenn der Besucher auch die zweite Aufgabe richtig gelöst hat, öffnet das Programm die dritte Seite und schließt die aktuelle Seite. Wenn er auch die dritte Aufgabe richtig löst, soll auch diese Seite geschlossen werden, nachdem sie eine entsprechende Meldung ausgegeben hat.

> **Anmerkung:** Wenn der PopUp-Blocker aktiviert ist, muss dieser für jede einzelne Seite deaktiviert werden. Da sich die zweite Seite nach der Eingabe der richtigen Lösung jedoch automatisch schließt, hat der Anwender keine Möglichkeit, diese Einstellung vorzunehmen. Falls das auch bei Ihrem Programm zu Problemen führt, können Sie die zweite Seite einmal ohne den `window.close()`-Befehl ausführen. So bleibt die Seite geöffnet und Sie können den PopUp-Blocker deaktivieren.



2. Das Programm aus Kapitel 13.3, das den `setInterval()`-Befehl verwendet, wird endlos weitergeführt. Sorgen Sie nun dafür, dass es nach einer Minute beendet wird. Nutzen Sie hierfür den `clearInterval()`-Befehl. Dieser wird auf die gleiche Weise wie die `clearTimeout()`-Methode verwendet.

## Lösungen:

**1.**

Seite 1 (aufgabe1_1.html):

```
<html>
    <body>
        <h1>Willkommen zum Mathe-Quiz!</h1><br><br>
        <button onclick="aufgabe()">Aufgabe 1</button>
        <script>
            function aufgabe(){
                let a = Math.floor(Math.random() * 9 + 1);
                let b = Math.floor(Math.random() * 9 + 1);
                let ergebnis = prompt("Was ist das Ergebnis aus " + a
                + " + " + b + "?");
                if (ergebnis == a + b){
                    window.open("aufgabe1_2.html");
                }
                else{
                    alert("Falsches Ergebnis!");
                }
            }

        </script>
    </body>
</html>
```

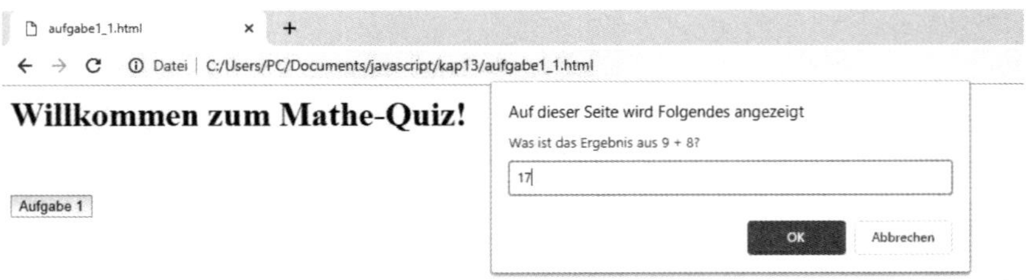


**Abb. 13.4** Die erste Seite mit dem Eingabefeld

Seite 2 (aufgabe1_2.html):

```
<html>
    <body>
        <h1>Aufgabe 2</h1>
        <h2>Sehr gut, Sie haben die erste Aufgabe richtig gelöst!</
        h2><br><br>
        <button onclick="aufgabe()">Aufgabe 2</button>
        <script>
            function aufgabe(){
                /*Um negative Ergebnisse zu vermeiden, wird für die
                erste Zahl ein Wert zwischen
                51 und 100 und für die zweite Zahl ein Wert zwischen
                1 und 50 gewählt.*/
                let a = Math.floor(Math.random() * 49 + 51);
                let b = Math.floor(Math.random() * 49 + 1);
                let ergebnis = prompt("Was ist das Ergebnis aus " + a
                + " - " + b + "?");
                if (ergebnis == a - b){
                    window.open("aufgabe1_3.html");
                    window.close();
                }
                else{
                    alert("Falsches Ergebnis!");
                }
            }

        </script>
    </body>
</html>
```

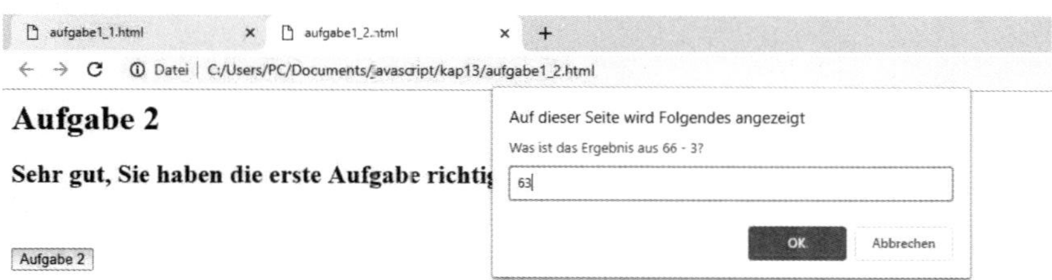


**Abb. 13.5** Die Darstellung der zweiten Seite

Seite 3 (aufgabe1_3.html):

```
<html>
    <body>
        <h1>Aufgabe 3</h1>
        <h2>Sehr gut, auch die zweite Lösung war richtig!</
        h2><br><br>
        <button onclick="aufgabe()">Aufgabe 3</button>
        <script>
            function aufgabe(){
                let a = Math.floor(Math.random() * 9 + 1); //Divisor
                let b = Math.floor(Math.random() * 49 + 1); //Ergebnis
                /*Da für die Ergebnisse keine Kommazahlen erwünscht
                sind, werden hierbei nicht
                der Dividend und der Divisor per Zufall bestimmt,
                sondern der Divisor und
                das Ergebnis. Für die Aufgabenstellung ist jedoch der
                Dividend notwendig.
                Dieser ergibt sich aus der Multiplikation dieser
                beiden Werte.*/
                let ergebnis = prompt("Was ist das Ergebnis aus " + a
                * b + " / " + a + "?");
                if (ergebnis == b){
                    alert("Herzlichen Glückwunsch! Alle Aufgaben
                    richtig gelöst!");
                    window.close();
                }
                else{
                    alert("Falsches Ergebnis!");
                }
            }

        </script>
    </body>
</html>
```

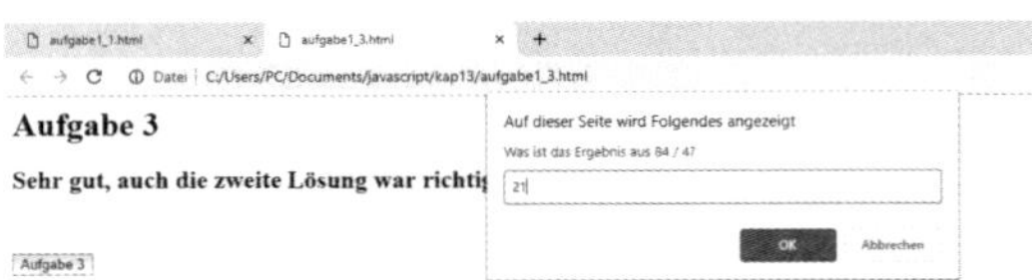


**Abb. 13.6** Die dritte Seite

**2.**

```
<html>
    <body>
        <script>
        let i = 1;
        function f(){
            document.write(i + "<br>");
            i++;
            if (i > 60){
                clearInterval(intervall);
            }
        }
        let intervall = setInterval(f, 1000);
        </script>
    </body>
</html>
```

**Abb. 13.7** Jetzt wird die Zählung nach einer Minute abgebrochen

# Downloadhinweis

Alle Programmcodes aus diesem Buch sind als PDF zum Download verfügbar. Dadurch müssen Sie sie nicht abtippen:
https://bmu-verlag.de/books/javascript/

Außerdem erhalten Sie die eBook Ausgabe zum Buch im PDF Format kostenlos auf unserer Website:

https://bmu-verlag.de/books/javascript/
**Downloadcode:** siehe Kapitel 20

Kapitel 14

# Das document-Objekt

Das `document`-Objekt ist für die Erstellung von dynamischen Internetseiten von enormer Bedeutung. Dieses erlaubt es, auf alle einzelnen Bestandteile der Seite zuzugreifen. Damit ist es möglich, jeden Absatz, jede Überschrift oder jeden Button zu beeinflussen. Diese Einflussmöglichkeiten betreffen nicht nur die Inhalte. Darüber hinaus kann man über das `document`-Objekt auch die Funktionsweise verändern. Das funktioniert selbstverständlich nur bei Elementen wie Buttons oder Formularen, die über eine bestimmte Funktionalität verfügen.

Das `document`-Objekt haben wir schon in vielen unserer Programme verwendet. Der `document.write()`-Befehl stellt genau genommen eine Methode dieses Objekts dar. Auch in den Anwendungsbeispielen aus Kapitel 3 haben wir bereits zahlreiche Methoden dieses Objekts verwendet. An dieser Stelle wurde gesagt, dass die genauen Funktionen dieser Befehle noch nicht erklärt werden können. Das wird jetzt nachgeholt.



## 14.1 Auf die Inhalte des DOM-Baums zugreifen

Bevor man auf die einzeln Inhalte der Seite zugreifen kann, ist es wichtig, deren Struktur zu verstehen. Diese wird als DOM-Baum bezeichnet. Das liegt darin begründet, dass die Seite eine baumartige Struktur mit zahlreichen Knotenpunkten aufweist – ähnlich wie ein Stammbaum. Das Ursprungselement ist dabei das `document`-Element. Dieses enthält alle weiteren Bestandteile der Seite. Davon abgeleitet ist das Objekt `documentElement`. Dieses enthält alle Bereiche, die innerhalb der Tags `<html>` und `</html>` stehen.

Darin befinden sich das `body`- und das `head`-Element. Diese umfassen die Bereiche, die innerhalb der `body`- beziehungsweise `head`-Tags stehen. Obwohl sie sich eigentlich innerhalb des `documentElement`-Objekts befinden, ist es möglich, direkt auf sie zuzugreifen – über die Befehle `document.body` und `document.head`.

Die Elemente, die innerhalb des `body`- oder `head`-Bereichs stehen, werden nun nicht mehr über ihr HTML-Tag angesprochen. Das liegt darin begründet, dass es hier möglich ist, die verschiedenen Tags mehrfach zu verwenden. Wenn eine Seite beispielsweise drei Absätze mit `p`-Tags enthält, kann das Programm nicht wissen, auf welchen Bereich sich der Ausdruck `document.body.p` beziehen würde. Daher wird hierbei die Position der einzelnen Tags berücksichtigt. Die Funktionsweise soll an folgendem einfachen HTML-Code demonstriert werden:

```
<html>
    <body>
        <h1>Überschrift 1</h1>
        <h2>Überschrift 2</h2>
        <p>Absatz mit <i>einem kursiven Bereich</i> und einem
            <strong>fett</strong> gedruckten Wort.</p>
    </body>
</html>
```

Innerhalb des `body`-Tags sind drei Elemente enthalten: H1, H2 und P. Diese werden als dessen „Kinder" bezeichnet. Untereinander sind sie daher Geschwister. Um auf eines dieser Elemente zuzugreifen, muss man auf die Abstammung vom `body`-Tag verweisen. Hierfür kommt der Ausdruck `firstElementChild` zum Einsatz. Dieser bezieht sich immer auf das erste Kind-Element, das im Quellcode aufgeführt ist. Der Ausdruck `document.body.firstElementChild` würde daher die `h1`-Überschrift ansprechen.

Um zu den Geschwistern dieses Elements zu gelangen, kommt der Ausdruck `nextElementSibling` zum Einsatz. Dieser bezeichnet immer das nachfolgende Geschwister-Element. Um zur `h2`-Überschrift zu gelangen, wäre daher der Ausdruck `document.body.firstElementChild.nextElementSibling` notwendig. Um noch ein Element weiter voranzuschreiten, muss man diesen Ausdruck wiederholen. Daher ist der Absatz unter folgendem Begriff erreichbar: `document.body.firstElementChild.nextElementSibling.nextElementSibling`.

Der Absatz enthält weitere HTML-Tags. Um zu diesen zu gelangen, muss man nach dem gleichen Muster fortfahren. Das i-Tag ist ein Kind-Element des p-Tags. Daher wäre hierfür folgende Bezeichnung notwendig:

```
document.body.firstElementChild.nextElementSibling.nextElementSibling.
firstElementChild
```

Der Bereich im strong-Tag ist wiederum ein Geschwister-Element zu diesem. Es kann über folgenden Befehl erreicht werden:

```
document.body.firstElementChild.nextElementSibling.nextElementSibling.
firstElementChild.nextElementSibling
```

Nach diesem Muster kann man jedes einzelne Element der HTML-Seite gezielt ansteuern. Darüber hinaus gibt es noch weitere Befehle: lastElementChild und previousElementSibling. Diese können je nach Position einen etwas schnelleren Zugang ermöglichen. Die Funktionsweise ist dabei genau umgekehrt wie bei den soeben vorgestellten Befehlen.

Nun stellt sich jedoch die Frage, was man mit den Elementen tun kann, nachdem man sie angesteuert hat. Hierfür bietet JavaScript unzählige Möglichkeiten. Eine von ihnen besteht darin, das entsprechende Element über einen alert-Befehl auszugeben:

```
<html>
    <body>
        <h1>Überschrift 1</h1>
        <h2>Überschrift 2</h2>
        <p>Absatz mit <i>einem kursiven Bereich</i> und einem
            <strong>fett</strong> gedruckten Wort.</p>
        <script>
            alert(document.body.firstElementChild);
        </script>
    </body>
</html>
```

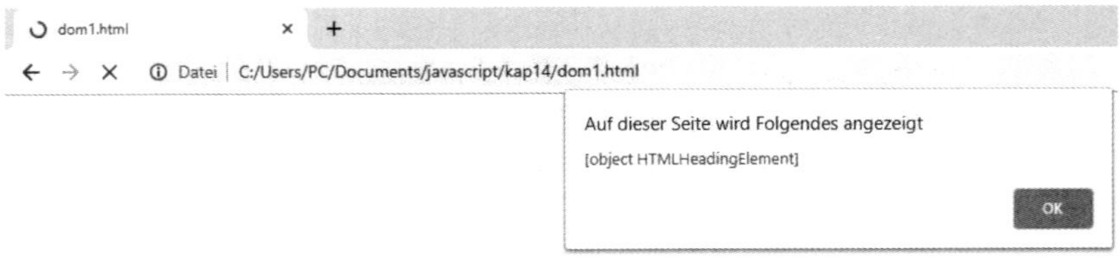


**Abb. 14.1** Die Ausgabe des Element-Typs

Dieses Programm greift auf das `h1`-Tag zu. Daher gibt der `alert`-Befehl dessen Typ aus: `HTML HeadingElement`. Für die meisten Programme ist diese Information jedoch unerheblich. Vielmehr ist es erwünscht, die Inhalte aufzunehmen oder zu verändern. Auch das ist mit JavaScript möglich. Dazu ist es lediglich notwendig, den Ausdruck `InnerHTML` oder `InnerText` an das entsprechende Element anzuhängen. Das zeigt folgendes Programm:

```
<html>
    <body>
        <h1>Überschrift 1</h1>
        <p>Absatz mit <i>einem kursiven Bereich</i> und einem
            <strong>fett</strong> gedruckten Wort.</p>
        <script>
            alert(document.body.firstElementChild.nextElementSibling.
            innerHTML);
            alert(document.body.firstElementChild.nextElementSibling.
            innerText);
        </script>
    </body>
</html>
```

Dieses gibt den Inhalt des Absatzes aus. Damit für den Zugriff ein etwas kürzerer Befehl zum Einsatz kommen kann, wurde dabei die zweite Überschrift entfernt. Der Ausdruck `innerHTML` führt zu folgender Ausgabe:

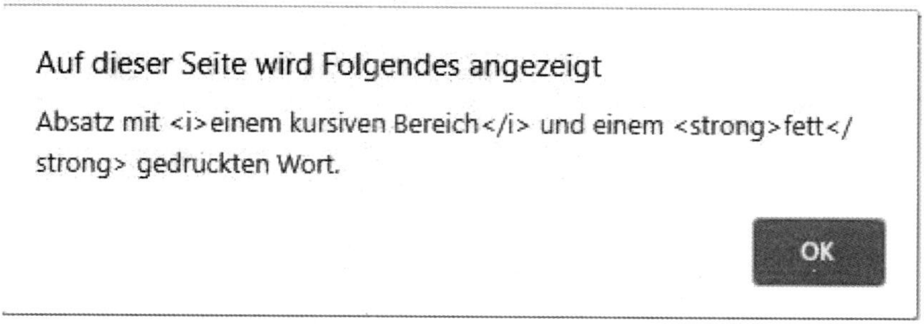


**Abb. 14.2** Die Ausgabe mit dem `innerHTML`-Befehl

Hierbei wird der gesamte Inhalt innerhalb der `p`-Tags ausgegeben – inklusive der darin enthaltenen HTML-Tags. Der Ausdruck `innerText` gibt hingegen nur die darin enthaltenen Text-Elemente zurück – ohne die HTML-Tags:

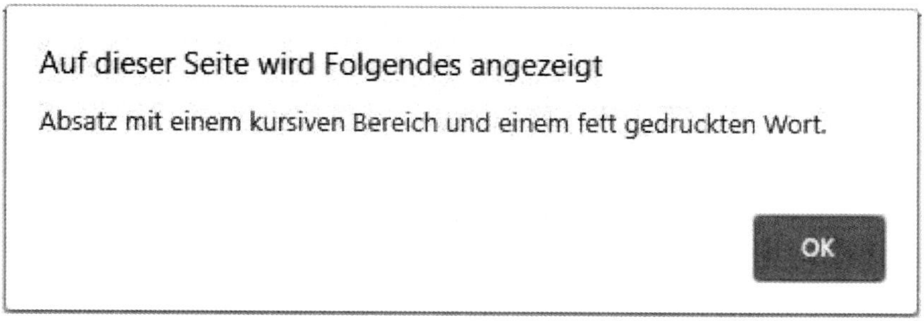


**Abb. 14.3** Die Ausgabe mit dem `innerText`-Befehl



Diese Befehle kann man nicht nur dazu verwenden, die Inhalte auszulesen. Es ist auch möglich, sie zu verändern. Dazu muss man dem entsprechenden Ausdruck lediglich einen neuen Text zuweisen:

```
<html>
    <body>
        <h1>Überschrift 1</h1>
        <p>Absatz mit <i>einem kursiven Bereich</i> und einem
        <strong>fett</strong>
            gedruckten Wort.</p>
       <script>
```

```
            document.body.firstElementChild.nextElementSibling.
            innerHTML = "Neuer Text";
        </script>
    </body>
</html>
```

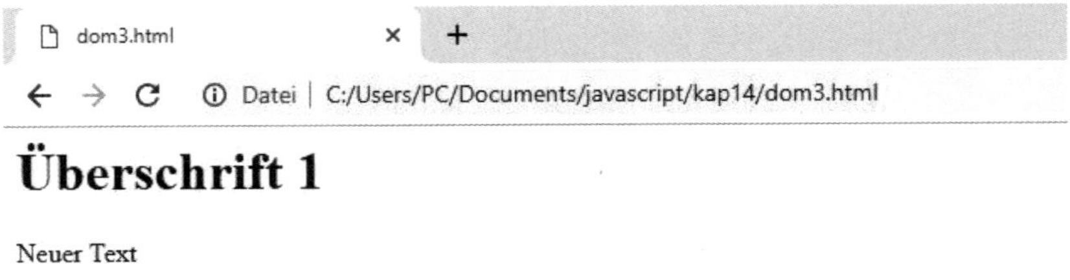


**Abb. 14.4** Die Ausgabe des neuen Texts

Wenn man das Programm ausführt, ersetzt es den bisherigen Text innerhalb des `p`-Tags durch den neuen Text, den wir diesem Element zugewiesen haben. Diese Funktionalität ist sehr wichtig, um dynamische Seiten zu gestalten. Damit lassen sich die Inhalte immer wieder anpassen.

In diesem Beispiel haben wir nur einfachen Text eingefügt. Daher könnte man anstelle des Ausdrucks `innerHTML` auch `innerText` verwenden, ohne dass es dabei zu einer Veränderung der Seite kommt. Wenn man jedoch innerhalb des Elements weitere HTML-Tags nutzen will, muss man immer den Ausdruck `innerHTML` verwenden. Wenn man hierbei den Ausdruck `innerText` einfügt, zeigt der Browser die Tags auf der Seite in Textform an.

## 14.2 Auf einzelne Elemente der Seite gezielt zugreifen

Das im vorherigen Abschnitt vorgestellte System ermöglicht es, auf jedes einzelne Element einer HTML-Seite zuzugreifen. Allerdings ist diese Vorgehensweise ausgesprochen kompliziert. Insbesondere bei umfangreichen Seiten, die sehr viele einzelne Elemente enthalten, bringt sie viele Probleme mit sich.

Zum einen ist es dabei häufig notwendig, für den Zugriff auf ein einzelnes Element einen sehr langen Befehl zu verwenden. Dieser kann bei umfangreichen Seitenstrukturen mehrere Code-Zeilen ausmachen. Zum anderen ist dieser komplizierte Aufbau sehr anfällig gegenüber Fehlern. Es passiert leicht, dass man einen Teil des DOM-Baums vergisst und daher zu einem anderen Element gelangt. Das führt dazu, dass die Inhalte nicht an der gewünschten Stelle erscheinen. Schließlich macht diese Schreibweise den Code extrem unübersichtlich. Wenn man einen derartigen Ausdruck sieht, muss man die Seite Ebene für Ebene durchgehen, um zu erkennen, auf welches Element er sich bezieht.

Aus diesem Grund ist es sinnvoll, ein alternatives System zu verwenden, um zu den einzelnen Elementen der Seite zu gelangen. Man kann jedem einzelnen HTML-Tag über das `id`-Attribut einen individuellen Namen geben. Danach ist der Zugriff einfach über diese Bezeichnung möglich.

```
<html>
    <body>
        <h1 id = "ueberschrift1"></h1>
        <h2 id = "ueberschrift2"></h2>
        <p id = "absatz"></p>
        <script>
            document.getElementById("ueberschrift1").innerText =
            "JavaScript-Beispiel";
            document.getElementById("ueberschrift2").innerText =
            "Seite mit automatisch generierten Inhalten";
            document.getElementById("absatz").innerHTML = "Hier steht
            ein Absatz mit einem"+
                " <strong>fett gedruckten</strong> Bereich.";
            </script>
    </body>
</html>
```

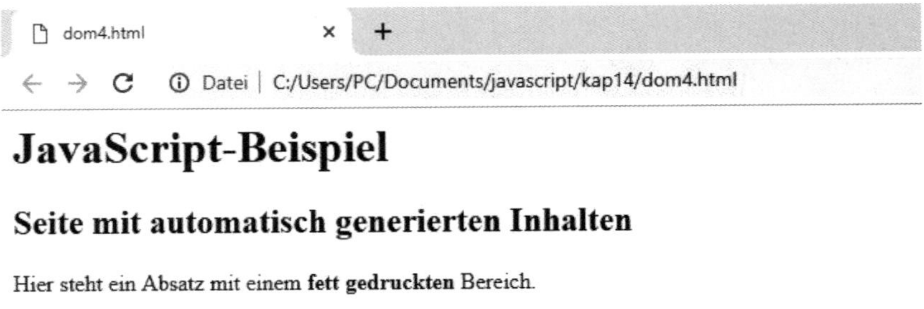


**Abb. 14.5** Die Ausgabe der Seite

Um auf ein Element der Seite gezielt zuzugreifen, ist es notwendig, den Bezeichner `getElementById` zu verwenden. Dieser wird nach einem Punkt an das `document`-Objekt angehängt. Danach steht in einer Klammer und in Anführungszeichen die Bezeichnung, die man für das entsprechende Element gewählt hat.

Dieses Beispiel zeigt außerdem, dass es auf diese Weise möglich ist, die HTML-Seite völlig ohne Inhalt zu gestalten – lediglich mit den HTML-Tags. Alle Seiteninhalte lassen sich danach dynamisch über JavaScript einfügen.

Vorsicht ist in diesem Fall bei ineinander geschachtelten Tags geboten. Das Programmbeispiel fügt beispielsweise innerhalb des `p`-Tags noch `strong`-Tags ein. Theoretisch wäre es auch möglich, dieses direkt in die Seitenstruktur einzubinden und dann gezielt über JavaScript anzusprechen:

```
<p id = absatz><strong id = "fett"></strong></p>
```

Nun kann man auch den Inhalt innerhalb der `strong`-Tags gezielt verändern. Wenn man jedoch einen Inhalt sowohl für den Absatz als auch für die `strong`-Tags einfügen will, führt das zu Problemen. Sobald man die Inhalte `InnerText` oder `InnerHTML` für den Absatz verändert, werden die gesamten darin enthaltenen Inhalte abgeändert. Das bedeutet, dass auch die in der ursprünglichen Struktur enthaltenen strong-Tags entfernt und durch die neuen Inhalte ersetzt werden. Danach ist es nicht mehr möglich, über die ID auf sie zuzugreifen.

Wenn man dennoch auch den Inhalt der strong-Tags individuell vorgeben will, muss man diese zusammen mit der zugehörigen ID zunächst über den innerHTML-Befehl in den Absatz einfügen. Dabei bleiben sie jedoch vorerst leer:

```
document.getElementById("absatz").innerHTML = "Hier steht ein Absatz
mit einem" + " <strong id = 'fett'></strong> Bereich.";
```

Auf diese Weise werden die strong-Tags zusammen mit ihrer Bezeichnung in die Seite integriert. Daraufhin kann man wieder gezielt auf sie zugreifen:

```
document.getElementById("fett").innerHTML = "fett gedruckten";
```

## 14.3 Weitere Gestaltungsmöglichkeiten

Bislang haben wir lediglich die Inhalte der Tags verändert. JavaScript erlaubt es jedoch auch, auf deren einzelnen Attribute zuzugreifen. Das bietet viele weitere Gestaltungsmöglichkeiten. Hierfür muss man einfach den Namen des entsprechenden Attributs nach einem Punkt an das Element anhängen. Danach kann man dessen Wert verändern.



Diese Vorgehensweise soll an einem Input-Feld vorgestellt werden. Dieses kommt sehr häufig zum Einsatz, um die Inhalte des Programms auszugeben oder um Eingaben des Anwenders auszuwerten.

```
<html>
    <body>
        <input id = "eingabefeld">
        <script>
           document.getElementById("eingabefeld").value =
           "JavaScript-Kurs";
```

```
        </script>
    </body>
</html>
```

**Abb. 14.6** Die Ausgabe über das input-Feld

Das erste Programm erzeugt eine Ausgabe über das Eingabefeld. Per JavaScript lässt sich über das `value`-Attribut ein beliebiger Text in das Feld einfügen.

Der entsprechende Wert lässt sich auch auslesen. Auf diese Weise ist es möglich, eine Eingabe des Nutzers aufzunehmen. In der Regel steht das `input`-Feld dann zusammen mit einem Button auf der Seite, um den richtigen Zeitpunkt für die Auswertung zu bestimmen. Sobald der Anwender auf den Button drückt, liest das Programm den aktuellen Inhalt aus:

```
<html>
    <body>
        <input id = "eingabefeld">
        <input value="Weiter" onclick="auslesen()" type="button">
        <script>
            function auslesen(){
                let inhalt = document.getElementById("eingabefeld").
                value;
                alert(inhalt);
            }
        </script>
    </body>
</html>
```

**Abb. 14.7** Die Eingabe des Anwenders wird per `alert`-Befehl angezeigt

Auf diese Weise lässt sich nicht nur das `value`-Attribut verändern. Auch alle weiteren Attribute kann der Programmierer mit dieser Technik beeinflussen. Der folgende Code zeigt das am Beispiel eines Links. Das Programm fordert den Leser zunächst auf, eine Linkadresse einzugeben. Danach fügt es diese in das `href`-Attribut des `a`-Tags ein und erzeugt auf diese Weise einen Link zur entsprechenden Seite. Darüber hinaus nutzt es die Adresse für die Erstellung des Linktexts:

```
<html>
    <body>
        <p><a id = "link"></a></p>
        <script>
            let adresse = prompt("Geben Sie eine Linkadresse ein.");
            document.getElementById("link").href = adresse;
            document.getElementById("link").innerHTML = adresse;
        </script>
    </body>
</html>
```



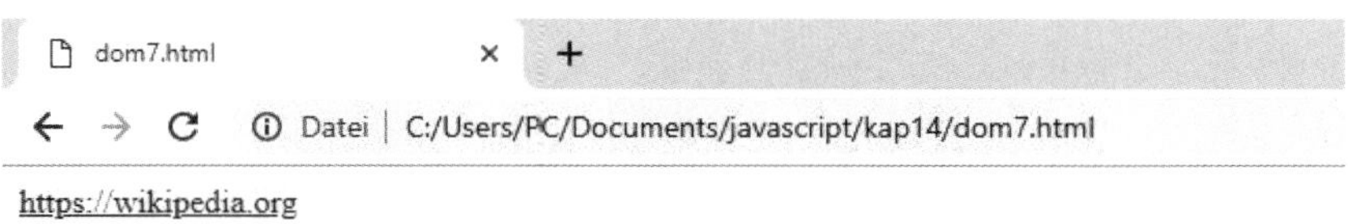


**Abb. 14.8** Diese Seite verlinkt aufgrund der Eingabe des Anwenders nun auf Wikipedia

Über die HTML-Attribute lässt sich auch das Layout einer Seite beeinflussen. Dazu dient das `font`-Tag. Allerdings entspricht dieses nicht mehr dem aktuellen Stand der Technik. Es ist empfehlenswert, stattdessen für diese Aufgabe CSS zu verwenden. Wie das funktioniert, wird im weiteren Verlauf dieses Buchs noch erklärt werden. HTML5-Seiten unterstützen das `font`-Tag überhaupt nicht mehr. Daher soll diese Möglichkeit hier nur als kurzes Beispiel vorgestellt werden – ohne weitere Erklärungen.

```
<html>
    <body>
        <p><font id = "schrift">Hier steht ein beliebiger
        Text.</font></p>
        <script>
            document.getElementById("schrift").size = "6";
            document.getElementById("schrift").color = "red";
        </script>
    </body>
</html>
```

**Abb. 14.9** Der Text erscheint nun deutlich größer und in roter Farbe

## 14.4 Übungsaufgabe: Dynamische Seiten mit dem document-Objekt erzeugen

1. Gestalten Sie eine Seite, die die Tags für eine Überschrift und für einen Absatz enthält – zunächst jedoch ohne Inhalt. Fordern Sie den Leser per `prompt`-Befehl dazu auf, den Text für die Überschrift einzugeben. Mit einem weiteren `prompt`-Befehl soll er anschließend

den Inhalt für den Absatz einfügen. Geben Sie diese Inhalte dann auf der Seite aus.

Gestalten Sie für dieses Programm zwei verschiedene Alternativen. Die erste soll die Elemente über den DOM-Baum ansprechen die zweite über ihre ID.

2. Schreiben Sie ein Programm, das die gleiche Aufgabe erfüllt, wie der Code aus der zweiten Übungsaufgabe von Kapitel 13. Allerdings sollen die Werte nun nicht mehr untereinander auf der Seite aufgelistet werden. Verwenden Sie stattdessen ein `input`-Feld. Dieses zeigt immer nur den aktuellen Wert an.
3. Gestalten Sie eine Seite mit einem `input`-Feld und einem Button. Sobald der Anwender auf den Button drückt, soll dieser eine neue Beschriftung erhalten. Verwenden Sie dafür den Text, den der Anwender in das `input`-Feld eingegeben hat.

## Lösungen:

**1.**

Programm mit Zugriff über DOM-Baum:

```
<html>
    <body>
        <h1 id = "ueberschrift"></h1>
        <p id = "absatz"></p>
        <script>
            let titel = prompt("Geben Sie den Text für die
            Überschrift ein:");
            let text = prompt("Geben Sie den Text für den Absatz
            ein:");
            document.body.firstElementChild.innerHTML = titel;
            document.body.firstElementChild.nextElementSibling.
            innerHTML = text;
        </script>
    </body>
</html>
```

Programm mit Zugriff über ID:

```
<html>
    <body>
        <h1 id = "ueberschrift"></h1>
        <p id = "absatz"></p>
        <script>
            let titel = prompt("Geben Sie den Text für die
            Überschrift ein:");
            let text = prompt("Geben Sie den Text für den Absatz
            ein:");
            document.getElementById("ueberschrift").innerHTML =
            titel;
            document.getElementById("absatz").innerHTML = text;
        </script>
    </body>
</html>
```

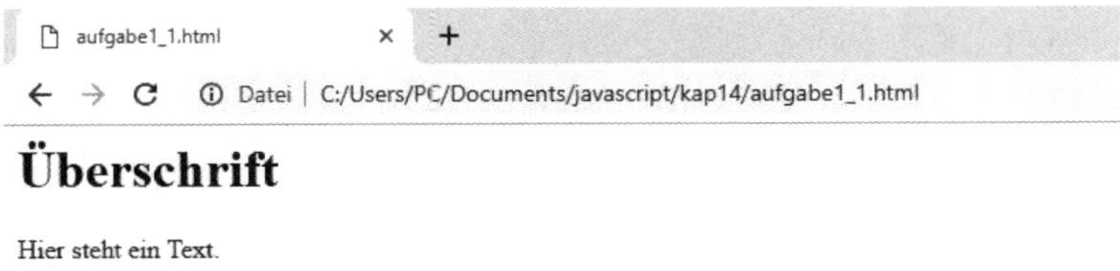


**Abb. 14.10** Die Ausgabe ist in beiden Fällen identisch. In diesem Beispiel hat der Anwender „Überschrift“ und „Hier steht ein Text.“ per `prompt`-Befehl eingegeben.

**2.**

```
<html>
    <body>
        <input id = "eingabefeld">
        <script>
        let i = 1;
        function f(){
            document.getElementById("eingabefeld").value =  i;
            i++;
            if (i > 60){
                clearInterval(intervall);
            }
        }
        let intervall = setInterval(f, 1000);
        </script>
    </body>
</html>
```

**Abb. 14.11** Jetzt werden die Sekunden im Eingabefeld gezählt

**3.**

```
<html>
    <body>
        <input id = "eingabefeld">
        <input id = "btn" type="button" value = "Hier klicken!">
        <script>
        function beschriftung(){
           let inhalt = document.getElementById("eingabefeld").value;
           document.getElementById("btn").value = inhalt;
        }
        btn.onclick = beschriftung;
        </script>
    </body>
</html>
```

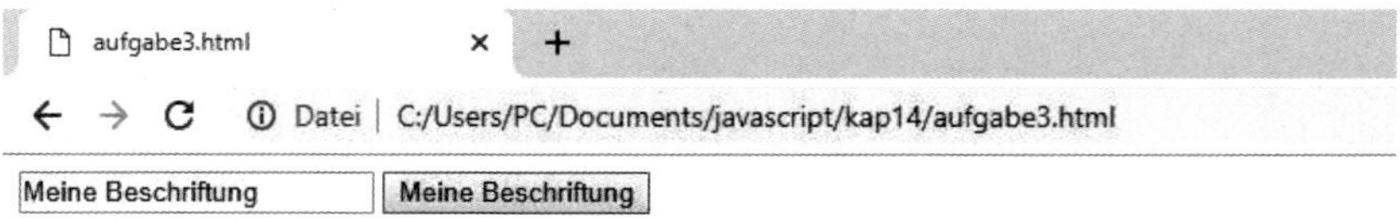


**Abb. 14.12** Der Button mit der individuellen Beschriftung

Alle Programmcodes aus diesem Buch sind als PDF zum Download verfügbar. Dadurch müssen Sie sie nicht abtippen: https://bmu-verlag.de/books/javascript/

Außerdem erhalten Sie die eBook Ausgabe zum Buch im PDF Format kostenlos auf unserer Website:

https://bmu-verlag.de/books/javascript/
**Downloadcode:** siehe Kapitel 20

Kapitel 15

# Formulare mit JavaScript bearbeiten

Das `document`-Objekt enthält auch Formulare. Da es sich hierbei jedoch um ein ganz besonderes Element mit ganz spezifischen Anwendungsmöglichkeiten handelt, wurde dieses im vorherigen Kapitel nicht behandelt. Es ist sinnvoll, dies in einem separaten Abschnitt zu erledigen. Das gibt die Möglichkeit, alle Eigenschaften und Anwendungsmöglichkeiten detailliert zu erklären.

## 15.1 Formulare: die einzelnen Bestandteile

Um mit einem Formular zu arbeiten, ist es notwendig, per JavaScript darauf zuzugreifen. Dazu kann man die bereits bekannten Methoden verwenden: über den DOM-Baum oder über die ID. Darüber hinaus bestehen hierbei noch weitere Möglichkeiten. Um das gleich an einem Beispiel zu demonstrieren, soll folgende einfache Seite erstellt werden:

```
<html>
    <body>
        <form name = "formular">
                <input name = "feld1" value = "Formularfeld 1">
                <input name = "feld2" value = "Formularfeld 2">
        </form>
    </body>
</html>
```

Unter dem Begriff `document.forms` sind alle Formulare zugänglich, die in der Seite enthalten sind. Man kann entweder über eine Indexzahl oder über ihren Namen auf die einzelnen Formulare zugreifen. Für das erste Formular auf der Seite wäre beispielsweise der Begriff `document.forms[0]` notwendig. Da unser Beispiel nur ein Formular umfasst, würde man es daher mit diesem Begriff ansprechen. Alternativ kann man es über seinen Namen aufrufen: `document.forms.formular`.

Jedes Formular-Element enthält wiederum die darin enthaltenen Felder – in diesem Fall also zwei Eingabefelder. Um auf diese zuzugreifen, kann man wieder deren Index oder den Namen verwenden. Die beiden folgenden Befehle sind daher gleichbedeutend und geben beide den im Attribut `value` gespeicherten Inhalt des zweiten Eingabefelds zurück – also Formularfeld 2:

```
alert(document.forms[0].elements[1].value);
alert(document.forms.formular.elements.feld2.value);
```

Dabei wäre es selbstverständlich auch möglich, beide Zugriffsformen zu vermischen, indem man das Formular über den Index und das Eingabefeld über seinen Namen aufruft – oder umgekehrt.

Wenn es sich beim entsprechenden Element um eine Checkbox oder um einen Radiobutton (HTML-Attribut `type = "checkbox"` oder `type = "radio"`) handelt, kann kann man auch auf das Attribut `checked` zugreifen, und es auf `true` oder auf `false` setzen. Dazu wird das Formular zunächst um ein entsprechendes Feld erweitert, sodass folgender Code entsteht:

```
<html>
    <body>
        <form name = "formular">
                <input name = "feld1" value = "Formularfeld 1">
                <input name = "feld2" value = "Formularfeld 2">
                <input name = "feld3" type = "checkbox">
        </form>
        <script>
            document.forms.formular.elements.feld3.checked = true;
        </script>
    </body>
</html>
```

**Abb. 15.1** Die Seite mit der ausgewählten Checkbox

Die bislang verwendete Schreibweise zeigt genau die Verbindung zwischen den einzelnen Elementen auf. JavaScript erlaubt es jedoch auch, diese zu verkürzen. Zum einen ist es nicht notwendig, die begriffe `document` und `forms` zu nennen. Man kann direkt mit dem Namen des Formulars beginnen – zumindest wenn man nicht mit dem Index arbeiten will. Auch der Begriff `elements` ist nicht notwendig. Daher kann man ihn ebenfalls weglassen. Der folgende Ausdruck führt daher genau die gleiche Aktion durch wie das Kommando im obigen Skript:

```
formular.feld3.checked = true;
```

Wenn man eine Auswahlliste in das Formular einfügt, kann man auf diese auch direkt zugreifen. Dafür ist es lediglich notwendig, ihr eine ID zuzuweisen. Unter diesem Bezeichner kann man sie dann aufrufen. Dabei kann man nun per JavaScript beeinflussen, welcher Wert ausgewählt wird. Dafür gibt es mehrere Möglichkeiten. Beispielsweise kann man den Begriff `selectedIndex` verwenden. An diesen muss man lediglich an die ID des Auswahlfelds anhängen. Daraufhin kann man ihm eine Zahl zuweisen. Das führt dazu, dass das entsprechende Options-Feld ausgewählt wird. Wie bei Arrays beginnt auch hierbei die Nummerierung bei 0. Das folgende Programm wählt automatisch die letzte der drei Optionen aus:

```
<html>
    <body>
        <form>
        <select id = "auswahl">
                <option value = "auswahl1">Wert 1</option>
                <option value = "auswahl2">Wert 2</option>
                <option value = "auswahl3">Wert 3</option>
        </select>
        </form>
        <script>
            auswahl.selectedIndex = 2;
        </script>
    </body>
</html>
```

**Abb. 15.2** Beim Aufruf der Seite wird der Wert 3 ausgewählt

Allerdings gibt es hierfür noch weitere Möglichkeiten. Die folgenden beiden Kommandos führen genau die gleiche Aktion durch:

```
auswahl.options[2].selected = true;
auswahl.value = "auswahl3";
```



## 15.2 Events für Formulare

Die Events, die in Kapitel 12 vorgestellt wurden, sind für alle Elemente einer HTML-Seite gültig. Wenn man mit Formularen arbeitet, dann muss man jedoch häufig auf ganz andere Events reagieren. Die meisten von ihnen lassen sich ebenfalls auf andere Elemente anwenden – auch wenn sie in diesen Bereichen nur selten zum Einsatz kommen. Es gibt aber auch Events, die ausschließlich bei Formularen auftreten. Aus diesem Grund ist es notwendig, dieses Thema nochmals aufzugreifen und darzustellen, welche Events für Formulare von besonderer Bedeutung sind.

Wenn man ein Element auf einer Seite fokussiert, dann tritt das `focus`-Event ein. Wenn man den Fokus von ihm entfernt, kommt es zum `blur`-Event. Diese beiden Events sind bei der Arbeit mit Formularen sehr wichtig. Wenn man ein Formularfeld mit der Maus anklickt oder wenn man es per Tabulator-Taste ansteuert, wird der Fokus darauf gelegt. Das löst das zugehörige Event aus. Per JavaScript könnte man nun beispielsweise eine Nachricht ausgeben, die dem Anwender mitteilt, was er in das entsprechende Feld eintragen soll:

```
<html>
    <body>
        <form name = "formular">
            <input id = "feld1" value = "Formularfeld 1">
        </form>
        <script>
            let angezeigt = false;
            function nachricht(){
                if(!angezeigt){
                    alert("Geben Sie hier bitte Ihren Namen ein!");
                    angezeigt = true;
                }
            }
            feld1.onfocus = nachricht;
        </script>
    </body>
</html>
```

Das Programm enthält außerdem eine Variable, die abspeichert, ob die Nachricht schon angezeigt wurde. Der `alert`-Befehl soll nur dann ausgeführt werden, wenn die Nachricht noch nicht zuvor angezeigt wurde. Wenn man diesen Zusatz nicht einfügt, würde das dazu führen, dass die Nachricht jedes Mal sofort erneut angezeigt würde, wenn man sie schließt. Das liegt daran, dass beim Schließen der Message-Box wieder das Eingabefeld in den Fokus rückt. Daher wird das Event erneut ausgelöst.

Sehr wichtig ist auch das `blur`-Event. Dieses wird ausgelöst, wenn der Anwender das Feld verlässt. Damit kann man überprüfen, ob seine Eingabe gültig ist. Das folgende Programm gibt eine Warnung aus, wenn kein Wert eingegeben wurde.

```
<html>
    <body>
        <form name = "formular">
            <input id = "feld1">
            <input type ="button" value = "Eingabe">
        </form>
        <script>
            function nachricht(){
                if(feld1.value == ""){
                    alert("Geben Sie einen Wert ein!");
                }
            }
            feld1.onblur = nachricht;
        </script>
    </body>
</html>
```

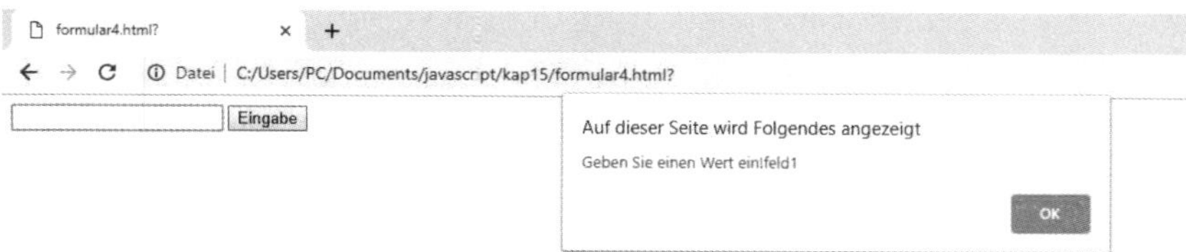


**Abb. 15.3** Diese Nachricht erscheint, wenn kein Wert eingegeben wurde



Auch das `input`-Event kann bei Formularen von Bedeutung sein. Dieses wird jedes Mal ausgelöst, wenn der Anwender einen Buchstaben in ein Feld eingibt. Das soll das folgende Programm verdeutlichen. Dieses gibt bei der Eingabe jedes einzelnen Buchstabens eine entsprechende Nachricht aus:

```
<html>
    <body>
        <form name = "formular">
```

```
            <input id = "feld1">
        </form>
        <script>
            function nachricht(){
                alert("Sie haben einen Buchstaben eingegeben!");
            }
            feld1.oninput = nachricht;
        </script>
    </body>
</html>
```

Weitere Events, die bei der Verarbeitung von Formularen von Bedeutung sind, sind das `cut`-, das `copy`- und das `paste`-Event. Diese werden ausgelöst, wenn der Anwender den Inhalt eines Feldes ausschneidet, ihn kopiert oder wenn er einen neuen Text einfügt.

Ein Event, das ausschließlich bei Formularen von Bedeutung ist, ist das `submit`-Event. Dieses wird ausgelöst, wenn der Anwender den `submit`-Button drückt, um das Formular abzuschicken. Dieses Event hat eine besondere Bedeutung. Es kommt häufig zum Einsatz, um die Inhalte des Formulars zu validieren oder zu verändern, bevor es abgeschickt wird.

## 15.3 Spezielle Methoden für Formularelemente

Um Formulare mit JavaScript zu bearbeiten, gibt es auch einige spezielle Methoden. Ein Beispiel hierfür ist die `focus()`-Methode. Diese dient dazu, den Fokus auf ein bestimmtes Feld des Formulars zu legen. Das folgende Beispielprogramm stellt dessen Funktionsweise vor:

```
<html>
    <body>
        <form name = "formular">
            <input id = "feld1" value = "Formularfeld 1">
            <input id = "feld2" value = "Formularfeld 2">
            <br>
            <input id = "btn1" value = "Feld 1 fokussieren" type =
            "button">
            <input id = "btn2" value = "Feld 2 fokussieren" type =
            "button">
```

```
        </form>
        <script>
            function fokus1(){
                feld1.value = "";
                feld1.focus();
            }
            function fokus2(){
                feld2.value = "";
                feld2.focus();
            }
            btn1.onclick = fokus1;
            btn2.onclick = fokus2;
        </script>
    </body>
</html>
```

Diese Seite enthält zwei Eingabefelder und zwei Buttons. Wenn man auf den ersten Button klickt, entfernt dieser zunächst den bisherigen Wert des ersten Feldes und setzt den Fokus darauf. Klickt man auf den zweiten Button, führt er die gleiche Aktion für das zweite Feld durch.

Diese Methode ist beim Validieren eines Formulars sehr nützlich, um den Anwender genau zu den Feldern zu führen, in denen die Eingabe nicht korrekt war. Deutlich seltener kommt hingegen die `blur()`-Methode zum Einsatz. Diese entfernt den Fokus vom Feld, auf das sie angewendet wird.

Eine Methode, sie ausschließlich auf Formulare angewendet werden kann, ist die `submit()`-Methode. Diese erlaubt es, ein Formular abzuschicken – unabhängig davon, ob der Anwender den `submit`-Button drückt. Auch diese Methode kommt vergleichsweise selten zum Einsatz, da man die Entscheidung über das Absenden des Formulars normalerweise dem Anwender überlassen sollte. Dennoch wird die Funktion hier kurz vorgestellt. Das folgende Programm schickt das Formular bereits ab, wenn der Anwender mit der Maus über den entsprechenden Button fährt:

```
<html>
    <body>
        <form name = "formular" action = "formular1.html">
```

```
            <input id = "feld1" type="text" name="name">
            <input id = "submitbtn" type="submit" value="Absenden">
        </form>
        <script>
            function abschicken(){
                formular.submit();
            }
            submitbtn.onmouseover = abschicken;
        </script>
    </body>
</html>
```

Um anzuzeigen, dass die entsprechende Methode durchgeführt wurde, wurde folgendes Attribut eingefügt: `action = "formular1.html"`. Dieses führt dazu, dass die hier angegebene Seite – also das erste Beispiel in diesem Kapitel – aufgerufen wird.

Bei der Verwendung der `submit()`-Methode ist es außerdem wichtig, darauf zu achten, dass diese kein `submit`-Event auslöst.

## 15.4 Die Eingaben der Formularfelder überprüfen

Nachdem die wichtigsten Events und Methoden für Formularfelder vorgestellt wurden, soll in diesem Abschnitt ein kleines Anwendungsbeispiel entstehen. Die Seite besteht aus einem Formular mit drei Eingabefeldern – für den Namen, für die E-Mail-Adresse und für das Alter:

```
<form id="Formular" action="zielseite.html" method="GET"
onsubmit="return auswerten()">
    Name:     <input id="Name" name = "Name"><br>
    E-Mail:   <input id="Mail" name = "Mail"><br>
    Alter:    <input id="Alter" name = "Alter"><br>
    Formular: <input type="submit" value="Absenden">
</form>
```

Für das `action`-Attribut wird die Adresse zielseite.html angegeben. Es ist sinnvoll, diese gleich zu erstellen. Dabei kann es sich um eine vollkommen leere Seite handeln. Als `method`-Attribut wird GET angegeben. Das führt dazu, dass die Eingaben, die der Anwender macht, an die

URL der Zielseite angehängt werden. Das gibt uns die Möglichkeit, die Werte nach dem Absenden zu überprüfen. Eine weitere Verarbeitung soll jedoch nicht stattfinden.

Die einzelnen `input`-Felder erhalten sowohl eine ID als auch ein `name`-Attribut. Das `name`-Attribut ist notwendig, damit die Werte der Formularfelder in der URL der Zielseite angezeigt werden. Innerhalb des Skripts soll die Ansprache der Felder jedoch über ihre ID erfolgen.

Wenn das Formular abgeschickt wird, soll das JavaScript-Programm überprüfen, ob der Anwender gültige Werte eingegeben hat. Diese Aufgabe erledigt die Funktion `auswerten()`. Daher wird diese mit dem `submit`-Event verbunden. Zusätzlich steht hier der Ausdruck `return`, der auf diese Weise bislang noch nicht verwendet wurde. Das bewirkt, dass das `submit`-Event nicht nur die Funktion `auswerten()` aufruft, sondern auch deren Rückgabewert an den Browser weiterleitet. Dabei soll eine boolesche Variable zum Einsatz kommen. Sind alle Formularfelder richtig ausgefüllt, beträgt deren Wert `true`. Tritt ein Fehler auf, gibt sie `false` zurück. Wenn der Browser den Wert `true` erhält, sendet er das Formular wie gewohnt ab. Ist der Wert hingegen `false`, sendet er es nicht ab und bleibt auf der Seite.



Nachdem das Formular erstellt ist, ist es notwendig, das zugehörige Script zu schreiben. Dieses enthält lediglich die Funktion `auswerten()`. Diese geht die einzelnen Formularfelder nacheinander durch und überprüft, ob der Anwender sinnvolle Werte eingegeben hat.

Da es unzählige verschiedene Namen gibt, ist es nicht möglich, zu überprüfen, ob hier ein wirklicher Name steht. Stattdessen soll das Skript lediglich herausfinden, ob der Anwender das Feld ausgefüllt hat. Dazu dient folgende Abfrage:

```
if(Name.value == "")  {
        alert("Geben Sie Ihren Namen ein!");
```

```
        Name.focus();
        return false;
    }
```

Diese überprüft zunächst, ob ein Wert im entsprechenden Feld vorhanden ist. Zwei doppelte Kodierungszeichen hintereinander ohne Inhalt symbolisieren ein leeres Feld. Daher ist die Bedingung erfüllt, wenn der Anwender hier keinen Wert eingegeben hat. In diesem Fall gibt die Funktion eine passende Meldung aus. Außerdem setzt sie den Fokus in das entsprechende Feld, sodass der Besucher gleich an der richtigen Stelle seinen Namen eintragen kann. Darüber hinaus gibt sie als Rückgabewert `false` zurück, sodass das Formular nicht abgeschickt wird.

Danach erfolgt die Überprüfung der E-Mail-Adresse. Auch hier könnte man zunächst überprüfen, ob überhaupt ein Wert im Feld vorhanden ist. Da jede E-Mail-Adresse jedoch das @-Zeichen enthalten muss, soll die Überprüfung etwas verfeinert werden. Wenn der Anwender überhaupt keine Eingabe gemacht hat, enthält das Feld auch kein @-Zeichen. Daher muss dies nicht separat überprüft werden. Der Code für diese Abfrage sieht so aus:

```
if(!Mail.value.includes('@')) {
        alert("Geben Sie eine E-Mail-Adresse ein!");
        Mail.focus();
        return false;
    }
```

Hierfür kommt die `includes`-Methode zum Einsatz. Diese lässt sich auf alle Zeichenketten anwenden. Sie überprüft, ob das Zeichen (oder die Zeichenfolge) in der Klammer in der entsprechenden Zeichenkette vorhanden ist. Die hier aufgestellte Bedingung ist daher erfüllt, wenn kein @-Zeichen enthalten ist.

Im `Feld` Alter wird zunächst überprüft, ob überhaupt ein Wert vorhanden ist. Das geschieht genau nach dem gleichen Muster wie beim Feld

Name. Danach soll das Programm jedoch noch überprüfen, ob es sich bei der Eingabe um Zahlen handelt. Dazu dient dieser Code:

```
let zahl = true;
for(let i=0;i<Alter.value.length;++i){
  if(Alter.value.charAt(i) < "0" || Alter.value.charAt(i) > "9"){
      zahl = false;
  }
}
if(!zahl) {
    alert("Geben Sie eine Zahl ein!");
    Alter.focus();
    return false;
}
```

Dieser erzeugt zunächst eine boolesche Variable, die angeben soll, ob es sich um eine Zahl handelt oder nicht. Wir setzen sie anfangs auf `true`. Danach gehen wir das Eingabefeld Zeichen für Zeichen durch und überprüfen, ob es sich dabei um eine Ziffer handelt. Die Länge der Zeichenkette bestimmen wir über den `length`-Befehl. Das stellt sicher, dass die `for`-Schleife alle Zeichen durchgeht. Die einzelnen Zeichen der Zeichenkette steuern wir über den `charAt`-Befehl an. Über die Zahl in der Klammer wird die Position – beginnend bei 0 – angegeben. Um zu überprüfen, ob es sich um eine Ziffer handelt, verwenden wir das Größer- und das Kleinerzeichen. Dieses bezieht sich in diesem Fall auf die Position im entsprechenden Zeichensatz. Wenn es sich um ein anderes Symbol als eine Ziffer handelt, ist dieses entweder kleiner als 0 oder größer als 9. Daher kann diese Bedingung für die Überprüfung verwendet werden. Findet das Programm einen Wert, bei dem es sich nicht um eine Zahl handelt, setzt es die Variable `zahl` auf `false`.



Zum Schluss steht noch eine weitere `if`-Abfrage. Diese hat als Bedingung lediglich die Verneinung der Variablen `zahl`. Sie trifft daher zu, wenn es sich beim entsprechenden Eintrag nicht um eine Zahl handelt. In diesem Fall führt sie die bereits bekannten Befehle aus.

Nun sind alle Eingabefelder überprüft. Wenn die Funktion einen Fehler findet, wird sie direkt über den `return`-Befehl beendet. Wenn das Programm bis zu dieser Stelle vordringt, bedeutet das also, dass keine Fehler enthalten sind. Daher ist es nur noch notwendig, den Befehl `return true;` einzugeben. Der vollständige Code für die Seite sieht dann so aus:

```
<html>
    <body>

    <h1>Formular</h1>

    <form id="Formular" action="zielseite.html" method="GET"
    onsubmit="return auswerten()">
    Name:     <input id="Name" name = "Name"><br>
    E-Mail:   <input id="Mail" name = "Mail"><br>
    Alter:    <input id="Alter" name = "Alter"><br>
    Formular: <input type="submit" value="Absenden">
    </form>
    <script>
        "use strict";
        function auswerten(){
            if(Name.value == "")  {
                alert("Geben Sie Ihren Namen ein!");
                Name.focus();
                return false;
            }
            if(!Mail.value.includes('@')) {
                alert("Geben Sie eine E-Mail-Adresse ein!");
                Mail.focus();
                return false;
            }
            if(Alter.value == "") {
                alert("Geben Sie Ihr Alter ein!");
                Alter.focus();
                return false;
            }
            let zahl = true;
            for(let i=0;i<Alter.value.length;++i){
                if(Alter.value.charAt(i) < "0" || Alter.value.
                charAt(i) > "9"){
                    zahl = false;
                }
            }
           if(!zahl) {
```

```
                alert("Geben Sie eine Zahl ein!");
                Alter.focus();
                return false;
            }
            return true;
        }
    </script>
</body>
</html>
```

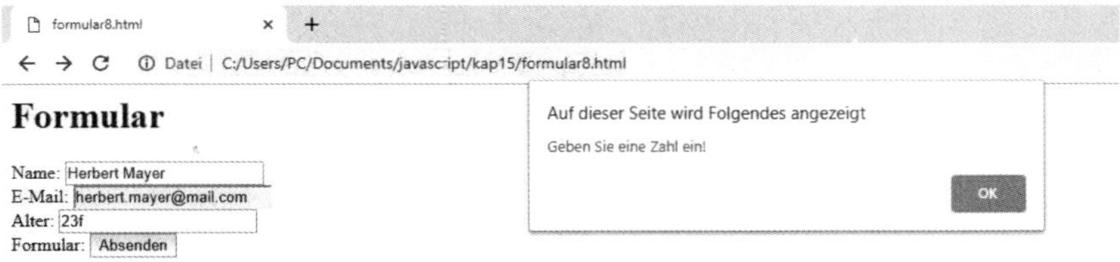


**Abb. 15.4** Das Formular mit dem Hinweis bei einer falschen Eingabe

**Abb. 15.5** Bei einer gültigen Eingabe werden die Werte in der URL der Zielseite angezeigt



## 15.5 Übungsaufgabe: Formulare mit JavaScript erstellen

1. Erstellen Sie ein Formular mit einem Eingabefeld für eine E-Mail-Adresse. Wenn der Anwender den Fokus auf das Feld setzt, soll eine Nachricht erscheinen, die ihm mitteilt, dass er hier seine E-Mail-Adresse einfügen muss.
2. Ändern Sie das Programm so ab, dass es jetzt beim Verlassen des Feldes überprüft, ob eine gültige E-Mail-Adresse (mit einem @-Zeichen) eingegeben wurde. Geben Sie in diesem Fall eine entsprechende Nachricht aus.

## Lösungen:

**1.**

```
<html>
    <body>
        <form name = "formular">
            E-Mail: <input id = "Mail" name = "Mail" value = "Ihre
            E-Mail">
        </form>
        <script>
            let angezeigt = false;
            function nachricht(){
                if(!angezeigt){
                    alert("Geben Sie hier bitte Ihre E-Mail-Adresse
                    ein!");
                    angezeigt = true;
                }
            }
            Mail.onfocus = nachricht;
        </script>
    </body>
</html>
```

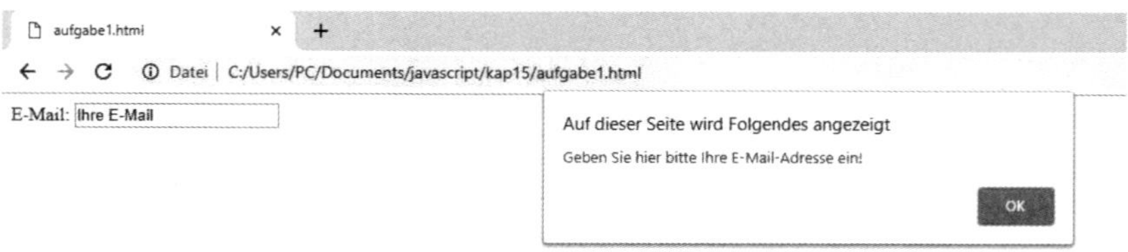


**Abb. 15.6** Das Formular mit dem Hinweis zur Eingabe

**2.**

```
<html>
    <body>
        <form name = "formular">
            E-Mail: <input id = "Mail" name = "Mail" value = "Ihre
            E-Mail">
            <input type ="button" value = "Eingabe">
```

```
        </form>
        <script>
            function nachricht(){
                if(!Mail.value.includes('@')) {
                    alert("Geben Sie eine korrekte E-Mail-Adresse
                    ein!");
                }
            }
            Mail.onblur = nachricht;
        </script>
    </body>
</html>
```

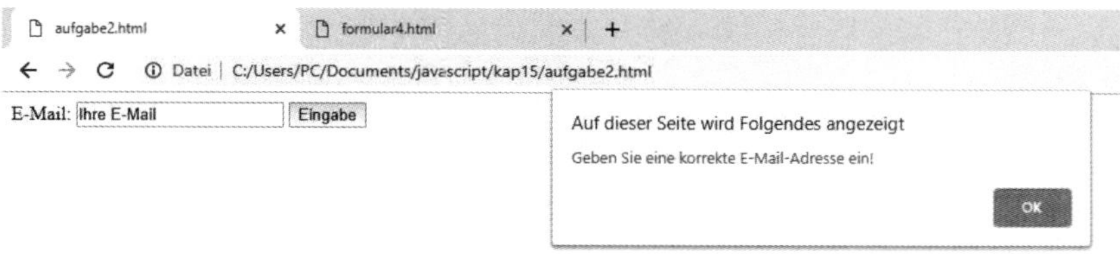


**Abb. 15.7** Die Nachricht bei einer ungültigen Eingabe

Alle Programmcodes aus diesem Buch sind als PDF zum Download verfügbar. Dadurch müssen Sie sie nicht abtippen:
https://bmu-verlag.de/books/javascript/

Außerdem erhalten Sie die eBook Ausgabe zum Buch im PDF Format kostenlos auf unserer Website:

https://bmu-verlag.de/books/javascript/
**Downloadcode:** siehe Kapitel 20

# Kapitel 16
# Weitere vordefinierte Objekte in JavaScript

Das `window`- und das `document`-Objekt sind ohne Zweifel die wichtigsten Elemente für die Gestaltung dynamischer Internetseiten. Darüber hinaus gibt es jedoch noch viele weitere hilfreiche Objekte, die zahlreiche interessante Funktionen bieten. Um sich einen Überblick darüber zu verschaffen, welche Möglichkeiten es noch gibt, ist es sinnvoll, nochmals die JavaScript-Referenz (https://bmu-verlag.de/js2) aufzurufen. Hier sind auch alle weiteren Möglichkeiten aufgelistet. Diese alle vorzustellen, würde jedoch den Rahmen dieses Buchs sprengen. Dennoch soll dieses Kapitel einige weitere Objekte präsentieren, die beim Programmieren mit JavaScript häufig zum Einsatz kommen.

## 16.1 Location

Das `location`-Objekt ist vom `document`-Objekt abgeleitet. Die vollständige Bezeichnung lautet daher eigentlich `window.document.location`. Allerdings ist dieser Zusatz nicht notwendig. Man kann es auch direkt über die Bezeichnung `location` ansprechen. Dieses Objekt nimmt die URL der Seite auf und ermöglicht es, sie zu beeinflussen.

16

Die Adresse der Seite ist unter `location.href` verfügbar. Man kann sie abrufen und auf der Seite anzeigen. Darüber hinaus ist es möglich, ihr einen neuen Wert zuzuweisen. In diesem Fall ruft der Browser automatisch die entsprechende Adresse auf. Auf diese Weise kann man den Besucher zu einer neuen Seite weiterleiten, selbst wenn er keinen Link anklickt. Das soll das folgende Beispiel verdeutlichen. Dieses gibt zunächst die aktuelle URL aus und erzeugt daraufhin einen Button. Wenn der Anwender nur mit der Maus darüber fährt, ruft die Seite bereits die entsprechende Adresse auf:

```
<html>
    <body>
        <p id = "absatz"></p>
        <input type = "button" id = "btn" value = "Zur neuen Seite">
        <script>
            function laden(){
                location.href = "zielseite.html";
            }
            document.getElementById("absatz").innerHTML = location.href;
            btn.onmouseover = laden;

        </script>
    </body>
</html>
```

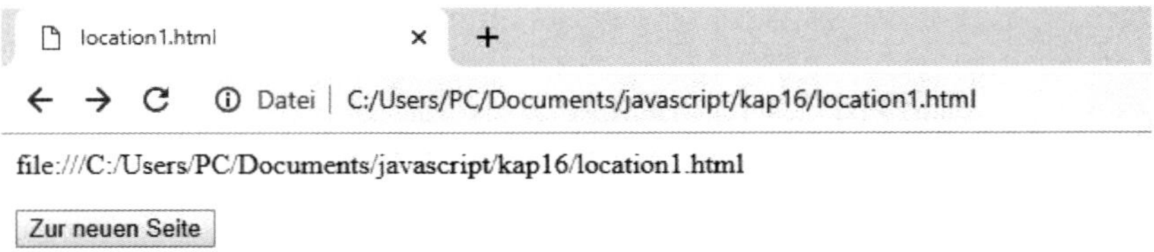


**Abb. 16.1** Die Ausgabe der URL der aktuellen Seite

Bei Formularen, die mit der GET-Methode abgeschickt werden, kommt die URL zum Einsatz, um die Eingaben des Formularfelds zu übermitteln. Ein Beispiel hierfür war das Programm aus Kapitel 15.4. Mithilfe des `location`-Objekts kann man die Werte dann auswerten. Das wäre selbstverständlich auch mit dem eben vorgestellten `href`-Attribut möglich. Etwas einfacher ist es jedoch, das Attribut `search` zu verwenden. Dieses gibt ausschließlich den Wert zurück, der in der URL nach dem Fragezeichen steht – also den Teil, der die Formularelemente enthält.

Mit diesem Attribut soll nun die Zielseite des Programms aus Kapitel 15.4 so überarbeitet werden, dass sie die Werte des Formulars anzeigt:

```
<html>
    <body>
        <p id = "absatz"></p>
        <script>
            "use strict";
            let str = location.search;
            str = str.substr(1);
            let arr = str.split('&');
            for (let i = 0; i < arr.length; i++){
                arr[i] = arr[i].split('=');
            }
            let inhalt = "";
            for (let wert of arr){
                inhalt += wert[0] + ": " + wert[1] + "<br>";
            }
            document.getElementById("absatz").innerHTML =
            decodeURIComponent(inhalt);

        </script>
    </body>
</html>
```

Dieses Programm ruft zunächst mit dem `search`-Attribut den Teil der URL mit den Formularinhalten ab. Danach entfernt es das Fragezeichen, das zu Beginn der Zeichenkette steht. Das geschieht mit der `substr()`-Methode. Wenn man hier nur einen Wert einfügt, gibt diese den Teil der Zeichenkette ab der angegebenen Position zurück. Da das Fragezeichen immer an erster Stelle (Position 0) steht, wird es auf diese Weise entfernt.

Wenn man sich die URL genau anschaut, stellt man fest, dass die einzelnen Einträge durch das &-Zeichen voneinander getrennt sind. Um sie zu trennen, kann man die `split()`-Methode auf die Zeichenkette anwenden. Diese erzeugt ein Array, das die einzelnen Bestandteile enthält, die durch das angegebene Zeichen getrennt werden. Die Bezeichnung des Eingabefelds und der eingegebene Wert sind durch das Gleichheitszeichen voneinander getrennt. Wenn man die `split()`-Methode für dieses Zeichen auf alle Arrayfelder anwendet, erhält man ein zweidimensionales Array. Die zweite Ebene hat dabei immer zwei Felder: den Feldnamen und dessen Inhalt. Nun kann man die einzelnen Arrayfelder ausgeben. Die letzte `for`-Schleife dient lediglich dazu, ihnen eine ansprechende Struktur zu verleihen. Auf die Zeichenkette muss man dann abschließend die `decodeURIComponent()`-Methode anwenden, um das @-Zeichen richtig darzustellen.

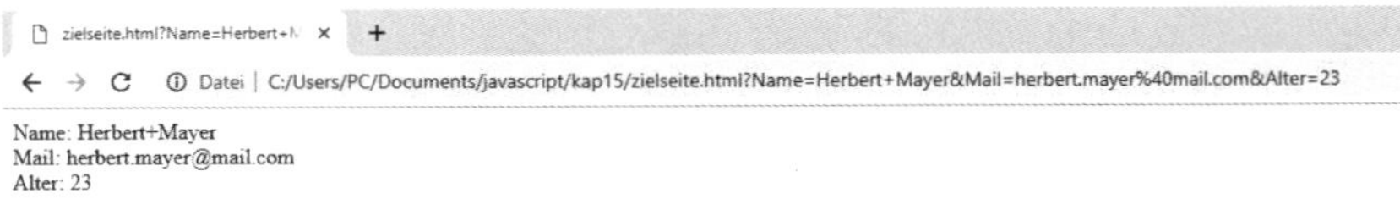


**Abb. 16.2** Die Ausgabe der Werte des Formulars

Darüber hinaus bietet das `location`-Objekt noch einige weitere interessante Attribute und Methoden. Über `location.host` lässt sich beispielsweise der Hostname und über `location.protocol` das verwendete Protokoll abrufen. Nützlich ist auch die `reload()`-Methode, die die Seite neu lädt.

## 16.2 Images

JavaScript erlaubt es auch, Informationen über die enthaltenen Bilder abzurufen oder diese zu verändern. Dazu dient das `images`-Objekt, das vom `document`-Objekt abgeleitet ist. Es ist über `document.images` erreichbar. Es enthält alle Bilder, die auf der Seite enthalten sind. Daher kann man auch auf die einzelnen Bilder zugreifen, wenn man ihnen keine ID gibt. Dazu muss man lediglich ihre Position angeben:

```
document.images[0]
```

Dieser Befehl gibt dem Programmierer Zugriff auf das erste Bild der Seite. Wenn man wissen will, wie viele Bilder auf der Seite enthalten sind, kann man diesen Wert über den `length`-Befehl ermitteln:

```
document.images.length
```

Es ist auch möglich, die Werte der einzelnen Bilder abzurufen – beispielsweise die Höhe und die Breite. Dazu dienen die Attribute `height` und `width`. Diese Werte können jedoch nicht verändert, sondern lediglich ausgelesen werden.

JavaScript kommt häufig zum Einsatz, um Bilder auszutauschen. Das ist über das `src`-Attribut möglich. Folgendes Programm ersetzt das Bild, das ursprünglich auf der Seite erschien, durch ein neues Bild, indem es diesem Attribut einen neuen Wert zuweist:

```
<html>
    <body>
        <img src = "bild1.gif">
        <input type = "button" id = "btn" value = "Bild austauschen">
        <script>
            "use strict";
            function tauschen(){
                document.images[0].src = "bild2.gif";
            }
            btn.onclick = tauschen;

        </script>
    </body>
</html>
```

**Abb. 16.3** Das ursprüngliche Bild

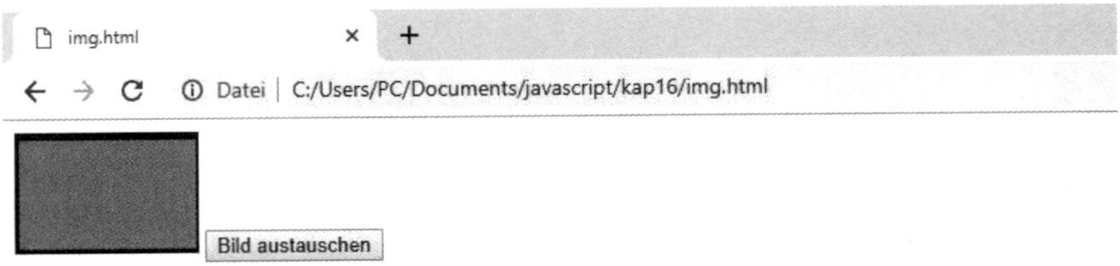


**Abb. 16.4** Das Bild nach dem Klick auf den Button

**Anmerkung:** Damit dieses Programm funktioniert, müssen sich im gleichen Ordner die Grafiken `bild1.gif` und `bild2.gif` befinden. Hierfür kann man beliebige Bilder verwenden.

## 16.3 History

Der Browser speichert, welche Seiten der Anwender besucht hat. Das gibt die Möglichkeit, zu einer der vorherigen Seiten zurückzukehren. Dazu dient das `history`-Objekt. Dieses ist direkt vom `window`-Objekt abgeleitet. Als Attribut verfügt es lediglich über `length.` Dieser Wert gibt an, wie viele Seiten im Verlauf abgespeichert sind.

Das Objekt verfügt über drei Methoden: `back()`, `forward()` und `go()`. Die erste Methode kehrt zur vorherigen Seite zurück. Die zweite geht einen Schritt nach vorne. Über die `go`-Methode kann man einen beliebigen Wert aus dem Verlauf ansteuern. Will man sich dabei nach vorne bewegen, ist einen positiver Wert erforderlich. Soll sich das Programm im Verlauf rückwärts bewegen, muss man einen negativen Wert eingeben. Der folgende Code stellt die Funktionsweise vor:

```
<html>
    <body>
        <p>Wie viele Schritte möchten Sie zurück?</p>
        <input id = "eingabe">
        <button onclick="zurueck()">Zurück</button>

        <script>
        function zurueck() {
         history.go(document.getElementById("eingabe").value * (-1));
        }
        </script>
    </body>
</html>
```

## 16.4 Style

Im Kapitel zum `document`-Objekt wurde bereits eine Möglichkeit vorgestellt, um das Layout der Seite zu verändern – über das `font`-Tag. Da dieses jedoch nicht mehr gebräuchlich ist, sollten hierfür CSS-Anweisungen zum Einsatz kommen. Diese sind über das `style`-Objekt zugänglich.

Um dieses Objekt anzuwenden, sind einige Kenntnisse in CSS notwendig. Da diese für die Leser dieses Buchs nicht zwingend vorausgesetzt werden, geht dieses Kapitel nicht auf alle Einzelheiten dieses Objekts ein. Wer jedoch über gute CSS-Kenntnisse verfügt, versteht dabei jedoch bereits die Funktionsweise. Da diese für alle CSS-Vorgaben genau gleich ist, kann man mit diesen Kenntnissen das komplette Layout der Seite per JavaScript beeinflussen.



Wir haben das `style`-Objekt schon in einigen Programmen in Kapitel 12 verwendet. Dabei kam es zum Einsatz, um den Hintergrund eines bestimmten Elements zu verändern. Das folgende Programm stellt diese Funktionsweise nochmals explizit vor:

```
<html>
    <body>
        <p id = "absatz">Hier steht ein Absatz.</p>
        <button onclick="hintergrund()">Hintergrund
        hinzufügen</button>

        <script>
        function hintergrund() {
          document.getElementById("absatz").style.background = "red";
        }
        </script>
    </body>
</html>
```

Das `style`-Objekt bezieht sich stets auf ein bestimmtes Element der Seite. Daher kann man es nicht einfach über das `document`-Objekt abrufen, sondern muss stets ein konkretes Element angeben. Es verändert das Layout dann ausschließlich für den entsprechenden Bereich.

Um das `style`-Objekt anzusprechen, muss man daher den Ausdruck `style` an ein konkretes Element anhängen. Danach kann man jedes beliebige CSS-Attribut nennen und ihm einen neuen Wert zuweisen. Das Beispielprogramm ruft die Anweisung `background` auf, die für die Hintergrundfarbe verantwortlich ist. Es weist ihr den Wert `red` zu, um einen roten Hintergrund zu erzeugen.

Nach diesem Muster kann man auch jedes weitere CSS-Element ansprechen. Um das zu zeigen, wurde für das nächste Beispiel das Programm etwas erweitert. Es enthält jetzt ein `div`-Element, das den Absatz umschließt. Der Code verändert nun den Hintergrund, die Textfarbe und die Schriftgröße des Absatzes. Außerdem bestimmt er die Breite des `div`-Elements und gibt ihm einen Rahmen. Mit grundlegenden CSS-Kenntnissen sollte es keinerlei Problem darstellen, die Funktionsweise nachzuvollziehen:

```
<html>
    <body>
        <div id = "div">
            <p id = "absatz">Hier steht ein Absatz.</p>
        </div>
        <button onclick="hintergrund()">Layout verändern</button>
        <script>
        function hintergrurd() {
          document.getElementById("absatz").style.background = "red";
          document.getElementById("absatz").style.fontSize = 30;
          document.getElementById("absatz").style.color = "white";
          document.getElementById("div").style.width = 150;
          document.getElementById("div").style.border = "3px solid
          blue";
        }
        </script>
    </body>
</html>
```

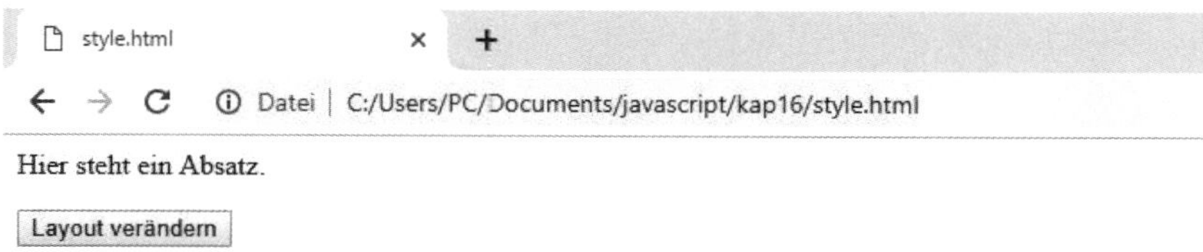


**Abb. 16.5** Die Seite vor dem Klick auf den Button

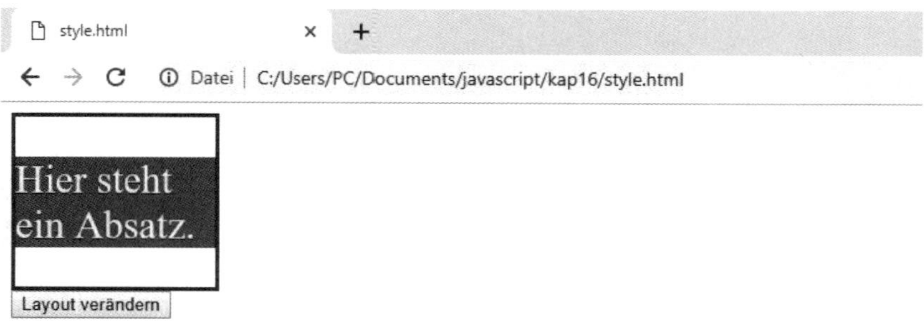


**Abb. 16.6** Die Seite nach dem Klick auf den Button

## 16.6 Übungsaufgabe: Vordefinierte Objekte verwenden

1. Erstellen Sie eine Seite mit einem Eingabefeld, in das der Anwender eine Internetadresse eingeben kann. Fügen Sie außerdem einen Button ein. Wenn der Besucher darauf klickt, soll das Programm die entsprechende Seite aufrufen. Damit das funktioniert, muss die komplette URL – einschließlich http:// (oder https://) – eingegeben werden. Überprüfen Sie mit dem `includes`-Befehl, ob dieser Teil in der eingegebenen Zeichenkette enthalten ist. Trifft dies nicht zu, fügen Sie ihn hinzu.
2. Erstellen Sie eine Seite mit zwei `img`-Tags. Diese sollen jedoch kein `src`-Attribut enthalten, sodass sie nicht angezeigt werden. Gestalten sie einen Button, der es erlaubt, die Bilder auf der Seite anzuzeigen.
3. Erstellen Sie eine Seite mit einem Absatz mit einem beliebigen Text. Fügen Sie darunter drei Buttons ein, die es dem Besucher erlauben, aus drei verschiedenen Layout-Entwürfen für die Seite zu wählen.

## Lösungen:

```
<html>
    <body>
        <p>Geben Sie eine beliebige Internetadresse ein:</p><br>
        <input id = "eingabe">
        <button onclick="weiterleitung()">Seite aufrufen</button>
        <script>
        function weiterleitung() {
          let adresse = document.getElementById("eingabe").value;
          if (!(adresse.includes('http://') || adresse.
          includes('https://'))){
              adresse = "http://" + adresse;
          }
          location.href = adresse;
        }
        </script>
    </body>
</html>
```

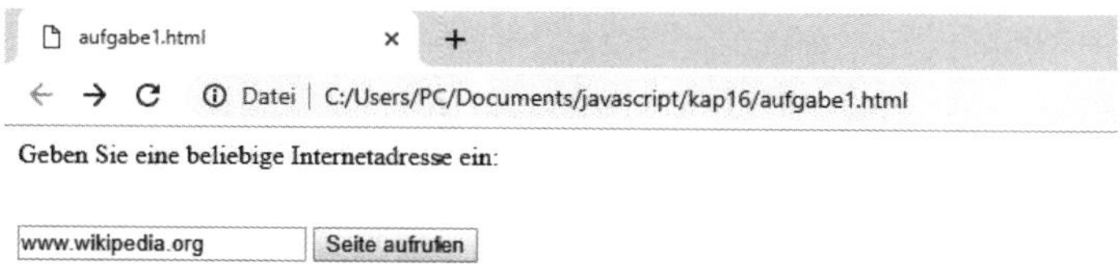


**Abb. 16.7** Der Aufruf der Seite funktioniert auch ohne den Zusatz http://



**2.**

```
<html>
    <body>
        <img><br><br>
        <img><br><br>
       <button onclick="anzeigen()">Bilder anzeigen</button>
```

```
        <script>
        function anzeigen() {
            document.images[0].src = "bild1.gif";
            document.images[1].src = "bild2.gif";
        }
        </script>
    </body>
</html>
```

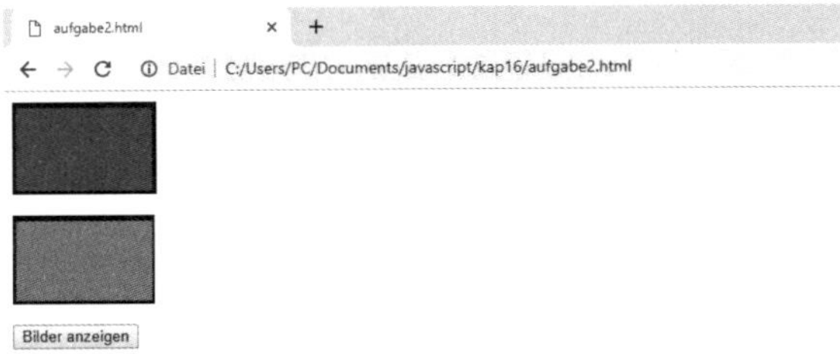


**Abb. 16.8** Nach dem Klick auf den Button zeigt die Seite die Bilder an

**3.**

```
<html>
    <body>
        <p id = "absatz">Hier steht ein Text</p>
        <button onclick="layout1()">Layout 1</button>
        <button onclick="layout2()">Layout 2</button>
        <button onclick="layout3()">Layout 3</button>
        <script>
        function layout1() {
            document.getElementById("absatz").style.background =
            "yellow";
            document.getElementById("absatz").style.fontSize = 14;
            document.getElementById("absatz").style.color =
            "lightblue";
            document.getElementById("absatz").style.border = "1px
            solid black";
            document.getElementById("absatz").style.width = 120;
        }
        function layout2() {
            document.getElementById("absatz").style.background = "";
            document.getElementById("absatz").style.fontSize = 50;
```

```
            document.getElementById("absatz").style.color = "red";
            document.getElementById("absatz").style.border = "3px
            dotted purple";
            document.getElementById("absatz").style.width = 300;
        }
        function layout3() {
            document.getElementById("absatz").style.background =
            "grey";
            document.getElementById("absatz").style.fontSize = 8;
            document.getElementById("absatz").style.color =
            "darkgrey";
            document.getElementById("absatz").style.border = "";
            document.getElementById("absatz").style.width = 100;
        }
        </script>
    </body>
</html>
```

**Abb. 16.9** Einer der Layout-Vorschläge

**Anmerkung:** Layout 3 enthält keinen Rand. Im Prinzip wäre es daher nicht notwendig, dieses Attribut anzugeben. Wenn man jedoch zuvor auf einen der anderen Buttons gedrückt hat, würde die dort gemachte Vorgabe auch beim neuen Layout vorhanden bleiben. Um sicherzustellen, dass hier kein Rand erscheint, muss man dem Attribut einen leeren Wert zuweisen. Das Gleiche gilt für die Hintergrundfarbe bei Layout 2.

Alle Programmcodes aus diesem Buch sind als PDF zum Download verfügbar. Dadurch müssen Sie sie nicht abtippen: https://bmu-verlag.de/books/javascript/

Außerdem erhalten Sie die eBook Ausgabe zum Buch im PDF Format kostenlos auf unserer Website:

https://bmu-verlag.de/books/javascript/
**Downloadcode:** siehe Kapitel 20

Kapitel 17

# Datenspeicherung in JavaScript: Cookies und localStorage

Bisher haben wir Daten, die der Anwender eingegeben hat, in Variablen abgespeichert. Während die Seite geöffnet ist, kann man damit problemlos arbeiten. Sobald man sie schließt, gehen allerdings alle Informationen verloren. In vielen Fällen sollen diese jedoch auch beim nächsten Besuch verfügbar sein. Daher stellt dieses Kapitel vor, wie man mit JavaScript Daten dauerhaft abspeichern kann.

## 17.1 Javascript: stark eingeschränkte Möglichkeiten für die Datenspeicherung

Wie bereits zu Beginn des Buchs ausgeführt, läuft JavaScript aus Sicherheitsgründen in einer Sandbox ab. Das bedeutet, dass die Programme nur auf Ressourcen zurückgreifen können die ihnen der Browser explizit zur Verfügung stellt. Das hat unter anderem zur Folge, dass man das Dateisystem nicht verwenden kann. Viele andere Programmiersprachen erstellen Dateien, um Daten dauerhaft abzuspeichern. Da JavaScript auf diesen Bereich jedoch keinen Zugriff hat, scheidet diese Alternative aus. Auch Datenbankanwendungen lassen sich damit nicht realisieren. Daher sind die Möglichkeiten für die Datenspeicherung mit JavaScript sehr stark eingeschränkt.



Allerdings kann man mit JavaScript dennoch einige Daten abspeichern: indem man *Cookies* verwendet. Hierbei handelt es sich um Informationen in Textform, die in erster Linie dazu dienen, den Anwender zu identifizieren. Wenn man diese jedoch entsprechend formatiert und anschließend wieder richtig auswertet, kann man darin auch einige weitere Informationen abspeichern. Da der Umfang jedoch auf 4 KB beschränkt ist, eignet sich diese Methode nur für ausgesprochen geringe Datenmengen.

Mit HTML5 kam es zur Einführung einer weiteren Möglichkeit für die Datenspeicherung: `localStorage`. Auch hierbei besteht kein direkter Zugriff auf das Dateisystem. Die Daten werden innerhalb der Browser-Umgebung abgespeichert. Mit `localStorage` kann man jedoch deutlich größere Datenmengen abspeichern – bis zu 5 MB.

Dennoch weisen beide Möglichkeiten einige Probleme auf. Zum einen ist die Datenmenge begrenzt. Selbst bei der Verwendung von `localStorage` kommt es manchmal vor, dass der verfügbare Speicherplatz nicht ausreicht. Außerdem lassen sich mit beiden Alternativen nur `string`-Werte verarbeiten. Zwar kann man die Datentypen auch umformen, doch führt das gerade bei komplexen Datensätzen zu einem erheblichen zusätzlichen Aufwand. Auch die internen Prozesse dieser Anwendung sind nicht auf große und komplexe Datensätze ausgelegt. Daher kann es zu erheblichen Wartezeiten kommen, wenn man auf diese Weise größere Datenmengen speichern oder abrufen will.

Von besonderer Bedeutung ist der Mangel an Sicherheit. Daten, die mithilfe von Cookies oder `localStorage` gespeichert wurden, kann ein Angreifer ohne große Probleme auswerten. Daher sollte man auf diese Weise niemals sensible Informationen abspeichern.

Als Fazit kann man festhalten, dass JavaScript nur stark eingeschränkte Möglichkeiten für die Datenspeicherung anbietet. Wenn man mit großen Datensätzen oder mit sensiblen Informationen arbeitet, sollte man daher immer eine andere Alternative wählen. Hierfür bietet sich die serverseitige Programmierung an. Wenn man jedoch kleinere Datenmengen abspeichern will, die nicht sicherheitsrelevant sind, kann man diese Aufgabe auch mit JavaScript erledigen. Die folgenden Absätze stellen die hierfür vorhandenen Möglichkeiten vor.

## 17.2 Cookies verwenden

Bevor wir ein Programm mit Cookies erstellen, müssen wir für die Ausführung den Browser wechseln. Das ist notwendig, da Google Chrome keine Cookies von lokalen Seiten unterstützt. Das hat zur Folge, dass der Browser die Anweisungen unserer Programme ignorieren würde. Daher ist es notwendig, eine andere Alternative zu wählen – beispielsweise Microsoft Edge, Mozilla Firefox oder den Internet Explorer. Diese Einschränkung gilt jedoch nur, solange wir die entsprechenden Programme in einer lokalen Datei speichern. Wenn wir sie später auf einen Webserver laden und dort aufrufen, funktionieren sie auch mit Google Chrome problemlos.

Cookies sind unter `document.cookie` erreichbar. Indem man dieser Eigenschaft einen neuen Wert zuweist, setzt man ein neues Cookie. Dabei muss es sich immer um einen Text handeln. Zunächst muss man den Namen des Cookies festlegen. Danach folgen ein Gleichheitszeichen und schließlich der Wert, den man einfügen will:

```
document.cookie = "meinCookie=Hier steht ein beliebiger Wert.";
```

Damit ist das Cookie bereits gesetzt. Allerdings ist es wichtig, noch eine weitere Angabe zu machen: die Gültigkeitsdauer. Diese ist zwar optional. Wenn man sie jedoch weglässt, führt das dazu, dass das Cookie nach dem Schließen des Fensters gelöscht wird. Daher kann man auf diese Weise die Daten nicht dauerhaft speichern.

Um das Ablaufdatum vorzugeben, muss man nach einem Semikolon den Begriff `expires` und ein Gleichheitszeichen hinzufügen. Für das Ablaufdatum muss man das *UTC-time-Format* verwenden: 17

```
expires = Tue, 09 Apr 2019 13:53:01 GMT
```

Um den genauen Aufbau müssen wir uns jedoch nicht kümmern, da wir das Datum automatisch erzeugen. Dazu ist zunächst ein Objekt vom Typ `Date` notwendig:

```
let datum = new Date();
```

Daraufhin legen wir das gewünschte Ablaufdatum fest:

```
datum.setTime(datum.getTime() + (dauer*24*60*60*1000));
```

Der `setTime` Befehl ermöglicht es, einen neuen Zeitpunkt vorzugeben. Für das gewünschte Ablaufdatum wählen wir zunächst mit dem `getTime()`-Befehl das aktuelle Datum aus. Zu diesem müssen wir die gewünschte Dauer in Millisekunden addieren. Da es in der Regel jedoch sinnvoller ist, eine Dauer in Tagen anzugeben, multiplizieren wir den Wert zunächst mit 24, 60, 60 und 1000. Das ist die Anzahl der Millisekunden, die jeder Tag enthält. Nun ist es nur noch notwendig, diesen Wert mit der Variablen `dauer` zu multiplizieren, die die Dauer in Tagen enthält. Um das gewünschte Format zu erhalten, muss man auf diesen Wert die Methode `toGMTString()` anwenden. Diesem Wert muss man dann noch den Ausdruck `expires` voranstellen, um schließlich das Ablaufdatum einzufügen.

Um später im Programm Cookies schnell und einfach zu setzen, ist es sinnvoll, hierfür eine entsprechende Funktion zu gestalten. Deren Code sieht dann so aus:

```
function setCookie(cookieName,inhalt,dauer) {
    let datum = new Date();
    datum.setTime(datum.getTime() + (dauer*24*60*60*1000));
    let ablaufdatum = "expires=" + datum.toGMTString();
    document.cookie = cookieName + "=" + inhalt + ";" + ablaufdatum;
}
```

Die Funktion muss den Namen des Cookies, den gewünschten Inhalt sowie die Dauer in Tagen als Übergabewerte erhalten.

Abschließend könnte man noch den gewünschten Pfad anhängen. Wenn hier kein Wert steht, setzt der Browser das Cookie jedoch immer für die aktuelle Seite. In unseren Beispielen ist es nicht notwendig, einen anderen Pfad zu verwenden. Daher wird keine weitere Angabe gemacht.

Um den Inhalt des Cookies zu ermitteln, soll ebenfalls eine Funktion erstellt werden. Dafür muss man zunächst die Eigenschaft `document.cookie` aufrufen. Um eventuell vorhandene Umlaute oder Sonderzeichen richtig darzustellen, ist es empfehlenswert, bereits zu Beginn die `decodeURIComponent()`-Methode darauf anzuwenden.

Auf diese Weise erhält man den kompletten Cookie-String – mit dem Namen, dem Inhalt, dem Ablaufdatum und eventuell mit dem Pfadnamen. Von Interesse ist jedoch in der Regel ausschließlich der Inhalt. Daher muss man diesen aus der Zeichenkette herausarbeiten.

Die einzelnen Elemente des Cookie-Strings treten immer in der gleichen Reihenfolge auf. Der Name mit dem zugehörigen Inhalt steht dabei an erster Stelle. Nun könnte man auf die Idee kommen, einfach den ersten Teil vor dem ersten Semikolon zu verwenden, der die Bezeichnung und den Inhalt enthält. Es ist jedoch auch möglich, dass mehrere Cookies für die Seite bestehen. Wenn man `document.cookie` aufruft, erhält man immer alle vorhandenen Cookies in einer einzigen Zeichenkette zurück. Daher ist nicht sichergestellt, dass der gewünschte Inhalt an erster Stelle steht.

Aus diesem Grund ist es sinnvoll, die Zeichenkette zunächst zu zerteilen. Indem wir die Methode `split(";")` anwenden, erzeugen wir ein Array, dessen Felder die Inhalte der Bereiche zwischen den Semikolons enthalten. In einem von ihnen sind die dann die Inhalte, die wir abrufen möchten, abgespeichert. Daher müssen wir die Felder mit einer `for`-Schleife einzeln durchgehen, um zu überprüfen, ob es sich dabei um den gewünschten Wert handelt.

17

Für die Überprüfung ist es hilfreich, zunächst alle Leerzeichen, die eventuell am Anfang des Array-Feldes vorhanden sind, zu entfernen. Dazu dient eine `while`-Schleife mit der `substring()`-Methode:

```
while (inhalt.charAt(0) == ' ') {
    inhalt = inhalt.substring(1);
}
```

Für den nächsten Teil gehen wir davon aus, dass eine Variable mit der Bezeichnung `cookieName` existiert. Dabei handelt es sich um den Namen des Cookies, den die Funktion als Übergabewert erhält. Diesem soll bereits zu Beginn der Funktion das Gleichheitszeichen hinzugefügt werden, das immer auf die Bezeichnung folgt. Nun soll mit einer `if`-Abfrage überprüft werden, ob dieser Ausdruck zu Beginn der aktuellen Zeichenkette steht. Dafür kommt die `indexOf()`-Methode zum Einsatz. Diese gibt die Position innerhalb der Zeichenkette an, an der der entsprechende Ausdruck steht. Wenn dieser Wert 0 beträgt, bedeutet das, dass sich der Ausdruck am Anfang befindet. Trifft dies zu, kann man den gewünschten Inhalt mit der `substring()`-Methode extrahieren. Da der Name des Cookies nicht zurückgegeben werden soll, wird als Startpunkt `cookieName. length` gewählt. Der übrige Teil des Arrayfelds enthält dann den Inhalt, den wir abrufen möchten. Daher geben wir diesen per `return`-Befehl zurück:

```
if (inhalt.indexOf(cookieName) == 0) {
    return inhalt.substring(cookieName.length);
}
```

Wenn man diese Befehle zusammenfasst, kann man auf folgende Weise den Inhalt des Cookies abrufen und an das Hauptprogramm zurückgeben. Sollte kein Cookie mit der entsprechenden Bezeichnung vorhanden sein, gibt die Funktion eine leere Zeichenkette zurück:

```
function getCookie(cookieName) {
    cookieName += "=";
    let decCookie = decodeURIComponent(document.cookie);
    let arr = decCookie.split(';');
    for(let i = 0; i < arr.length; i++) {
        let inhalt = arr[i];
       while (inhalt.charAt(0) == ' ') {
```

```
            inhalt = inhalt.substring(1);
        }
        if (inhalt.indexOf(cookieName) == 0) {
            return inhalt.substring(cookieName.length);
        }
    }
    return "";
}
```

Das folgende Programm führt diese Funktionen zusammen. Es soll den Namen des Anwenders erfragen und in einem Cookie speichern. Wenn jedoch bereits ein Cookie vorhanden ist, soll es den enthaltenen Namen abfrufen und eine entsprechende Begrüßung ausgeben.

Beim Laden (`load`-Event) führt das Programm die Methode `checkCookie()` aus. Diese überprüft, ob ein Cookie vorhanden ist. Dazu ruft sie die Methode `getCookie` auf. Wenn dabei kein leerer Wert zurückgegeben wird, bedeutet das, dass ein Cookie vorhanden ist. In diesem Fall gibt das Programm die entsprechende Begrüßung aus.

Wenn hingegen noch kein Cookie vorhanden ist, fragt das Programm den Namen des Anwenders ab. Danach ruft es die Methode `setCookie` auf. Der Name des Cookies soll dabei immer „anwender" (geschrieben als `'anwender'`) lauten. Der Inhalt ist der vom Besucher eingegebene Wert. Als Dauer werden 180 Tage vorgegeben.

Zusätzlich ist ein Button vorhanden, um das Cookie wieder zu löschen. Zu diesem Zweck setzt er mit der `setCookie()`-Funktion ein neues Cookie. Da dieses ebenfalls die Bezeichnung `'anwender'` erhält, überschreibt es das Cookie mit diesem Namen, das bereits vorhanden ist. Der Button gibt jedoch für die Dauer einen negativen Wert vor. Das bedeutet, dass das Ablaufdatum in der Vergangenheit liegt, sodass das Cookie nicht mehr gültig ist. Der komplette Code für das Programm sieht dann so aus:

```
<html>
    <body onload="checkCookie()">
```

```
        <input type = "button" onclick =
        "setCookie('anwender','',-1)" value = "Cookie l&ouml;schen">
        <script>
        function setCookie(cookieName,inhalt,dauer) {
            let datum = new Date();
            datum.setTime(datum.getTime() + (dauer*24*60*60*1000));
            let ablaufdatum = "expires=" + datum.toGMTString();
            document.cookie = cookieName + "=" + inhalt + ";" +
            ablaufdatum;
        }

        function getCookie(cookieName) {
            cookieName += "=";
            let decCookie = decodeURIComponent(document.cookie);
            let arr = decCookie.split(';');
            for(let i = 0; i < arr.length; i++) {
                let inhalt = arr[i];
                while (inhalt.charAt(0) == ' ') {
                    inhalt = inhalt.substring(1);
                }
                if (inhalt.indexOf(cookieName) == 0) {
                    return inhalt.substring(cookieName.length);
                }
            }
            return "";
        }

        function checkCookie() {
            let anwender = getCookie("anwender");
            if (anwender != "") {
                alert("Hallo " + anwender + "!");
            }
            else {
               anwender = prompt("Geben Sie bitte Ihren Namen ein:");
               if (anwender != "" && anwender != null) {
                    setCookie("anwender", anwender, 180);
                }
            }
        }
        </script>
    </body>
</html>
```

**Abb. 17.1** Die Begrüßung des Anwenders, wenn ein Cookie mit dem Namen vorhanden ist (hier mit dem Edge-Browser)

## 17.3 Daten mit localStorage speichern

Das Programm im vorherigen Abschnitt hat gezeigt, dass die Verwendung von Cookies recht kompliziert ist. Deutlich einfacher ist es, die Werte mit `localStorage` zu speichern. Diese Funktion wird auch wieder von Google Chrome unterstützt – selbst bei lokalen Dateien. Daher kann man nun zu diesem Browser zurückkehren. Unabhängig davon für welches Modell man sich entscheidet, muss man jedoch darauf achten, keine allzu alte Version zu verwenden. Diese Funktion wurde erst mit HTML5 eingeführt und ist daher nur in neueren Browsern verfügbar.

Ein weiterer Vorteil dieser Alternative besteht darin, dass die Daten hierbei eine unbegrenzte Gültigkeit haben. Während es bei Cookies stets notwendig ist, ein Ablaufdatum vorzugeben, ist das bei `localStorage` nicht erforderlich.

Mithilfe von `localStorage` kann man verschiedene Inhalte speichern. Ähnlich wie bei Variablen muss man dabei eine individuelle Bezeichnung vergeben. Um einen Wert zu speichern, kommt folgender Befehl zum Einsatz:

```
localStorage.setItem("Bezeichnung","Inhalt");
```

Um einen Inhalt abzurufen, muss man die `getItem()`-Methode anwenden. Hierfür muss man die Bezeichnung für den entsprechenden Eintrag eingeben:

```
localStorage.getItem("Bezeichnung");
```

Will man einen spezifischen Eintrag löschen, ist folgender Befehl notwendig:

```
localStorage.removeItem("Bezeichnung");
```

Um alle Einträge zu entfernen, kann man folgenden Befehl verwenden:

```
localStorage.clear();
```

Bei localStorage handelt es sich um ein Objekt. Wenn man alle Einträge abrufen will, dann kann man dafür eine `for-in`-Schleife verwenden.

```
let ausgabe = "";
for (let wert in localStorage){
        ausgabe += wert + ": " + localStorage.getItem(wert);
        ausgabe += "<br>";
}
```

Dabei geht das Programm die gespeicherten Felder einzeln durch und fügt zunächst die Bezeichnung und anschließend den entsprechenden Inhalt zur Variablen `ausgabe` hinzu. Diese wurde bereits vor der Schleife mit einem leeren Wert initialisiert.

Um die Anwendung zu verdeutlichen, soll nun eine Seite mit zwei Eingabefeldern entstehen. Darin kann der Anwender die Bezeichnung und den gewünschten Inhalt vorgeben. Darunter steht ein Button, der dafür sorgt, dass die entsprechenden Inhalte abgespeichert werden.

Daran schließt sich ein weiterer Button an. Dieser dient der Ausgabe der Inhalte. Diese werden in einen Absatz unterhalb des Buttons eingefügt, der jedoch zunächst leer bleibt. Daraus ergibt sich folgendes Programm:

```
<html>
    <body>
        Bezeichnung: <input id = "bezeichnung"><br>
        Inhalt: <input id = "inhalt"><br>
        <input type = "button" onclick = "speichern()" value =
        "Eingabe"><br><br>
        <input type = "button" onclick = "ausgeben()" value = "Werte
        ausgeben">
        <p id = "ausgabe"></p>
        <script>
        function speichern() {
            let bez = document.getElementById("bezeichnung").value;
            let inh = document.getElementById("inhalt").value;
            localStorage.setItem(bez,inh);
        }

        function ausgeben() {
            let ausgabe = "";
            for (let wert in localStorage){
                ausgabe += wert + ": " + localStorage.getItem(wert);
                ausgabe += "<br>";
            }
            document.getElementById("ausgabe").innerHTML = ausgabe;
        }
        </script>
    </body>
</html>
```

**Abb. 17.2** Die Seite mit der Ausgabe der Werte

Beim Beispiel, das im Screenshot zu sehen ist, wurden die Eingabefelder vier Mal ausgefüllt – mit den Werten Feld 1 bis 4 sowie Inhalt 1 bis 4. Bei der Ausgabe stellt man jedoch fest, dass nicht nur diese Werte angezeigt werden. Darüber hinaus werden auch alle weiteren Attribute und Methoden des Objekts ausgegeben.

Da dies nicht erwünscht ist, ist es hierbei sinnvoll, einen zusätzlichen Zähler einzufügen. Dieser erhöht sich mit jedem Durchlauf um 1. Mit `localStorage.length` kann man die Anzahl der Einträge abrufen. Wenn dieser Wert mit dem Zähler übereinstimmt, bedeutet das, dass bereits alle Einträge ausgegeben wurden. In diesem Fall soll die Schleife abgebrochen werden. Daher muss die entsprechende Funktion so abgeändert werden:

```
function ausgeben() {
    let ausgabe = "";
    let i = 0;
    for (let wert in localStorage){
        ausgabe += wert + ": " + localStorage.getItem(wert);
        ausgabe += "<br>";
        i++;
        if (i == localStorage.length){
            break;
        }
    }
    document.getElementById("ausgabe").innerHTML = ausgabe;
}
```

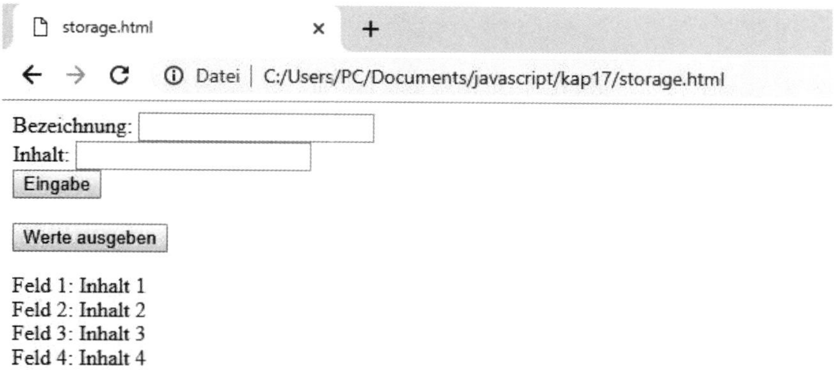


**Abb. 17.3** Jetzt werden nur noch die Einträge angezeigt

## 17.4 Übungsaufgabe: Informationen mit JavaScript speichern

1. Erstellen Sie eine Seite, die beim Laden überprüft, ob Cookies mit dem Namen und der Lieblingsfarbe des Besuchers vorhanden sind. Trifft dies zu, soll sie eine entsprechende Meldung auf der Seite ausgeben. Ist das hingegen nicht der Fall, soll das Programm mit zwei `prompt`-Befehlen die entsprechenden Werte abfragen. Speichern Sie diese daraufhin in zwei Cookies.

2. Gestalten Sie eine Seite, die genau die gleiche Funktion wie das Programm aus Aufgabe 1 hat. Verwenden Sie dieses Mal jedoch `localStorage` für die Datenspeicherung.

**Anmerkung:** Wenn man bei der `getItem()`-Methode einen Bezeichner eingibt, der nicht vorhanden ist, gibt diese den Wert `null` zurück – und keine leere Zeichenkette wie bei der Funktion für die Cookies. Daher muss man bei der Überprüfung, ob bereits ein Eintrag vorhanden ist, die Bedingung entsprechend anpassen.

## Lösungen:

```
<html>
    <body onload="checkCookie()">
        <p id = "absatz"></p>
        <script>
        function setCookie(cookieName,inhalt,dauer) {
            let datum = new Date();
            datum.setTime(datum.getTime() + (dauer*24*60*60*1000));
            let ablaufdatum = "expires=" + datum.toGMTString();
            document.cookie = cookieName + "=" + inhalt + ";" +
            ablaufdatum;
        }

        function getCookie(cookieName) {
            cookieName += "=";
            let decCookie = decodeURIComponent(document.cookie);
            let arr = decCookie.split(';');
            for(let i = 0; i < arr.length; i++) {
                let inhalt = arr[i];
                while (inhalt.charAt(0) == ' ') {
                    inhalt = inhalt.substring(1);
                }
                if (inhalt.indexOf(cookieName) == 0) {
                    return inhalt.substring(cookieName.length);
                }
            }
            return "";
        }

        function checkCookie() {
            let anwender = getCookie("anwender");
            let farbe = getCookie("farbe");
            if (anwender != "" && farbe != "") {
               let ausgabe = "Hallo " + anwender + "!<br>";
               ausgabe += "Ihre Lieblingsfarbe ist " + farbe + ".";
               document.getElementById("absatz").innerHTML = ausgabe;
            }
            else {
               anwender = prompt("Geben Sie bitte Ihren Namen ein:");
               if (anwender != "" && anwender != null) {
                    setCookie("anwender", anwender, 180);
                }
```

```
                farbe = prompt("Geben Sie bitte Ihre Lieblingsfarbe
                ein:");
                if (farbe != "" && farbe != null) {
                    setCookie("farbe", farbe, 180);
                }
            }
        }
        </script>
    </body>
</html>
```

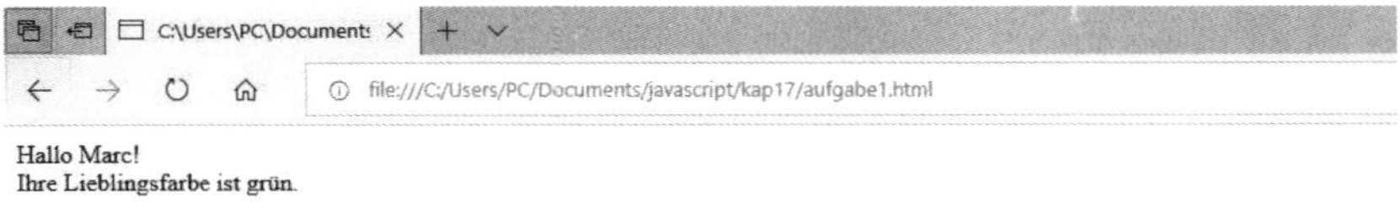


**Abb. 17.4** Die Ausgabe der Werte des Cookies (mit dem Browser „Edge" von Microsoft)

**2.**

```
<html>
    <body onload="checkCookie()">
        <p id = "absatz"></p>
        <script>
        function speichern(bez, inh) {
            localStorage.setItem(bez,inh);
        }

        function abrufen(bez) {
            return localStorage.getItem(bez);
        }

        function checkCookie() {
            let anwender = abrufen("anwender");
            let farbe = abrufen("farbe");
            if (anwender  = null && farbe != null) {
              let ausgabe = "Hallo " + anwender + "!<br>";
```

```
                ausgabe += "Ihre Lieblingsfarbe ist " + farbe + ".";
                document.getElementById("absatz").innerHTML = ausgabe;
            }
            else {
                anwender = prompt("Geben Sie bitte Ihren Namen ein:");
                if (anwender != "" && anwender != null) {
                    speichern("anwender", anwender);
                 }
                 farbe = prompt("Geben Sie bitte Ihre Lieblingsfarbe
                 ein:");
                 if (farbe != "" && farbe != null) {
                     speichern("farbe", farbe);
                 }
            }
        }
        </script>
    </body>
</html>
```

Alle Programmcodes aus diesem Buch sind als PDF zum Download verfügbar. Dadurch müssen Sie sie nicht abtippen: https://bmu-verlag.de/books/javascript/

Außerdem erhalten Sie die eBook Ausgabe zum Buch im PDF Format kostenlos auf unserer Website:

https://bmu-verlag.de/books/javascript/
**Downloadcode:** siehe Kapitel 20

Kapitel 18

# Anwendungsbeispiel: Ein Mathematik-Quiz erstellen

In den vorherigen Kapiteln wurden die wichtigsten Funktionen von JavaScript vorgestellt. Wenn man diese gut beherrscht, kann man bereits vielfältige Anwendungen für Internetseiten erstellen. Um das zu demonstrieren, soll im letzten Kapitel ein kleines Praxis-Beispiel entwickelt werden. Dabei handelt es sich um ein etwas umfangreicheres Programm. Alle Techniken, die dabei zum Einsatz kommen, sind jedoch bereits bekannt. Diese werden nun jedoch in einer einzigen Anwendung zusammengeführt.

Beim Programm, das hierbei entstehen soll, handelt es sich um ein Mathematik-Quiz. Das Grundgerüst dafür stellt eine Seite mit neun nummerierten Feldern dar. Der aktuelle Spielstand wird dabei dadurch gekennzeichnet, dass das entsprechende Feld einen roten Hintergrund erhält. Wenn der Spieler einen Zug durchführen will, muss er auf einen Button unter dem Spielfeld klicken. Daraufhin wird ihm eine Rechenaufgabe gestellt. Diese sollen jeweils auf Zufallswerten basieren. Die grundsätzliche Art der Aufgabe ist jedoch für jedes Feld fest vorgegeben. Der Schwierigkeitsgrad soll dabei immer weiter ansteigen. Wenn der Spieler die Aufgabe richtig gelöst hat, rückt er ein Feld vor. Ist das Ergebnis hingegen falsch, bleibt er auf der gleichen Position.

Darüber hinaus soll ein weiterer Button vorhanden sein. Dieser dient dazu, das Spiel neu zu starten. Das bedeutet, dass der Spieler wieder auf Feld 1 rückt.

## 18.1 Den grundlegenden Aufbau der Seite und des Spielfelds festlegen

Um das Spiel zu gestalten, ist es zunächst notwendig, den grundlegenden Aufbau der Seite festzulegen. Um die einzelnen Felder zu positionieren, soll eine Tabelle zum Einsatz kommen. Im Prinzip wäre es zwar besser, die einzelnen Elemente per CSS auf der Seite zu platzieren. Da CSS jedoch nicht Bestandteil dieses Buchs ist, wird die einfache Alternative mit einer HTML-Tabelle gewählt. Diese soll drei Spalten und drei Zeilen aufweisen. In jedem der Felder steht lediglich eine Nummer. Diese soll sich allerdings innerhalb eines `div`-Tags befinden. Das ist notwendig, um später die richtigen Abstände zwischen den einzelnen Zellen einzufügen. Außerdem soll jedes dieser `div`-Tags eine ID erhalten – von `feld1` bis `feld9`:

```
<table>
    <tr>
        <td><div id = "feld1">1</div></td>
        <td><div id = "feld2">2</div></td>
        <td><div id = "feld3">3</div></td>
    </tr>
    <tr>
        <td><div id = "feld4">4</div></td>
        <td><div id = "feld5">5</div></td>
        <td><div id = "feld6">6</div></td>
    </tr>
    <tr>
        <td><div id = "feld7">7</div></td>
        <td><div id = "feld8">8</div></td>
        <td><div id = "feld9">9</div></td>
    </tr>
</table>
```



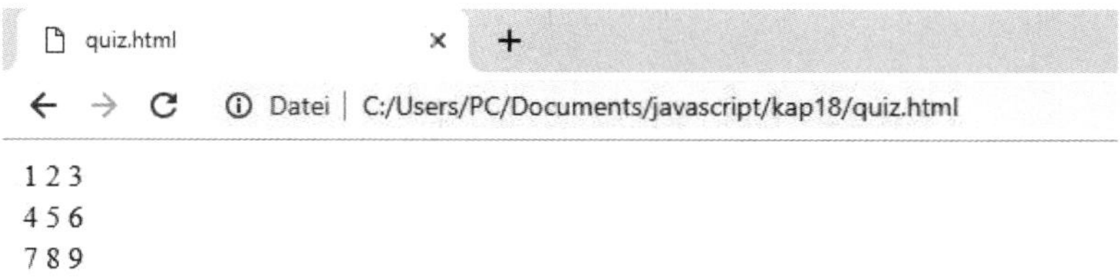


**Abb. 18.1** Die bisherige Tabelle

Die Seite soll außerdem eine passende Überschrift erhalten. Unter der Tabelle werden dann zwei Buttons eingefügt:

```
<input type = "button" id = "naechsterZug" value ="N&auml;chster
Zug">
<input type = "button" id = "neuesSpiel" value ="Neues Spiel">
```

Nun müssen wir uns dem `head`-Bereich widmen. Hier soll zunächst ein Titel für die Seite vorgegeben werden. Danach folgen einige CSS-Vorgaben. Diese dienen dazu, die einzelnen Felder der Tabelle und die Buttons zu vergrößern. Außerdem passen sie die Abstände an, um für einen anschaulichen Aufbau der Seite zu sorgen. Da CSS jedoch nicht Teil dieses Lehrbuchs ist, ist es nicht erforderlich, dass der Leser hierbei jedes Detail versteht. Dennoch sollten die entsprechenden CSS-Vorgaben in die Seite eingefügt werden. Deren Wirkung erkennt man am nächsten Screenshot. Zunächst soll jedoch der komplette Code für die Seite vorgestellt werden:

```
<html>
    <head>
        <title>Mathematik-Quiz</title>
        <style>
            div {
                margin-top: 60px;
                margin-left: 200px;
                padding: 10px;
                font-size: 60;
            }
            input {
                padding: 10px;
                margin-left: 180;
                margin-top: 50;
                font-size: 30;
            }
        </style>
    </head>
    <body>
        <h1>Herzlich willkommen zum Mathematik-Quiz!</h1>
        <table>
            <tr>
               <td><div id = "feld1">1</div></td>
```

```
                <td><div id = "feld2">2</div></td>
                <td><div id = "feld3">3</div></td>
            </tr>
            <tr>
                <td><div id = "feld4">4</div></td>
                <td><div id = "feld5">5</div></td>
                <td><div id = "feld6">6</div></td>
            </tr>
            <tr>
                <td><div id = "feld7">7</div></td>
                <td><div id = "feld8">8</div></td>
                <td><div id = "feld9">9</div></td>
            </tr>
        </table>
        <input type = "button" id = "naechsterZug" value
        ="N&auml;chster Zug">
        <input type = "button" id = "neuesSpiel" value ="Neues
        Spiel">
    </body>
</html>
```

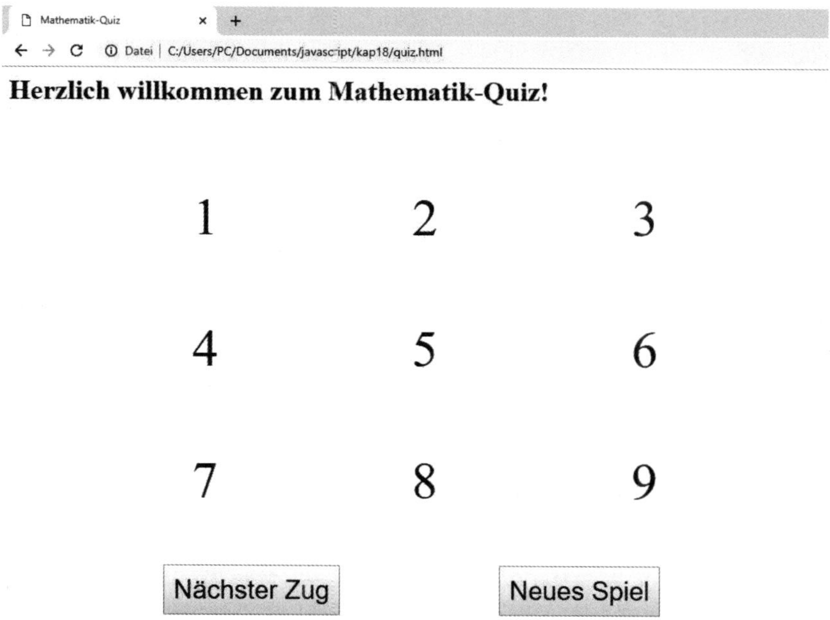


**Abb. 18.2** Die Seite mit allen Elementen und mit den Style-Vorgaben

## 18.2 Das Spiel beginnen: Spielstand erstellen und Position hervorheben

Nachdem die Seite für das Spielfeld erstellt ist, ist es an der Zeit, den Ablauf zu programmieren. Da der Code hierfür etwas umfangreicher sein wird, ist es empfehlenswert, ihn in eine eigene Datei auszulagern. Daher soll nun die Datei **quiz.js** erstellt werden. Danach ist es notwendig, diese mit folgendem Befehl in die Seite einzubinden:

```
<script src="quiz.js"></script>
```

Für die Organisation des Spiels ist es wichtig, zu jedem Zeitpunkt den aktuellen Spielstand zu kennen. Daher soll zunächst eine Variable mit der Bezeichnung `spielstand` deklariert werden. Der Spielstand soll außerdem per `localStorage` gespeichert werden. Das führt dazu, dass der Spieler an der gleichen Stelle weiterspielen kann, wenn er zwischendurch das Fenster schließt. Um der Variablen einen passenden Wert zu geben, soll daher zunächst abgefragt werden, ob bereits ein Spielstand abgespeichert ist. Ist das Feld mit der entsprechenden Bezeichnung noch leer, bedeutet das, dass keine Information darüber vorhanden ist. Daher soll ein neues Spiel gestartet werden. Aus diesem Grund muss man den Wert der Variablen auf 1 setzen. Ist hingegen ein Wert vorhanden, soll dieser der Variablen zugewiesen werden:

```
if (localStorage.getItem("spielstand") == null){
    spielstand = 1;
}
else {
    spielstand = localStorage.getItem("spielstand");
}
```

Um den Spielstand ersichtlich zu machen, soll das entsprechende Feld einen roten Hintergrund erhalten. Die Felder haben die IDs `feld1` bis `feld9` erhalten. Um die ID des Feldes zu erzeugen, das dem aktuellen Spielstand entspricht, ist daher folgender Befehl notwendig:

```
let hervorheben = "feld"+ spielstand;
```

Die ID wird dabei in der Variablen hervorheben gespeichert. Mit diesem Wert kann man dann das richtige Feld ansteuern und ihm einen roten Hintergrund zuweisen:

```
document.getElementById(hervorheben).style.background = "red";
```

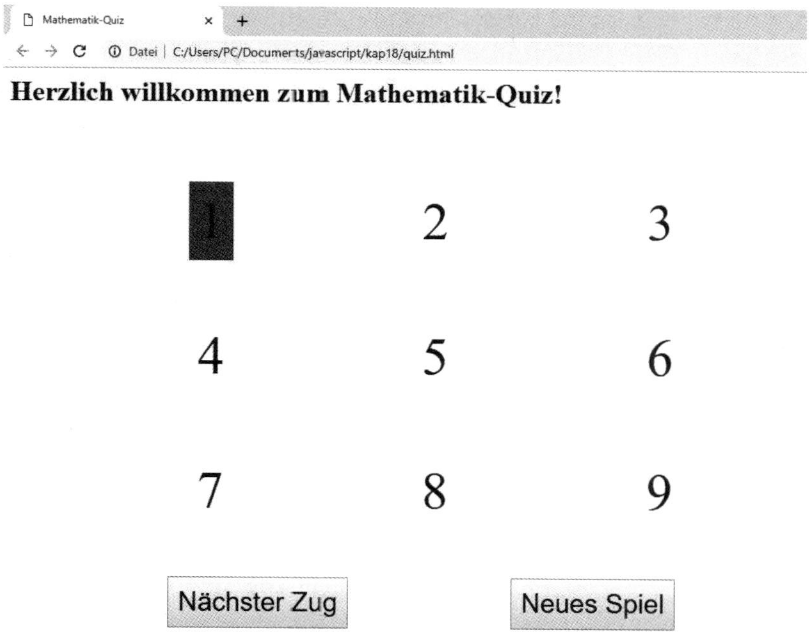


**Abb. 18.3** Das Spielfeld mit dem markierten Feld

## 18.3 Funktionen für die Buttons erstellen



Die Steuerung des Spiels findet in erster Linie über den Button „Nächster Zug“ statt. Diesen klickt der Anwender an, wenn er einen neuen Zug durchführen will. Daher muss man zunächst einen passenden Event-Handler erstellen:

```
naechsterZug.onclick = weiter;
```

Dieser ruft die Funktion `weiter()` auf. Sie soll in der gleichen Datei oberhalb des bisherigen Codes erstellt werden.

Diese Funktion sorgt zunächst dafür, dass dem Besucher eine Frage gestellt wird. Da diese Aufgabe jedoch recht umfangreich ist, soll sie in eine separate Funktion ausgelagert und erst ganz zum Schluss erledigt werden. Damit man das Programm jedoch bereits während der Entwicklung ausprobieren kann, ist es sinnvoll, schon jetzt eine Funktion mit der Bezeichnung `frage()` zu erstellen. Diese soll lediglich den Wert `true` zurückgeben. Da sie später den Spielstand als Übergabewert erhalten soll, muss außerdem in der Klammer der Name einer Variablen angegeben werden. Diese wird jedoch vorerst nicht weiter verwendet.

Die Funktion `frage()` soll später zum einen dem Anwender eine passende Quizfrage stellen. Zum anderen soll sie das Ergebnis gleich überprüfen. Ist dieses richtig, gibt sie den Wert `true` zurück. Ist es hingegen falsch, erhält man den Wert `false`.

Wenn die komplette Organisation der Fragestellung in eine eigene Funktion ausgelagert wird, stellt sich die Frage, welche Aufgabe die Funktion `weiter()` überhaupt erledigen soll. Diese muss zum einen die Funktion `frage()` aufrufen. Je nach Ergebnis muss sie dann den Spielstand anpassen, das neue Feld hervorheben und den neuen Spielstand abspeichern.

Wenn der Spieler die Frage nicht richtig beantwortet, verharrt er auf dem gleichen Feld. Daher ist in diesem Fall keine Anpassung des Spielstands notwendig. Aus diesem Grund kann man zu Beginn der Funktion eine `if`-Abfrage einfügen, deren Bedingung die Funktion `frage()` ist. Das führt dazu, dass diese Funktion sofort aufgerufen wird und dem Anwender die entsprechenden Fragen stellt. Nur wenn er dabei die richtige Antwort gibt, ist eine Anpassung des Spielstands notwendig. Daher steht der komplette Inhalt der Funktion in einer `if`-Abfrage mit folgender Bedingung:

```
if (frage(spielstand))
```

Wenn der Spieler ein Feld vorrückt, besteht die erste Aufgabe darin, den Spielstand anzupassen:

```
spielstand++;
```

Danach soll die Markierung der Felder den neuen Spielstand wiedergeben. Dazu ist es zunächst notwendig, die bisherige Markierung zu entfernen. Daher soll dem Feld, das bisher den Spielstand markiert hat, ein weißer Hintergrund zugewiesen werden. Da wir den Spielstand bereits erhöht haben, erstellen wir dessen ID mit folgendem Befehl und weisen ihm den entsprechenden Hintergrund zu:

```
let hervorheben = "feld" + (spielstand - 1);
document.getElementById(hervorheben).style.background = "white";
```

**Anmerkung:** Die Variable `hervorheben` ist bereits im Hauptprogramm definiert. Um Interferenzen zu vermeiden, soll die Funktion eine neue lokale Variable verwenden. Dabei kann man jedoch den gleichen Namen verwenden. Die Variable `spielstand` muss jedoch aus allen Bereichen des Programms erreichbar sein. Um den globalen Zugang zu ermöglichen, darf man sie in der Funktion nicht neu deklarieren.

Wenn der Spieler die Frage richtig beantwortet hat, ist es in der Regel notwendig, den Spielstand um 1 zu erhöhen. Allerdings gibt es dabei auch einen Sonderfall: wenn er das Ende des Spielfelds erreicht hat. Wenn das zutrifft, soll eine passende Nachricht ausgegeben und der Spielstand wieder auf 1 gesetzt werden, um ein neues Spiel zu starten:

```
if (spielstand == 10){
    alert(decodeURI("Herzlichen Gl%C3%BCckwunsch, Sie haben
    gewonnen!"));
    spielstand = 1;
}
```

Nun ist es noch notwendig, das Feld, das dem neuen Spielstand entspricht, rot zu markieren und den entsprechenden Wert abzuspeichern:

```
hervorheben = "feld"+ spielstand;
document.getElementById(hervorheben).style.background = "red";
localStorage.setItem("spielstand",spielstand);
```

Damit ist die Funktion `weiter()` abgeschlossen:

```
function weiter(){
    if (frage(spielstand)){
        spielstand++;
        let hervorheben = "feld" + (spielstand - 1);
        document.getElementById(hervorheben).style.background =
        "white";
        if (spielstand == 10){
            alert(decodeURI("Herzlichen Gl%C3%BCckwunsch, Sie haben
            gewonnen!"));
            spielstand = 1;
        }
        hervorheben = "feld"+ spielstand;
        document.getElementById(hervorheben).style.background = "red";
        localStorage.setItem("spielstand",spielstand);
    }
}
```

Der zweite Button ermöglicht es dem Spieler, ein neues Spiel zu starten. Diese Aufgabe soll in der Funktion `neu()` erledigt werden. Daher ist es zunächst notwendig, einen passenden Event-Handler einzufügen:

```
neuesSpiel.onclick = neu;
```

Die erste Aufgabe, die die Funktion `neu()` erledigen soll, besteht darin, die bisherige Markierung zu entfernen:

```
let hervorheben = "feld"+ spielstand;
document.getElementById(hervorheben).style.background = "white";
```

Danach setzt sie den Spielstand auf 1, um ein neues Spiel zu beginnen. Anschließend markiert sie das Feld mit einem roten Hintergrund und speichert den neuen Spielstand ab:

```
spielstand = 1;
hervorheben = "feld"+ spielstand;
document.getElementById(hervorheben).style.background = "red";
localStorage.setItem("spielstand",spielstand);
```

Damit ist diese Funktion bereits abgeschlossen:

```
function neu(){
    let hervorheben = "feld"+ spielstand;
    document.getElementById(hervorheben).style.background = "white";
    spielstand = 1;
    hervorheben = "feld"+ spielstand;
    document.getElementById(hervorheben).style.background = "red";
    localStorage.setItem("spielstand",spielstand);
}
```

Die komplette Datei **quiz.js** sieht damit so aus:

```
"use strict";
function weiter(){
    if (frage(spielstand)){
        spielstand++;
        let hervorheben = "feld" + (spielstand - 1);
        document.getElementById(hervorheben).style.background =
"white";
        if (spielstand == 10){
```

```
            alert(decodeURI("Herzlichen Gl%C3%BCckwunsch, Sie haben
            gewonnen!"));
            spielstand = 1;
        }
        hervorheben = "feld"+ spielstand;
        document.getElementById(hervorheben).style.background = "red";
        localStorage.setItem("spielstand",spielstand);
    }

}

function neu(){
    let hervorheben = "feld"+ spielstand;
    document.getElementById(hervorheben).style.background = "white";
    spielstand = 1;
    hervorheben = "feld"+ spielstand;
    document.getElementById(hervorheben).style.background = "red";
    localStorage.setItem("spielstand",spielstand);
}


let spielstand;
if (localStorage.getItem("spielstand") == null){
    spielstand = 1;
}
else {
    spielstand = localStorage.getItem("spielstand");
}

let hervorheben = "feld"+ spielstand;

document.getElementById(hervorheben).style.background = "red";

naechsterZug.onclick = weiter;
neuesSpiel.onclick = neu;
```

## 18.4 Die Fragen stellen

Die letzte Aufgabe besteht darin, dem Anwender die Fragen zu stellen und die Eingaben zu überprüfen. Welche Rück- und Übergabewerte sie verwenden soll, wurde bereits in Kapitel 18.3 ausgeführt.

Damit nicht immer die gleichen Rechenaufgaben erscheinen, sollen dabei *Zufallswerte* zum Einsatz kommen. Die grundsätzliche Art der Aufgabenstellung soll jedoch bei jedem Spielfeld fest vorgegeben sein. Der Schwierigkeitsgrad steigt dabei von Frage zu Frage an.

Da die Funktion `frage()` recht umfangreich ist, soll sie in einer eigenen Datei (**fragen.js**) erstellt werden. Daher ist es notwendig, diese auf der Hauptseite einzubinden:

```
<script src="fragen.js"></script>
```

Eine ähnliche Aufgabe wurde bereits bei den Übungsaufgaben zu Kapitel 13 erledigt. Daher kann man zu Beginn nochmals nachschauen, wie man die entsprechenden Rechenaufgaben gestaltet hat. In diesem Fall soll die Rechenaufgabe, die der Anwender erhält, vom Spielstand abhängen. Daher wird dieser als Übergabewert übergeben und muss in der Funktion aufgenommen werden:

```
function frage(nummer)
```

Nun muss man für jedes der neun Felder eine eigene Aufgabe gestalten – beginnend mit dem ersten. Die erste Aufgabe soll sehr einfach sein. Daher handelt es sich hierbei um eine einfache Addition. Diese verwendet zwei Zufallszahlen zwischen 1 und 50:

```
let a = Math.floor(Math.random() * 49 + 1);
let b = Math.floor(Math.random() * 49 + 1);
```



Mit diesen Werten stellt das Programm dem Anwender dann die Quizfrage:

```
let ergebnis = prompt("Was ist das Ergebnis aus " + a + " + " + b +
"?");
```

Da die Werte zufällig sind, kann man für die Überprüfung des Ergebnisses keinen festen Wert verwenden. Man muss hierfür das Ergebnis aus den Werten `a` und `b` berechnen.

```
if (ergebnis == a + b)
```

Wenn die Antwort richtig ist, soll die Funktion eine entsprechende Nachricht ausgeben. Außerdem gibt sie den Wert `true` zurück:

```
alert("Sehr gut! Ihre Antwort ist richtig.");
return true;
```

Ist die Antwort falsch, soll ebenfalls eine passende Nachricht ausgegeben werden. Außerdem muss der Wert `false` zurückgegeben werden:

```
alert("Falsches Ergebnis!");
return false;
```

Damit ist die Aufgabe für Feld 1 bereits abgeschlossen:

```
if (nummer == 1){
    let a = Math.floor(Math.random() * 49 + 1);
    let b = Math.floor(Math.random() * 49 + 1);
    let ergebnis = prompt("Was ist das Ergebnis aus " + a + " + " + b +
    "?");
    if (ergebnis == a + b){
        alert("Sehr gut! Ihre Antwort ist richtig.");
        return true;
    }
    else{
        alert("Falsches Ergebnis!");
        return false;
    }
}
```

Bei allen weiteren Aufgaben ist die Vorgehensweise sehr ähnlich. Bei manchen Rechenaufgaben sind jedoch einige Besonderheiten zu beachten. Beim zweiten Feld soll beispielsweise eine Subtraktionsaufgabe gestellt werden. Für eine einfache Berechnung sollen dabei jedoch keine negativen Ergebnisse auftreten. Deshalb wird die erste Zufallszahl aus dem Bereich zwischen 51 und 100 und die zweite Zahl zwischen 1 und 50 gewählt:

```
let a = Math.floor(Math.random() * 49 + 51);
let b = Math.floor(Math.random() * 49 + 1);
```

Aufgabe 3 besteht aus einer Multiplikation. Der Aufbau ist hierbei genau gleich wie bei Aufgabe 1. Aufgabe 4 besteht jedoch aus einer Division. Wenn man hierbei zwei beliebige Werte verwendet, kann es vorkommen, dass als Ergebnis eine Kommazahl auftritt. Das macht es nicht nur für den Anwender schwierig, den Wert zu berechnen. Darüber hinaus ist die Überprüfung des Ergebnisses sehr kompliziert, da man genau angeben müsste, mit welcher Präzision die Nachkommastellen berechnet werden sollen. Daher werden in diesem Fall der Divisor und das Ergebnis per Zufall bestimmt. Der Dividend, den man für die Aufgabenstellung benötigt, ergibt sich aus der Multiplikation dieser beiden Werte:

```
let a = Math.floor(Math.random() * 9 + 1); //der Divisor
let b = Math.floor(Math.random() * 49 + 1); //das Ergebnis der
                                             //Division
let ergebnis = prompt("Was ist das Ergebnis aus " + a * b + " / " + a +
"?");
```

Die Aufgaben 5 bis 7 bestehen aus Berechnungen mit drei verschiedenen Zufallsvariablen. Das erhöht die Schwierigkeit. Die Vorgehensweise bei der Programmierung ist dabei jedoch identisch mit den bisherigen Aufgaben, sodass keine weitere Erklärung notwendig ist.

Aufgabe 8 fordert den Anwender schließlich dazu auf, die Quadratwurzel eines Werts zu berechnen. Wie bei der Division ist es auch hierbei sinnvoll, Kommazahlen beim Ergebnis zu verhindern. Deshalb wird auch hier wieder das Ergebnis per Zufallswert bestimmt. Für die Aufgabenstellung wird dieser dann mit sich selbst multipliziert. Das stellt sicher, dass das Ergebnis eine ganze Zahl ist.

Die gleiche Vorgehensweise wird auch bei der letzten Aufgabe verwendet. Diese fragt nach dem Logarithmus eines Werts. Daher bestimmen wir per Zufall die Basis und das Ergebnis. Den Ausgangswert bestimmen wir mit der Potenzfunktion `Math.pow()`:

```
let a = Math.floor(Math.random() * 9 + 2); //die Basis
let b = Math.floor(Math.random() * 9 + 1); //das Ergebnis
let ergebnis = prompt("Was ist der Logarithmus von " +
Math.pow(a, b) + " zur Basis " + a + "?");
```

Bei der Auswahl der Werte werden nur sehr kleine Zufallszahlen verwendet. Das ist wichtig, da sonst durch die Potenz-Funktion sehr große Werte entstehen könnten. Darüber hinaus wird bei der Basis der Wert 1 verhindert, da der Logarithmus dazu nicht eindeutig definiert ist.

Damit lässt sich die komplette Funktion mit allen Fragen erstellen. Sie sieht dann so aus:

```
"use strict";
function frage(nummer){
    if (nummer == 1){
        let a = Math.floor(Math.random() * 49 + 1);
        let b = Math.floor(Math.random() * 49 + 1);
        let ergebnis = prompt("Was ist das Ergebnis aus " + a + " + " +
        b + "?");
        if (ergebnis == a + b){
            alert("Sehr gut! Ihre Antwort ist richtig.");
            return true;
        }
        else{
            alert("Falsches Ergebnis!");
            return false;
        }
    }
    if (nummer == 2){
        let a = Math.floor(Math.random() * 49 + 51);
        let b = Math.floor(Math.random() * 49 + 1);
        let ergebnis = prompt("Was ist das Ergebnis aus " + a + " - "
        + b + "?");
        if (ergebnis == a - b){
            alert("Sehr gut! Ihre Antwort ist richtig.");
```

```
            return true;
        }
        else{
            alert("Falsches Ergebnis!");
            return false;
        }
    }
    if (nummer == 3){
        let a = Math.floor(Math.random() * 19 + 1);
        let b = Math.floor(Math.random() * 19 + 1);
        let ergebnis = prompt("Was ist das Ergebnis aus " + a + " * "
        + b + "?");
        if (ergebnis == a * b){
            alert("Sehr gut! Ihre Antwort ist richtig.");
            return true;
        }
        else{
            alert("Falsches Ergebnis!");
            return false;
        }
    }
    if (nummer == 4){
        let a = Math.floor(Math.random() * 9 + 1); //der Divisor
      let b = Math.floor(Math.random() * 49 + 1); //das Ergebnis der
                                                     \\Division
        let ergebnis = prompt("Was ist das Ergebnis aus " + a * b + "
        / " + a + "?");
        if (ergebnis == b){
            alert("Sehr gut! Ihre Antwort ist richtig.");
            return true;
        }
        else{
            alert("Falsches Ergebnis!");
            return false;
        }
    }
    if (nummer == 5){
        let a = Math.floor(Math.random() * 49 + 1);
        let b = Math.floor(Math.random() * 49 + 1);
        let c = Math.floor(Math.random() * 9 + 1);
        let ergebnis = prompt("Was ist das Ergebnis aus " + a + " + "
        + b + " * " + c + "?");
        if (ergebnis == a + b * c){
            alert("Sehr gut! Ihre Antwort ist richtig.");
           return true;
```

18

```
        }
        else{
            alert("Falsches Ergebnis!");
            return false;
        }
    }
    if (nummer == 6){
        let a = Math.floor(Math.random() * 49 + 1);
        let b = Math.floor(Math.random() * 49 + 1);
        let c = Math.floor(Math.random() * 9 + 1);
        let ergebnis = prompt("Was ist das Ergebnis aus (" + a + " +
        " + b + ") * " + c + "?");
        if (ergebnis == (a + b) * c){
            alert("Sehr gut! Ihre Antwort ist richtig.");
            return true;
        }
        else{
            alert("Falsches Ergebnis!");
            return false;
        }
    }
    if (nummer == 7){
        let a = Math.floor(Math.random() * 9 + 1);
        let b = Math.floor(Math.random() * 49 + 1);
        let c = Math.floor(Math.random() * 49 + 1);
        let ergebnis = prompt("Was ist das Ergebnis aus " + a * b + "
        / " + a + " - " + c + "?");
        if (ergebnis == b - c){
            alert("Sehr gut! Ihre Antwort ist richtig.");
            return true;
        }
        else{
            alert("Falsches Ergebnis!");
            return false;
        }
    }
    if (nummer == 8){
        let a = Math.floor(Math.random() * 19 + 1); //das Ergebnis
        let ergebnis = prompt("Was ist die Quadratwurzel von " + a *
        a + "?");
        if (ergebnis == a){
            alert("Sehr gut! Ihre Antwort ist richtig.");
            return true;
        }
        else{
           alert("Falsches Ergebnis!");

```

```
            return false;
        }
    }
    if (nummer == 9){
        let a = Math.floor(Math.random() * 9 + 2); //die Basis
        let b = Math.floor(Math.random() * 9 + 1); //das Ergebnis
        let ergebnis = prompt("Was ist der Logarithmus von " + Math.
        pow(a, b) + " zur Basis " + a + "?");
        if (ergebnis == b){
            alert("Sehr gut! Ihre Antwort ist richtig.");
            return true;
        }
        else{
            alert("Falsches Ergebnis!");
            return false;
        }
    }
    let ergebnis = prompt("Eingabe");
    return true;
}
```

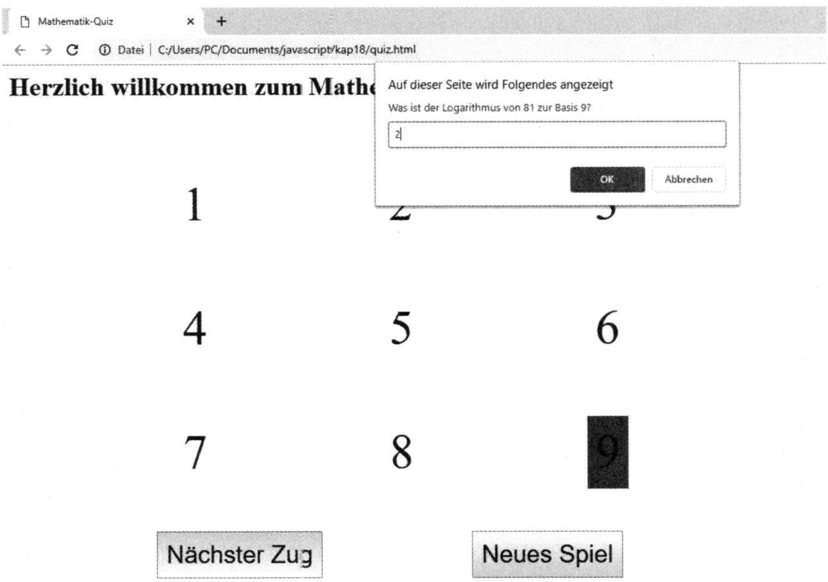


**Abb. 18.4** Das Spielfeld mit der Aufgabenstellung

Damit ist das Programm abgeschlossen und voll funktionsfähig. Außerdem ist auch das Ende dieses Lehrbuchs erreicht. Dieses hat dem Leser alle grundlegenden Funktionen der Programmiersprache JavaScript vermittelt. Das stellt eine gute Basis dar, um interaktive Webseiten zu erstellen. In den folgenden beiden Bonuskapiteln lernen Sie nun weiter fortgeschrittene Themen kennen. Um die Kenntnisse zu vertiefen, ist nun in erster Linie viel Übung notwendig. Man kann sich dafür selbst weitere Aufgaben stellen und versuchen, diese mit JavaScript zu lösen. Die grundlegenden Kenntnisse dafür sollten nach der Lektüre dieses Buchs vorhanden sein. Wenn dennoch einmal ein Problem auftritt, findet man in der JavaScript-Referenz, die hier bereits vorgestellt wurde, viele Antworten. Darüber hinaus ist das Internet voll von Foren, Blogs und anderen Seiten, die sich mit JavaScript befassen. Über eine entsprechende Internetrecherche findet man für fast jedes Problem eine Lösung. Wenn man dennoch nicht vorankommt, kann man dort auch selbst Fragen stellen. Eine aktive Community hilft Anfängern in der Regel gerne weiter.

Alle Programmcodes aus diesem Buch sind als PDF zum Download verfügbar. Dadurch müssen Sie sie nicht abtippen:
https://bmu-verlag.de/books/javascript/

Außerdem erhalten Sie die eBook Ausgabe zum Buch im PDF Format kostenlos auf unserer Website:

https://bmu-verlag.de/books/javascript/
**Downloadcode:** siehe Kapitel 20

# Kapitel 19
# jQuery: effizient mit JavaScript arbeiten

Wenn man mit JavaScript arbeitet, trifft man früher oder später auf den Begriff „jQuery". Dabei handelt es sich um eine JavaScript-Bibliothek, die viele praktische Funktionen anbietet. Eine etwas ältere Studie aus dem Jahre 2012 kam zu dem Ergebnis, dass weltweit jede zweite Webseite jQuery verwendet (https://bmu-verlag.de/js4). Eine andere Erhebung, die die 10.000 meistbesuchten Webseiten betrachtet, kommt aktuell (Stand April 2019) sogar zu dem Ergebnis, dass in diesem Bereich mehr als 90 Prozent der Internetangebote jQuery verwenden. Die aktuellen Werte sind unter folgender Adresse abrufbar: https://bmu-verlag.de/js5. Diese Statistiken zeigen eindeutig, welche Bedeutung jQuery für die Entwicklung von Internetseiten hat. Ein Grund dafür, dass jQuery so häufig für die Gestaltung von Webseiten zum Einsatz kommt, besteht darin, dass zahlreiche Content Management Systeme diese Technik verwenden. Daher nutzen unzählige Betreiber jQuery, ohne sich überhaupt darüber bewusst zu sein. Dennoch ist diese Bibliothek für die Anwendung von JavaScript von enormer Bedeutung. Daher soll sie hier ebenfalls vorgestellt werden.

## 19.1 Was ist jQuery?

Bevor wir mit der Verwendung von jQuery beginnen, ist es sinnvoll, zunächst die Frage zu klären, was das überhaupt ist. jQuery ist keine eigene Programmiersprache. Hierbei handelt es sich um eine JavaScript-Bibliothek. Das heißt, dass jQuery ebenfalls in JavaScript programmiert ist und daher ausschließlich Code in dieser Programmiersprache enthält.

Um die Funktionsweise zu verstehen, ist es sinnvoll, sich nochmals an die Module zurückzuerinnern, die in diesem Buch bereits vorgestellt wurden. Dabei handelte es sich um externe Dateien, die JavaScript-Code enthielten. Besonders praktisch war die Verwendung von Modulen bei der Gestaltung von Funktionen, Objekten und Methoden.

Wenn das Modul für die Objekte, Methoden und Funktionen, die in einem JavaScript-Programm zum Einsatz kommen sollen, einmal erstellt ist, fällt für die Erzeugung des übrigen Programmcodes in der Regel nur noch relativ wenig Arbeit an. Man muss dann nur noch die Objekte erzeugen und die entsprechenden Methoden darauf anwenden.

Zahlreiche Klassen, die man für ein Programm erstellt, sind nur für diese spezifische Aufgabe nützlich. Wenn man ein neues Programm entwirft, kommen andere Objekte zum Einsatz. Das ist jedoch nicht immer so. Häufig bieten die Klassen, die man einmal erstellt hat, auch nützliche Funktionen für weitere Arbeiten. Manchmal ist es auch möglich, sie etwas zu verallgemeinern und auf diese Weise an einen erweiterten Anwendungsbereich anzupassen. Wenn man den entsprechenden Code in einer separaten Datei erstellt hat, ist es ganz einfach, ihn wiederzuverwenden. Man muss die Datei einfach in das neue Programm einbinden und hat dann sofort Zugriff auf alle Inhalte.

Die Entwickler von jQuery haben auf diese Weise viele Funktionen erstellt, die für zahlreiche JavaScript-Programme sehr nützlich sind. Sie bieten in erster Linie einen einfachen Zugriff auf die einzelnen DOM-Elemente. Darüber hinaus lassen sich damit auf einfache Weise ansprechende Effekte erzielen. Dabei handelt es sich jedoch um keine vollkommen neue Technik. jQuery ist reines Javascript. Auch der Aufruf der Funktionen erfolgt über die bereits bekannten JavaScript-Befehle. Das bedeutet, dass die Bibliothek keine zusätzlichen Anwendungen zur Verfügung stellt, die man mit gewöhnlichem JavaScript-Code nicht programmieren könnte. Die vorgefertigten Funktionen reduzieren jedoch den Aufwand für das Erstellen von JavaScript-Programmen deutlich.

## 19.2 Die Vorbereitungsmaßnahmen für die Verwendung von jQuery

Die jQuery-Bibliothek zählt nicht zum JavaScript-Standard. Das bedeutet, dass sie nicht ohne Weiteres verfügbar ist. Man muss sie – genau wie eigene Module – zunächst in das Programm einbinden, bevor man die Funktionen verwenden kann. Hierfür gibt es mehrere Möglichkeiten.

Eine Alternative besteht darin, die komplette Bibliothek herunterzuladen. Das ist kostenfrei unter https://bmu-verlag.de/js6 möglich. Dabei handelt es sich um eine einzige JavaScript-Datei. Hier sind zwei unterschiedliche Ausführungen erhältlich. Zum einen steht eine minimierte und komprimierte Version zur Verfügung. Diese hat ein geringeres Volumen und bietet daher eine bessere Performance. Wenn man die entsprechende Seite auf einem Webserver bereitstellt und mit jQuery gearbeitet hat, ist es sinnvoll, diese Version zu wählen. Während man das Programm entwickelt, ist es jedoch häufig wichtig, die genaue Funktionsweise der Objekte und Methoden nachvollziehen zu können. Hierfür bietet sich die unkomprimierte Ausführung an. Diese macht es möglich, den Code zu lesen und auf diese Weise die Funktionsweise zu erkennen.

Wenn man die entsprechende Datei heruntergeladen hat, muss man sie daraufhin in das JavaScript-Programm einbinden. Das erfolgt auf die gleiche Weise wie bei eigenen Modulen: `<script src="jquery-3.4.0.min.js"></script>` Diese Angabe trifft dann zu, wenn man die Datei im gleichen Ordner wie das eigentliche JavaScript-Programm abgespeichert hat. Wenn man ein anderes Verzeichnis gewählt hat, muss man den Pfadnamen entsprechend anpassen. Auch wenn man eine andere Version verwendet, ist es wichtig, darauf zu achten, dass in diesem Fall der Dateiname von diesem Beispiel abweichen kann.

Wenn man eine Internetseite mit jQuery auf einem Webserver verfügbar machen will, ist es wichtig, darauf zu achten, auch die zugehörige jQuery-Datei auf den Server zu laden. Sonst sind die Funktionen nicht verfügbar. Außerdem ist es notwendig, eine identische Verzeichnisstruktur zu verwenden oder den Pfadnamen entsprechend anzupassen.

Darüber hinaus gibt es jedoch noch eine weitere Möglichkeit. Sowohl Google als auch Microsoft stellen jQuery online über ein sogenanntes *„Content Delivery Network“* („CDN“) zur Verfügung. Das macht es möglich, die Datei online abzurufen und in das Programm einzubinden. Dafür sind folgende Befehle notwendig:

**Google:**

```
<script src="https://ajax.googleapis.com/ajax/libs/jquery/3.4.0/jquery.
min.js"></script>
```

**Microsoft:**

```
<script src="https://ajax.aspnetcdn.com/ajax/jQuery/jquery-3.4.0.min.
js"></script>
```

Auch hierbei kann es notwendig sein, den Dateinamen anzupassen, wenn man eine andere Version verwenden will.

Die Online-Alternative bietet einige Vorteile. Zum einen verwendet diese eine *absolute Adresse*, die unabhängig von der Verzeichnisstruktur des Servers gültig ist. Das verhindert Fehler bei der Übertragung der Dateien und macht es überflüssig, die Pfadnamen jedes Mal anzupassen.

Zum anderen sorgt das für eine bessere Performance. Sowohl Google als auch Microsoft stellen viele Server zur Verfügung und sorgen dafür, dass der Anwender die Datei von einer möglichst nahe gelegenen Quelle herunterladen kann. Häufig befindet sich diese geografisch näher zum Anwender. Das kann die Ladezeiten reduzieren.

Außerdem ist jQuery ausgesprochen weit verbreitet. Das bedeutet, dass es sehr wahrscheinlich ist, dass die Anwender die entsprechende Datei bereits einmal heruntergeladen haben, als sie eine andere Seite aufgerufen haben. Das führt dazu, dass sie im Cache gespeichert wird und daher unmittelbar zur Verfügung steht. Das reduziert die Ladezeiten ebenfalls.

Ein weiterer Vorteil besteht darin, dass man auf diese Weise den *Traffic* am eigenen Server reduzieren kann. Das bringt häufig Kosteneinsparungen mit sich. Hinsichtlich der Anbieter Google und Microsoft bestehen jedoch keine nennenswerten Unterschiede. Die folgenden Beispielprogramme laden jQuery bei Microsoft herunter. Dem Leser steht es jedoch frei, eine der übrigen vorgestellten Alternativen zu wählen.

## 19.3 Selektoren: HTML-Elemente über jQuery ansteuern

jQuery gestaltet es etwas einfacher, verschiedene HTML-Elemente anzusteuern, als wenn man gewöhnlichen JavaScript-Code verwendet. Daher soll diese wichtige Funktionalität zu Beginn vorgestellt werden. Zunächst entsteht dabei ein kleines Beispielprogramm, das die bereits bekannte Methode unter Verwendung des Befehls `GetElementById` verwendet:

```
<html>
    <body>
        <h1 id = "ueberschrift"></h1>
        <p id = "absatz"></p>
        <script>
        document.getElementById("ueberschrift").innerHTML =
        "Überschrift";
        document.getElementById("absatz").innerHTML =
        "Hier steht ein Absatz.";
        </script>
    </body>
</html>
```

Wenn man nun jQuery verwenden will, muss man zunächst die entsprechende Datei einbinden. Es ist üblich, diese Aufgabe im `head`-Bereich zu erledigen:

```
<head>
        <script src="https://ajax.aspnetcdn.com/ajax/jQuery/query-
        3.4.0.min.js"></script>
</head>
```

Nach dieser Vorarbeit ist etwas weniger Code notwendig, um die entsprechenden Elemente anzusteuern und sie mit Inhalten zu füllen. Um ein Element über jQuery zu erreichen, muss man lediglich ein Dollarzeichen eingeben. Danach steht eine Klammer, die die ID des entsprechenden Elements mit einem vorangestellten Rautezeichen (#) enthält. Dieser Ausdruck muss in den üblichen doppelten Kodierungszeichen stehen:

```
$("#ueberschrift")
```

Wenn man nun die bekannten JavaScript-Befehle (beispielsweise `InnerHTML`) auf das entsprechende Element anwenden will, muss man jedoch beachten, dass man noch eine Index-Nummer hinzufügen muss. Das liegt darin begründet, dass jQuery ein Array mit mehreren Elementen zurückgibt, falls die angegebene Bezeichnung mehrfach vorkommt. Das gilt auch für die ID, obwohl diese einzigartig sein muss. In diesem Fall erhält man ein Array mit nur einem Element. Daher muss man den Index `[0]` verwenden:

```
$("#ueberschrift")[0].innerHTML = "Überschrift";
```

Eine weitere Möglichkeit besteht darin, die Methode `text()` auf das entsprechende Element anzuwenden. Hierbei muss man einfach den gewünschten Text in Anführungszeichen in die Klammer schreiben. Diese Alternative verwenden wir für das zweite Element:

```
$=("#absatz").text("Hier steht ein Absatz.");
```

In diesem Fall ist es nicht notwendig, eine Indexummer anzugeben. Wenn ein Element mit der entsprechenden Bezeichnung mehrfach auftaucht (was bei der ID jedoch nicht möglich ist), fügt die `text()`-Methode den entsprechenden Inhalt in all diese HTML-Tags ein.

Das vollständige Programm sieht dann so aus:

```
<html>
    <head>
        <script src="https://ajax.aspnetcdn.com/ajax/jQuery/jquery-
        3.4.0.min.js"></script>
    </head>
    <body>
        <h1 id = "ueberschrift"></h1>
        <p id = "absatz"></p>
        <script>
        $("#ueberschrift")[0].innerHTML = "Überschrift";
        $("#absatz").text("Hier steht ein Absatz.");
        </script>
    </body>
</html>
```

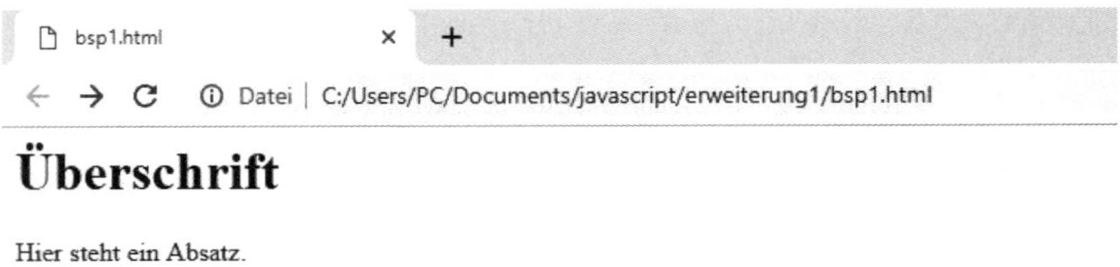


**Abb. 19.1** Die Ausgabe der Inhalte über jQuery

jQuery erlaubt es nicht nur, auf Elemente über ihre ID zuzugreifen. Es ist auch möglich, den Namen des entsprechenden Tags zu verwenden. Wenn man beispielsweise `$("p")` eingibt (in diesem Fall ohne das Raute-Zeichen), gilt die Anweisung für alle `p`-Tags, die im Dokument enthalten sind. Wenn man ein einzelnes von ihnen gezielt ansprechen will, kann man die Index-Nummer verwenden:

```
<html>
    <head>
        <script src="https://ajax.aspnetcdn.com/ajax/jQuery/jquery-
        3.4.0.min.js"></script>
    </head>
    <body>
        <p></p>
        <p></p>
        <p></p>
        <p></p>
        <script>
        $("p").text("Hier steht ein Absatz.");
        $("p")[2].innerHTML = "Der dritte Absatz wird gezielt
        angesteuert.";
        </script>
    </body>
</html>
```

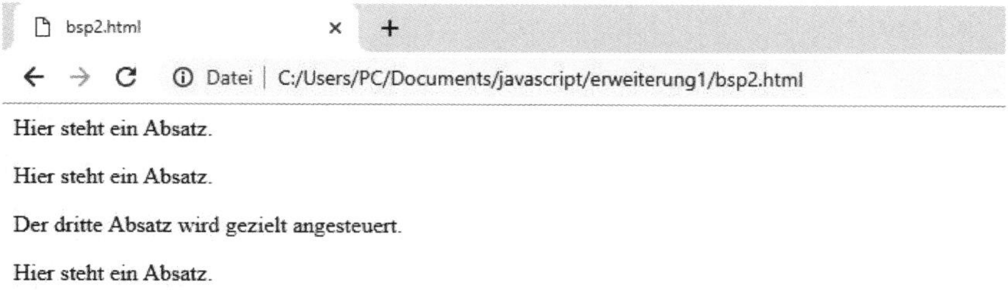


**Abb. 19.2** Der erste Befehl gilt für alle `p`-Tags, der zweite hingegen nur für das dritte Element im Dokument

Auch in diesem Fall wäre es wieder möglich, gewöhnlichen JavaScript-Code zu verwenden. Um alle Tags mit der entsprechenden Bezeichnung anzusprechen, ist folgender Ausdruck notwendig: `document.getElementsByTagName("p")`.



Eine weitere Möglichkeit besteht darin, die einzelnen Elemente über ihre Klasse aufzurufen. Hierfür ist es erforderlich, dem Klassennamen einen Punkt voranzustellen. Will man ein einzelnes Element ansprechen, muss man wieder die Index-Nummer verwenden.

```
<html>
    <head>
        <script src="https://ajax.aspnetcdn.com/ajax/jQuery/jquery-
        3.4.0.min.js"></script>
    </head>
    <body>
        <p></p>
        <p class = "rot"></p>
        <p></p>
        <p class = "rot"></p>
        <script>
        $("p").text("Hier steht ein Absatz.");
        let rot = $(".rot");
        for (let i = 0; i < rot.length; i++){
            rot[i].style.color = "red";
        }
        $(".rot").text("Diese Absätze erscheinen in roter Farbe.");
        </script>
    </body>
</html>
```

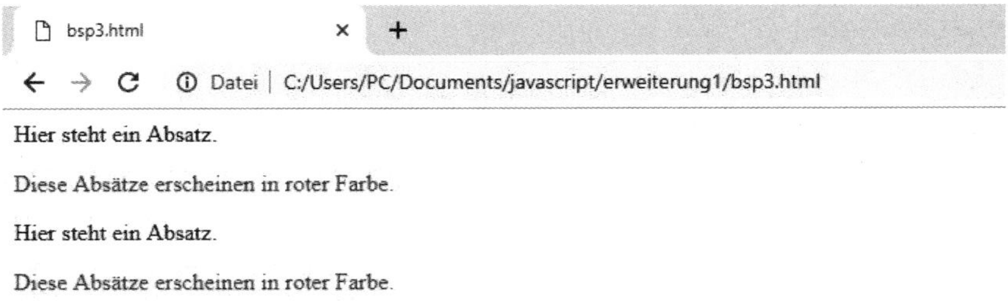


**Abb. 19.3** Die Darstellung der roten Absätze

Dieses Programm gibt zunächst einen Inhalt für alle `p`-Tags vor. Danach erzeugt es ein Array, das alle Elemente der Klasse `rot` enthält. Dieses geht es dann mit einer `for`-Schleife durch und verleiht ihnen eine rote Farbe. Danach passt es mit der `text()`-Methode die Inhalte an.

Will man hierfür gewöhnliche JavaScript-Ausdrücke verwenden, kommt folgender Befehl zum Einsatz: `document.getElementsByClassName("rot")`.

Schließlich ist es auch möglich, die Angaben für das Tag und für die Klasse miteinander zu verbinden. Dafür muss man zunächst die Bezeichnung des Tags und durch einen Punkt getrennt den Namen der Klasse in die Klammer schreiben. Das zeigt das folgende Programm:

```
<html>
    <head>
        <script src="https://ajax.aspnetcdn.com/ajax/jQuery/jquery-
        3.4.0.min.js"></script>
    </head>
    <body>
        <h1 class="rot"></h1>
        <p></p>
        <p class = "rot"></p>
        <p></p>
        <p class = "rot"></p>
        <script>
        $("p").text("Hier steht ein Absatz.");
        let rot = $(".rot");
        for (let i = 0; i < rot.length; i++){
            rot[i].style.color = "red";
        }
        $("p.rot").text("Diese Absätze erscheinen in roter Farbe.");
        $("h1.rot").text("Headline in roter Farbe");
        </script>
    </body>
</html>
```

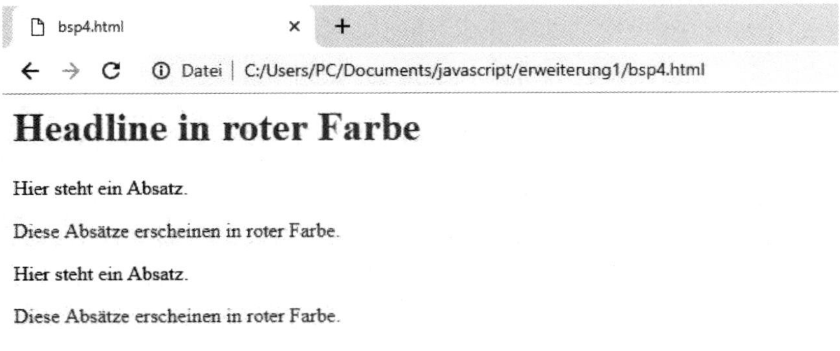


**Abb. 19.4** Die verschiedenen Elemente werden präzise angesteuert

## 19.4 Die Inhalte der Seite mit jQuery verändern und auswerten

Der vorige Abschnitt hat bereits einige Möglichkeiten vorgestellt, um die Inhalte einer Seite über jQuery zu verändern. Dabei bestehen grundsätzlich zwei Möglichkeiten: Man kann entweder das entsprechende Element der Seite über jQuery und eine Index-Nummer ansprechen und daraufhin die bereits bekannten JavaScript-Bezeichner verwenden, um auf die Inhalte zuzugreifen. Darüber hinaus bietet jQuery einige eigene Methoden an. Diese gestalten den Zugriff noch etwas einfacher, da hierfür keine Index-Nummer erforderlich ist.

Eine dieser Methoden kam bereits im vorigen Abschnitt zum Einsatz: `text()`. Es gibt jedoch noch weitere Möglichkeiten: `html()` und `val()`. Während es die `text()`-Methode lediglich erlaubt, Text in ein HTML-Element einzufügen, kann man mit der `html()`-Methode auch weitere Tags einfügen. Die `val()`-Methode dient dazu, das `Value`-Attribut eines HTML-Elements vorzugeben. Das folgende Programm stellt alle Möglichkeiten vor:

```
<html>
    <head>
        <script src="https://ajax.aspnetcdn.com/ajax/jQuery/jquery-
        3.4.0.min.js"></script>
    </head>
    <body>
        <h1></h1>
        <p></p>
        <input id="eingabe">
        <script>
        $("h1").text("Überschrift");
        $("p").html("Absatz mit einem <strong>fett</strong>
        gedruckten Wort");
        $("#eingabe").val("Eingabefeld");
        </script>
    </body>
</html>
```

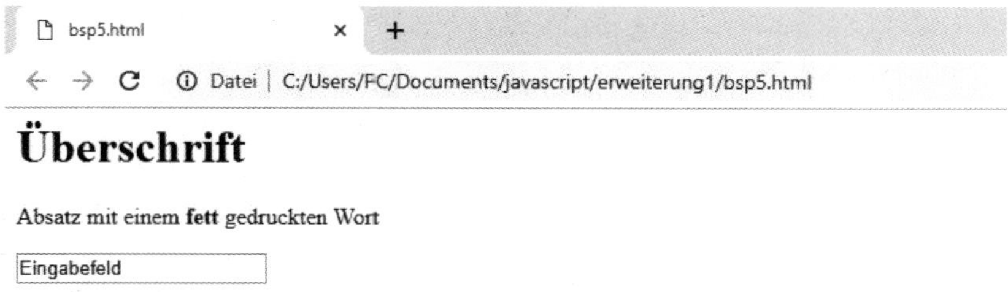


**Abb. 19.5** Die Inhalte werden über drei verschiedene Methoden ausgegeben

Die genannten Methoden erlauben es nicht nur, neue Inhalte vorzugeben. Damit ist es auch möglich, die entsprechenden Werte auszulesen. Dafür muss man die Klammer leer lassen. Die Funktionsweise verdeutlicht das folgende Programm:

```
<html>
    <head>
        <script src="https://ajax.aspnetcdn.com/ajax/jQuery/jquery-
        3.4.0.min.js"></script>
    </head>
    <body>
        <p>Absatz mit einem <strong>fett</strong> gedruckten Wort</p>
        <input id="eingabe" value = "Eingabefeld"><br><br>
        text(): <input id="ausgabe1" size = 60><br>
        html(): <input id="ausgabe2" size = 60><br>
        val(): <input id="ausgabe3" size = 60>
        <script>
        $("#ausgabe1").val($("p").text());
        $("#ausgabe2").val($("p").html());
        $("#ausgabe3").val($("#eingabe").val());
        </script>
    </body>
</html>
```

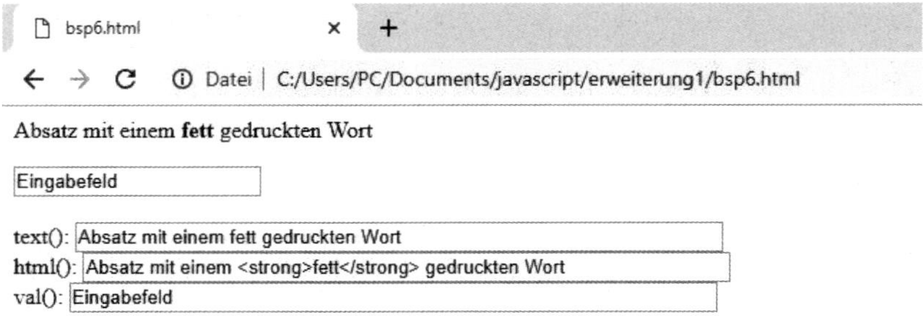


**Abb. 19.6** Die Methoden nehmen die Inhalte der übrigen Elemente auf

Darüber hinaus gibt es noch eine weitere Möglichkeit, um Einfluss auf HTML-Elemente zu nehmen: die `attr()`-Methode. Diese wird separat behandelt, da sie etwas anders aufgebaut ist als die vorherigen Beispiele.

Da es viele verschiedene Attribute gibt, muss man hierbei zunächst in den bekannten doppelten Kodierungszeichen angeben, auf welches Attribut sich der Befehl bezieht. Wenn man den Wert auslesen will, ist diese Angabe bereits ausreichend. Wenn man den Inhalt verändern will, muss man nach einem Komma den neuen Inhalt einfügen. Das folgende Beispiel verändert auf diese Weise die Größe eines Eingabefeldes und gibt anschließend den entsprechenden Wert aus:

```
<html>
    <head>
        <script src="https://ajax.aspnetcdn.com/ajax/jQuery/jquery-
        3.4.0.min.js"></script>
    </head>
    <body>
        <input id="eingabe" value = "Eingabefeld">
        <script>
        $("#eingabe").attr("size", 100);
        alert("Länge: " + $("#eingabe").attr("size"));
        </script>
   </body>
</html>
```

In manchen Fällen soll das Programm den bisherigen Inhalt eines Elements nicht vollständig ersetzen, sondern lediglich ergänzen. Mit den bereits bekannten Methoden müsste man dazu zunächst den bisherigen Inhalt abrufen, den neuen Teil hinzufügen und schließlich den gesamten Inhalt in das entsprechende Element einfügen. jQuery bietet hierfür jedoch deutlich einfachere Methoden an: `append()` und `prepend()`. Diese fügen den neuen Text am Ende beziehungsweise am Anfang des bisherigen Inhalts hinzu:

```
<html>
    <head>
        <script src="https://ajax.aspnetcdn.com/ajax/jQuery/jquery-
        3.4.0.min.js"></script>
    </head>
    <body>
        <p id = "1">Absatz</p>
        <p id = "2">Absatz</p>
        <script>
        $("#1").append(" *Am Ende eingef&uuml;gter Text*");
        $("#2").prepend("*Zu Beginn eingef&uuml;gter Text* ");
        </script>
    </body>
</html>
```

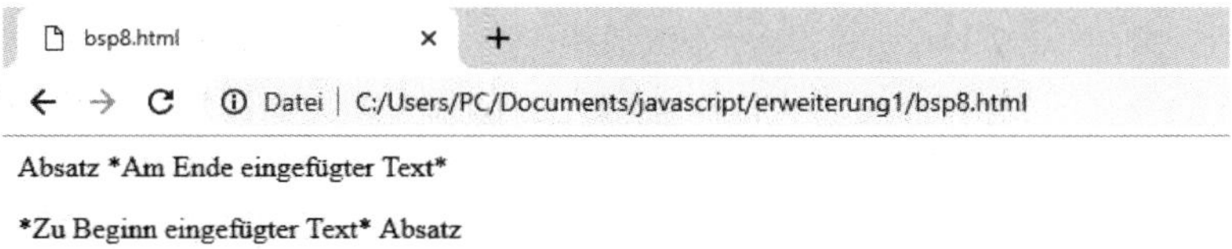


**Abb. 19.7** Der Text wird je nach verwendeter Funktion am Anfang oder am Ende eingefügt



Bisher haben wir mit jQuery stets HTML-Elemente verändert, die bereits auf der Seite vorhanden waren. Es ist jedoch auch möglich, vollkommen neue Elemente hinzuzufügen. Dazu dienen die Methoden `after()` und `before()`. Diese muss man ebenfalls auf ein bestimmtes HTML-Element anwenden. Sie fügen das neue Element dann entweder danach oder davor ein:

```
<html>
    <head>
        <script src="https://ajax.aspnetcdn.com/ajax/jQuery/jquery-
        3.4.0.min.js"></script>
    </head>
    <body>
        <p id = "absatz">Ursprünglicher Absatz</p>
        <script>
        $("p").after("<p>Nach dem ursprünglichen Inhalt eingefügtes
        Element</p>");
        $("#absatz").before("<h1>Vor dem ursprünglichen Inhalt
        eingefügtes Element</h1>");
        </script>
    </body>
</html>
```

**Abb. 19.8** Die Seite mit den hinzugefügten Elementen

Anmerkung: Bei der `after()`-Methode findet der Zugriff über den Namen des Tags statt. Wenn man diese Alternative auch bei der `before()`-Methode verwendet, führt das jedoch dazu, dass die hinzugefügte Überschrift zweimal erscheint. Das liegt daran, dass zwischenzeitlich durch die `after()`-Methode ein zusätzliches `p`-Tag eingefügt wurde. Daher wird der entsprechende Befehl auf beide `p`-Tags angewendet.

## 19.5 Events mit jQuery bearbeiten

Was Events sind und wie man mit ihnen arbeitet, wurde bereits in einem früheren Kapitel in diesem Buch vorgestellt. jQuery gibt dem Programmierer ebenfalls einige Möglichkeiten, um Events zu behandeln.

jQuery bietet für alle gängigen Events eine Methode an, die genau gleich lautet wie dessen Bezeichnung. Wenn man beispielsweise auf das `click`-Event reagieren will, muss man die Methode `click()` anwenden. Für das `mouseup`-Event kommt die Methode `mouseup()` und für das `focus`-Event die Methode `focus()` zum Einsatz. Innerhalb der Klammer steht der Name der Funktion, die beim entsprechenden Event ausgeführt werden soll. Das folgende Beispiel verdeutlicht die Anwendung:

```
<html>
    <head>
        <script src="https://ajax.aspnetcdn.com/ajax/jQuery/jquery-
        3.4.0.min.js"></script>
    </head>
    <body>
        <p>Absatz</p>
        <script>
        function funktion1(){
            alert("Mouseout");
        }
        function funktion2(){
            alert("Mousedown");
        }
        $("p").mouseout(funktion1);
        $("p").mousedown(funktion2);
        </script>
    </body>
</html>
```



Eine weitere wichtige Methode ist `on()`. Diese gibt die Möglichkeit, mehrere Events mit einem einzigen Element zu verbinden. Dafür ist es notwendig, in die runde Klammer der Funktion zunächst eine geschweifte Klammer einzufügen. Darin muss man dann die einzelnen Events durch ein Komma voneinander getrennt auflisten. Nach jedem aufgeführten Event folgen ein Doppelpunkt und die Funktion, die ausgeführt werden soll. Im vorherigen Beispiel wurden für das p-Element zwei verschiedene Events behandelt. Diese Befehle kann man nun mit der `on()`-Methode zusammenfassen:

```
<html>
    <head>
        <script src="https://ajax.aspnetcdn.com/ajax/jQuery/jquery-
        3.4.0.min.js"></script>
    </head>
    <body>
        <p>Absatz</p>
        <script>
        function funktion1(){
            alert("Mouseout");
        }
        function funktion2(){
            alert("Mousedown");
        }
        $("p").on({mouseout: funktion1, mousedown: funktion2});
        </script>
    </body>
</html>
```

## 19.6 Spezielle Effekte mit jQuery einfügen

jQuery ermöglicht es außerdem, auf sehr einfache Weise spezielle Effekte in die Seite zu integrieren. Es ist möglich, verschiedene Elemente aus- oder einzublenden, sie langsam auszufahren oder sie auf der Seite zu bewegen.

Sehr einfache Beispiele hierfür sind die Methoden `show()`, `hide()` und `toggle()`. Die `show`-Methode zeigt ein Element an, das bislang versteckt war. Die `hide()`-Methode versteckt es hingegen. Die `toggle()`-Methode verbindet diese beiden Funktionen: Wird das Element zuvor angezeigt, versteckt sie es, wird es hingegen nicht angezeigt, fügt sie es in die Seite ein. Das folgende Programm stellt die Funktionen vor. Es fügt drei Buttons in die Seite ein – einen für jede der drei Funktionen. Danach folgt ein `div`-Element, das ein farbiges Quadrat erzeugt. Dieses wird entweder angezeigt oder nicht – je nachdem, welchen Button der Anwender betätigt.

```
<html>
    <head>
        <script src="https://ajax.aspnetcdn.com/ajax/jQuery/jquery-
        3.4.0.min.js"></script>
    </head>
    <body>

        <input id = "btn1" value = "hide()" type = "button">
        <input id = "btn2" value = "show()" type = "button">
        <input id = "btn3" value = "toggle()" type =
        "button"><br><br>
        <div id = "rechteck" style="background:
        #ee9900;height:200px;width:200px;"></div>
        <script>
        function funktion1(){
            $("#rechteck").hide();
        }
        function funktion2(){
            $("#rechteck").show();
        }
        function funktion3(){
            $("#rechteck").toggle();
        }
        $("#btn1").click(funktion1);
        $("#btn2").click(funktion2);
        $("#btn3").click(funktion3);
        </script>
    </body>
</html>
```

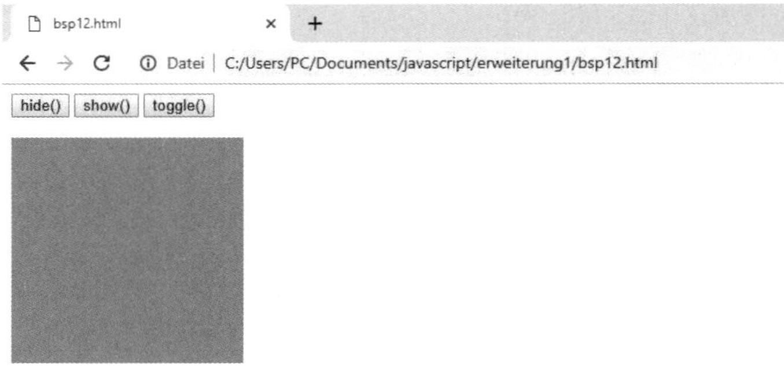


**Abb. 19.9** Die Seite mit dem angezeigten Quadrat

Alle drei Funktionen erlauben es außerdem, einen Übergabewert einzugeben. Dieser sorgt dafür, dass das entsprechende Element langsam eingeblendet wird. Wenn man es ausblendet, wird es auf diese Weise immer kleiner und transparenter, bis es nicht mehr zu sehen ist. Dabei kann man entweder die Werte „`fast`“ oder „`slow`“ eingeben oder eine präzise Angabe in Millisekunden machen.

Einen ähnlichen Effekt haben die Methoden `fadeIn()`, `FadeOut()` und `fadeToggle()`. Wenn man hier keinen Wert in der Klammer angibt, bemerkt man keinen Unterschied zu den soeben vorgestellten Methoden. Wenn man jedoch für einen langsamen Übergang sorgt, erzeugen diese Methoden einen unterschiedlichen Effekt. In diesem Fall wird lediglich die Transparenz langsam verändert. Die Größe bleibt jedoch konstant. Darüber hinaus gibt es hierbei eine weitere Methode: `fadeTo()`. Hierbei kann man nach der Dauer des Vorgangs noch einen weiteren Wert zwischen 0 und 1 vorgeben. 0 steht dabei für eine vollständige Transparenz, 1 hingegen für die volle Deckkraft. In diesem Fall wird die Deckkraft nur bis zum vorgegebenen Wert erhöht.

Einen weiteren Effekt bieten die Methoden `slideDown()`, `slideUp()` und `slideToggle()`. Deren Verwendung ist genau die gleiche wie bei den bisher vorgestellten Methoden. Der Unterschied besteht darin, dass hier das entsprechende Element in vertikaler Richtung aus- beziehungsweise eingefahren wird.

Sehr vielfältige Möglichkeiten bietet die `animate()`-Methode. Damit kann man die Elemente bewegen, ihre Größe, Farbe und Transparenz verändern und viele weitere Vorgaben machen. Die Änderungen, die vorgenommen werden sollen, stehen innerhalb einer geschweiften Klammer. Dabei muss man dann das entsprechende Attribut, einen Doppelpunkt und den neuen Wert einfügen. Nach einem Komma kann man dann weitere Attribute verändern. Nach der geschweiften Klammer kann man dann – wieder durch ein Komma abgetrennt – die gewünschte Geschwindigkeit vorgeben. Das folgende Programm erzeugt wieder das bekannte Quadrat – dieses Mal jedoch mit einer Beschriftung. Beim Klick auf einen Button verändert es die Position (mit den Attributen `left` und `top`), erhöht die Breite und reduziert die Höhe (sodass aus dem Quadrat ein Rechteck wird) und verkleinert die Schriftgröße:

```
<html>
    <head>
        <script src="https://ajax.aspnetcdn.com/ajax/jQuery/jquery-
        3.4.0.min.js"></script>
    </head>
    <body>

        <input id = "btn" value = "Animation" type = "button">
        <div id = "rechteck" style="background: #ee9900;height:200px;
            width:200px;font-size:100;position:absolute;">
            Text</div>
        <script>
        function funktion(){
            $("#rechteck").animate({
                left: '100px',
                top: '200px',
                width: '500px',
                height: '50px',
                fontSize: '20'
            },3000);
        }
       $("#btn").click(funktion);
       </script>
    </body>
</html>
```

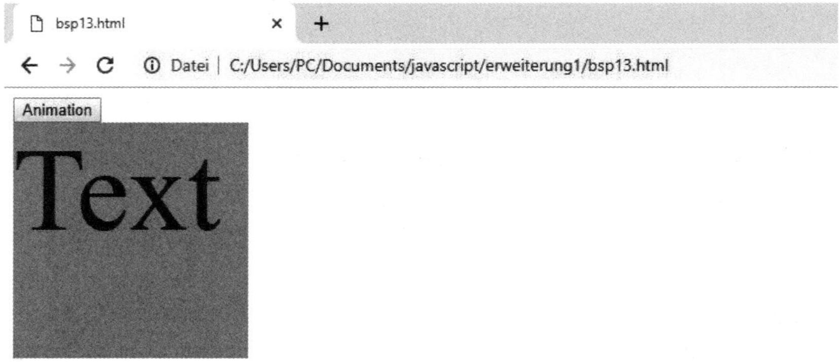


**Abb. 19.10** Die Seite vor dem Klick auf den Button

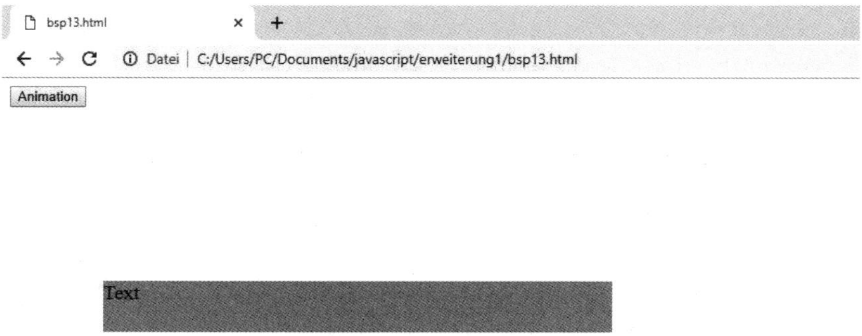


**Abb. 19.11** Und so sieht sie danach aus

Anmerkung: Damit das entsprechende Element seine Position auf der Seite verändern kann, ist es notwendig, dass das `position`-Attribut entweder den Wert `absolute`, `relative` oder `fixed` hat. Der `default`-Wert ist jedoch `static`. In diesem Fall ist es nicht möglich, das Element zu bewegen. Daher muss man dieses Attribut im `div`-Element verändern.

Dieses Programm präsentiert nur einige Beispiele für die vielfältigen Möglichkeiten, die die `animate()` –Methode bietet. Eine vollständige

Auflistung ist unter folgendem Link erhältlich: https://bmu-verlag.de/js7.

## 19.7 Übungsaufgabe: mit jQuery arbeiten

1. Gestalten Sie eine Seite mit einer Überschrift, drei Absätzen, einem Eingabefeld und einem Button. Fügen Sie zunächst einen passenden Text für die Überschrift ein. Danach sollen alle drei Absätze den gleichen Inhalt erhalten. Wenn der Anwender auf den Button drückt, soll der zweite Absatz den Inhalt des Eingabefeldes erhalten. Dabei soll es auch möglich sein, HTML-Tags zu verwenden. Nutzen Sie für all diese Aufgaben jQuery

2. Gestalten Sie ein farbiges `div`-Element. Dieses soll auf drei verschiedene Events (`mouseout`, `dblclick` und `contextmenu`) reagieren und dabei jeweils die Art des Events per `alert`-Befehl ausgeben. Verwenden Sie dafür nur eine einzige Methode.

3. Gestalten Sie eine Seite mit zwei `div`-Elementen mit identischer Größe aber unterschiedlichen Farben. Wenn die Seite aufgerufen wird, soll jedoch eines der beiden Elemente mit der `hide()`-Methode (ohne Verzögerung) versteckt werden. Fügen Sie darunter einen Button ein. Wenn der Anwender diesen anklickt, soll das Programm die beiden Rechtecke langsam austauschen, indem es auf beide die `toggle()`-Methode anwendet.

## Lösungen:

**1.**

```
<html>
    <head>
        <script src="https://ajax.aspnetcdn.com/ajax/jQuery/jquery-
        3.4.0.min.js"></script>
    </head>
    <body>
        <h1></h1>
        <p></p>
        <p id = "absatz2"></p>
        <p></p>
        <input id = "eingabe"><br><br>
        <input id = "btn" type="button" value ="Inhalt austauschen">
        <script>
        function austauschen(){
            $("#absatz2").html($("#eingabe").val());
        }
        $("h1").text("Überschrift");
        $("p").text("Absatz");
        $("#btn").click(austauschen);
        </script>
    </body>
</html>
```

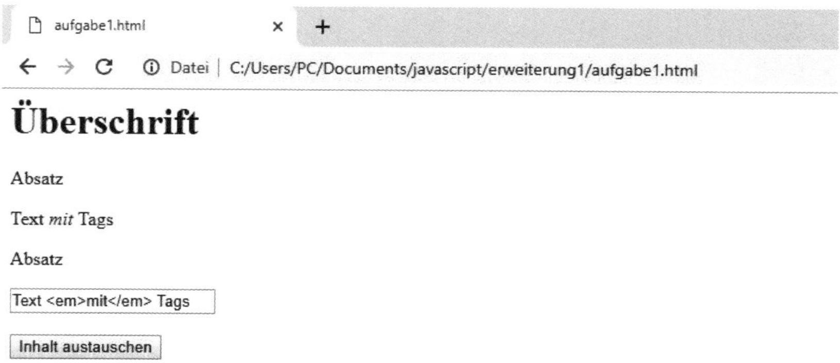


**Abb. 19.12** Die Seite nach einer Eingabe des Anwenders

**2.**

```
<html>
    <head>
        <script src="https://ajax.aspnetcdn.com/ajax/jQuery/jquery-
        3.4.0.min.js"></script>
    </head>
    <body>
        <div style="background: #669966;height:50px;width:50px;"></
        div>
        <script>
        function funktion1(){
            alert("Mouseout");
        }
        function funktion2(){
            alert("Dblclick");
        }
        function funktion3(){
            alert("Contextmenu");
        }
        $("div").on({mouseout: funktion1, dblclick: funktion2,
        contextmenu: funktion3});
        </script>
    </body>
</html>
```

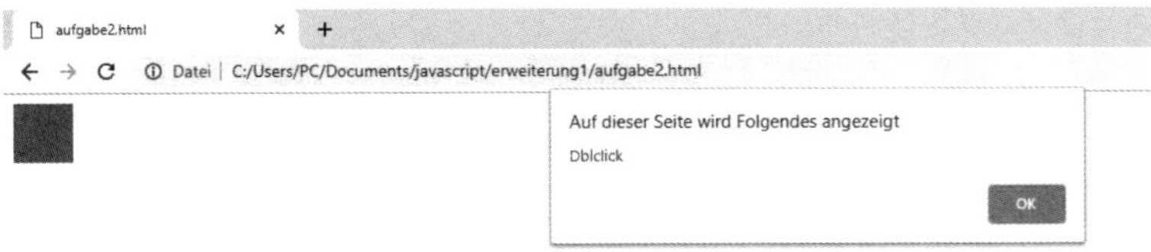


**Abb. 19.13** Die Anzeige bei einem Doppelklick



**3.**

```
<html>
    <head>
        <script src="https://ajax.aspnetcdn.com/ajax/jQuery/jquery-
        3.4.0.min.js"></script>
    </head>
```

```
    <body>
        <div id = "rechteck1" style="background:
        #ee9900;height:100px;
            width:200px;">Textbox 1</div>
        <div id = "rechteck2" style="background:
         #00ee66;height:100px;
            width:200px;">Textbox 2</div><br>
        <input id = "btn" type="button" value = "Elemente
        austauschen">
        <script>
        function funktion(){
            $("#rechteck1").toggle(2000);
            $("#rechteck2").toggle(2000);
        }
        $("#rechteck2").hide();
        $("#btn").click(funktion);
        </script>
    </body>
</html>
```

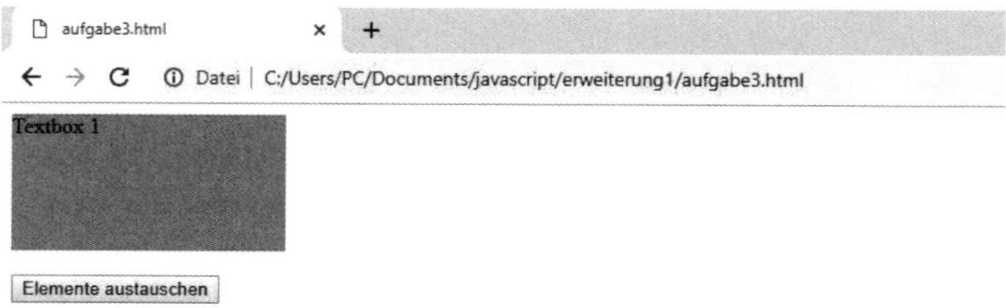


**Abb. 19.14** Die Seite mit dem ersten `div`-Element …

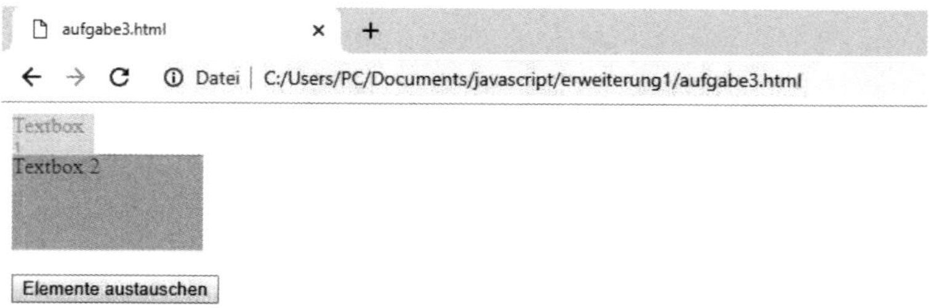


**Abb. 19.15** … und während des Übergangs zum zweiten

Alle Programmcodes aus diesem Buch sind als PDF zum Download verfügbar. Dadurch müssen Sie sie nicht abtippen:
https://bmu-verlag.de/books/javascript/

Außerdem erhalten Sie die eBook Ausgabe zum Buch im PDF Format kostenlos auf unserer Website:

https://bmu-verlag.de/books/javascript/
**Downloadcode:** siehe Kapitel 20

Kapitel 20

# AJAX: Eine Verbindung aus serverseitiger und clientseitiger Programmierung

JavaScript bietet vielfältige Möglichkeiten, um Webseiten ansprechender und dynamischer zu gestalten. Allerdings unterliegt diese Technik auch einigen Beschränkungen. Eine von ihnen wurde hier schon thematisiert: die stark eingeschränkten Möglichkeiten für die Datenspeicherung. Ein weiteres Problem besteht darin, dass sich die Daten, auf denen die Webseite basiert, während der Anwendung ändern können. Wenn man beispielsweise einen Chat erstellt oder eine Webanwendung programmiert, die die Zusammenarbeit mehrerer Mitarbeiter erlaubt, ist es notwendig, die Inhalte immer wieder zu erneuern und dafür die aktuellen Daten des Servers zu verwenden. AJAX ist eine weiterführende Technik, die dazu dient, diese Probleme zu lösen. Sie stellt eine Schnittstelle zwischen der serverseitigen und der clientseitigen Programmierung dar.

## 20.1 Was ist AJAX und welche Vorteile bietet diese Technik?

Um uns der Funktionsweise und den Vorteilen von AJAX anzunähern, ist es sinnvoll, dabei einige Anwendungsbeispiele vorzustellen. Wie in der Einleitung bereits angesprochen, kann diese Technik dazu dienen, ein Chat-Programm zu gestalten. Das ist theoretisch auch mit gewöhnlichem JavaScript möglich. Wenn der Anwender eine Eingabe schreibt, muss das Programm diese an den Server übermitteln. Dieser verarbeitet den Inhalt dann mit einem serverseitigen Programm und stellt ihn dem Chat-Partner zur Verfügung. Das stellt mithilfe eines Formularfeldes kein großes Problem dar. Bei der Verwendung von herkömmlichem JavaScript ist es hierfür jedoch notwendig, die komplette Seite neu zu laden. Das kann je nach Datenmenge und Übertragungsgeschwindigkeit eine längere Wartezeit mit sich bringen. Außerdem stellt der Aufbau der neuen Seite immer eine Unterbrechung dar, die der Anwender als unangenehm empfindet, da während dieser Zeit keine Nutzung möglich ist.

Noch schwerwiegender stellt sich dieses Problem beim Empfang der Nachrichten dar. Hierbei ist es ebenfalls möglich, die Seite neu zu laden und dabei die entsprechenden Informationen vom Server abzurufen. Auf diese Weise wird die Nachricht des Gesprächspartners angezeigt. Der notwendige Neuaufbau der Seite bringt jedoch die bereits vorgestellten Probleme mit sich. Diese werden dadurch verstärkt, dass das Programm nicht wissen kann, wann eine neue Nachricht eintrifft. Daher muss es die Seite in kurzen Abständen immer wieder neu laden. Das wirkt ausgesprochen störend.

AJAX sorgt in diesem Bereich jedoch für eine erhebliche Erleichterung. Diese Technik macht es möglich, eine präzise Anfrage an den Server zu senden, um genau die benötigten Inhalte anzufordern. Diese kann man daraufhin in die bestehende Seite einfügen. Dabei werden jedoch nur die neuen Bausteine ausgetauscht. Der Rest der Seite bleibt erhalten. Das reduziert die Ladezeiten erheblich. AJAX bietet noch einen weiteren Vorteil. Wenn eine Seite komplett neu geladen wird, ist sie während dieses Vorgangs nicht nutzbar. Daher entsteht zwangsläufig eine Unterbrechung. Wenn man hingegen AJAX nutzt, läuft der Ladevorgang im Hintergrund ab, während der Anwender die Seite weiterhin verwenden kann. Das führt dazu, dass dieser Prozess selbst bei längeren Ladezeiten kaum wahrnehmbar ist.

AJAX bietet auch zahlreiche Vorteile, wenn man Daten dauerhaft speichern will. Die Möglichkeiten für die Speicherung auf dem lokalen Rechner sind bei der Verwendung von JavaScript stark eingeschränkt. Daher ist es sinnvoll, die Daten an den Server zu übermitteln und dort abzuspeichern. Wenn man hierfür herkömmliche Formularfelder verwendet, muss man die Seite jedoch ebenfalls neu laden – mit allen beschriebenen Nachteilen. Ajax macht es möglich, nur die Daten, die gespeichert werden sollen, an den Server zu senden beziehungsweise die Werte von dort abzurufen. Die eigentliche Seite bleibt dabei bestehen. Auf diese Weise kann man selbst umfangreiche Datensätze einfach abspeichern.

Die Abkürzung „AJAX“ steht für „Asynchronous JavaScript and XML“. Daraus geht zum einen hervor, dass hierbei viel Wert auf einen asynchronen Ablauf des Programms gelegt wird. Das bedeutet, dass dieser keine strenge Reihenfolge beachten muss. Es ist nicht notwendig, zu warten, bis eine Antwort vom Server eintrifft. Das Programm bleibt während der Wartezeit nutzbar. Darüber hinaus wird daran deutlich, dass diese Technik auf JavaScript basiert. Da dieses Buch bereits die wesentlichen Kenntnisse für diese Programmiersprache vermittelt hat, macht das den Einstieg besonders einfach.

## 20.2 Die Vorbereitungsmaßnahmen: einen lokalen Webserver installieren

Das Funktionsprinzip von AJAX beruht darauf, dass die Internetseite, die der Anwender in seinem Browser geöffnet hat, weitere Informationen vom Webserver abruft. Da wohl nur wenige Leser Zugang zu einem Webserver haben, ist es notwendig, eine alternative Vorgehensweise zu entwickeln.

Eine naheliegende Idee wäre es sicherlich, die Informationen, die die Seite zusätzlich laden soll, in lokalen Dateien auf dem eigenen Computer zu speichern und von dort abzurufen. Allerdings unterstützen die gängigen Browser die Methode nicht: Per AJAX kann man keine lokalen Dateien aufrufen.

Dennoch ist es nicht notwendig, einen Webserver zu mieten. Es besteht auch die Möglichkeit, eine Webserver-Software lokal zu installieren. Diese bringt alle Funktionen mit, die auch ein gewöhnlicher Webserver bietet. Der Unterschied besteht lediglich darin, dass dieser die Seiten nicht über das Internet zur Verfügung stellt. Auf dem gleichen Rechner kann man sie jedoch ohne Probleme aufrufen. Der Browser behandelt diese Software wie einen gewöhnlichen Webserver. Das bedeutet, dass er die Verwendung von AJAX zulässt.

Aus diesem Grund ist es notwendig, zunächst einen lokalen Webserver zu installieren. Hierfür bietet sich das Software-Paket „XAMPP“ an.

Damit ist es möglich, innerhalb weniger Minuten einen Test-Server auf dem eigenen Rechner zu installieren. Dieser bietet alle Funktionen, die auch ein richtiger Webserver bereithält. Theoretisch wäre es sogar möglich, diese Software für die Bereitstellung von Internetseiten einzusetzen. Um eine einfache Installation und Konfiguration zu erreichen, haben die Entwickler von XAMPP jedoch auf viele grundlegende Sicherheitsvorkehrungen verzichtet. Daher ist es nicht empfehlenswert, XAMPP als Webserver einzusetzen – obwohl das Programm-Paket alle dafür notwendigen Funktionen bietet.

Der Buchstabe X in der Bezeichnung steht dafür, dass es sich hierbei um eine *Cross-Platform-Software* handelt. Sie ist daher für viele verschiedene Betriebssysteme verfügbar. Der Buchstabe A steht für „Apache". Der Apache-Webserver stellt die zentrale Funktion dieses Systems dar, die wir auch für unsere Beispiele benötigen werden. M steht für „MariaDB" (bis 2015 für MySQL), P für „PHP" und das zweite P für „Perl". Daraus geht hervor, dass das Software-Paket auch ein Datenbankprogramm enthält und die Programmiersprachen PHP und Perl unterstützt.

XAMPP ist nicht nur einfach zu installieren. Darüber hinaus handelt es sich hierbei um freie Software. Das bedeutet, dass man sie benutzen kann, ohne Lizenzgebühren zu bezahlen. Sie steht unter folgendem Link zum Download bereit: https://bmu-verlag.de/js8.

**Abb. 20.1** Die Download-Seite bietet XAMPP für verschiedene Betriebssysteme an

20

Die Installation von XAMPP ist ausgesprochen einfach. Der Installations-Assistent führt den Nutzer durch die entsprechenden Schritte. Lediglich bei der Auswahl der Funktionen, die installiert werden sollen, kann es vorkommen, dass der Leser nicht weiß, welche Anwendungen er benötigt.

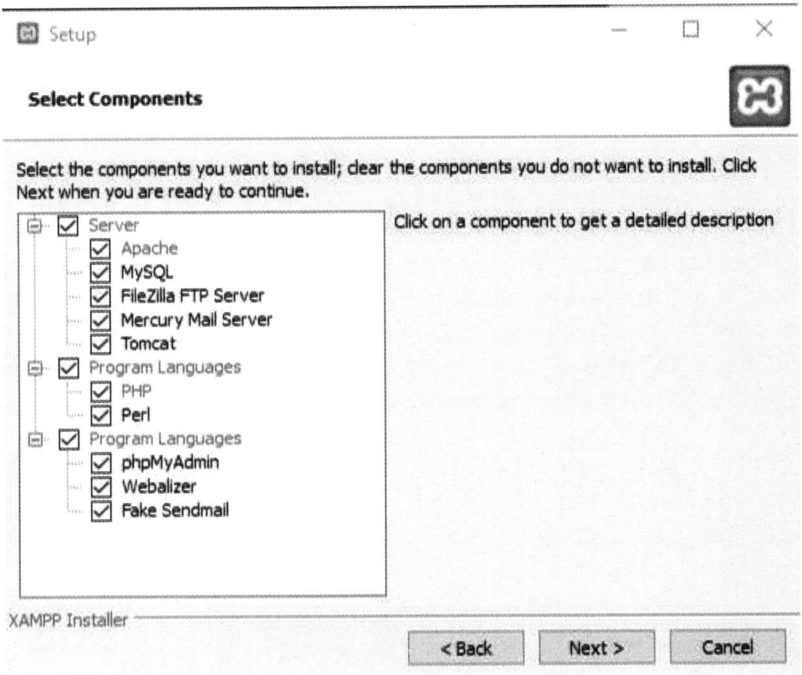


**Abb. 20.2** Die Auswahl der zu installierenden Funktionen

Für die Beispiele in diesem Buch ist in erster Linie der Apache-Webserver erforderlich. Darüber hinaus soll am Ende des Kapitels auch ein kleines Beispiel vorgestellt werden, das die Interaktion zwischen AJAX und einem PHP-Programm vorstellt. Daher ist es ebenfalls notwendig, PHP zu installieren. Dabei handelt es sich genau um die beiden Bestandteile, die der Installations-Assistent in jedem Fall hinzufügt. Alle weiteren Bestandteile sind nicht zwingend erforderlich. Wer möglichst wenig Speicherplatz beanspruchen will, kann daher auf deren Installation verzichten. Wer jedoch mit dem Gedanken spielt, später etwas tiefer in die serverseitige Programmierung einzusteigen, kann die entsprechenden Funktionen ebenfalls hinzufügen.

Um den Webserver zu nutzen, muss man ihn schließlich aktivieren. Dieser Schritt muss jedes Mal aufs Neue durchgeführt werden, wenn man den Rechner zwischendurch ausgeschaltet hat. Dazu muss man die Datei **xampp-control.exe** aufrufen. Diese befindet sich in dem Ordner, den man für die Installation des Software-Pakets ausgewählt hat.

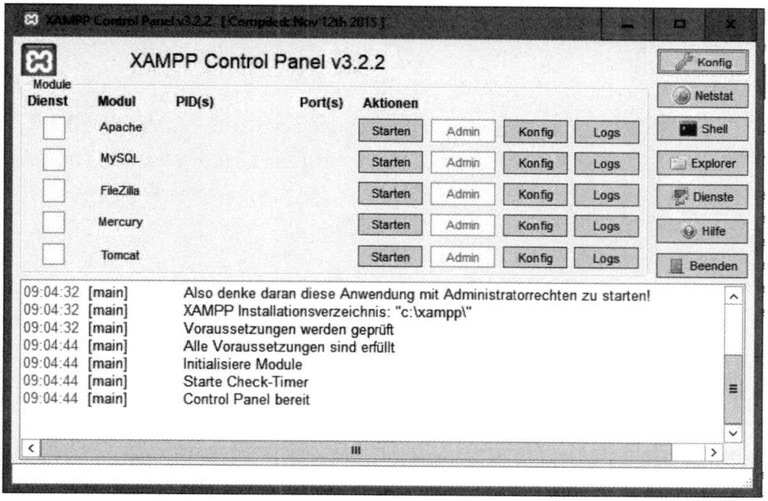


**Abb. 20.3** Das Control Panel von XAMPP

Je nachdem, welche Funktionen man bei der Installation ausgewählt hat, erscheinen hier verschiedene Auswahlmöglichkeiten. Für die Programme in diesem Lehrbuch ist lediglich der Apache-Webserver notwendig. Daher reicht es aus, in der ersten Zeile auf den Button mit der Beschriftung „Starten" zu klicken. Daraufhin steht der Webserver bereits zur Verfügung.



## 20.3 Zusätzliche Informationen mit AJAX anfordern

In diesem Abschnitt soll ein Programm entstehen, das Inhalte aus einer anderen Datei, die auf dem Server gespeichert ist, abruft und anschließend in einem `Textarea`-Feld ausgibt. Dazu muss auch die eigentliche HTML-Seite auf dem Server abgespeichert sein. Das Stammverzeichnis von XAMPP trägt den Namen **htdocs**. Es befindet sich in dem Ordner, den man bei der Installation von XAMPP angegeben hat. Um übersichtliche Strukturen zu schaffen, ist es sinnvoll, ein weiteres Unterverzeichnis zu erstellen – in diesem Beispiel mit der Bezeichnung **ajax**. In diesem Ordner soll das HTML-Dokument abgespeichert werden. Außerdem ist es notwendig, eine Text-Datei zu erstellen, in der die Inhalte abgespeichert sind, die später auf der Seite ausgegeben werden sollen. Sie soll den Namen **nachrichten.txt** erhalten. Hier kann man nun einen beliebigen Inhalt einfügen.

Die Struktur der Seite ist sehr einfach aufgebaut: Sie enthält eine Überschrift, ein `Textarea`-Feld für die Ausgabe der Nachrichten und einen Button, um den Inhalt zu laden. Dafür sind folgende HTML-Elemente notwendig:

```
<h1>Nachrichten anzeigen</h1>
<textarea id="ausgabe" style = "height:150px; width:150px;"></
textarea><br><br>
<button type="button" onclick="laden()">Inhalt laden</button>
```

Der Button ruft die Funktion laden auf. Diese muss nun im nächsten Schritt erstellt werden. Dafür ist es notwendig, ein `XMLHttpRequest`-Objekt zu erzeugen. Dabei handelt es sich um ein vordefiniertes Objekt, das in allen modernen Browsern vorhanden ist:

```
let ajaxObj = new XMLHttpRequest();
```

Danach ist folgende Codezeile notwendig:

```
ajaxObj.onreadystatechange = ausgeben;
```

Das Attribut `onreadystatechange` des `XMLHttpRequest`-Objekts enthält eine Funktion, die dann ausgeführt wird, wenn sich der Status der aktuellen Anfrage ändert. Das ist unter anderem der Fall, wenn das Programm die angeforderten Inhalte vom Server übermittelt bekommt. Doch auch wenn man die Inhalte erneut anfordert, ändert sich der entsprechende Status, sodass die Funktion aufgerufen wird. Mit dem obigen Befehl geben wir an, dass bei jeder Statusänderung die Funktion `ausgeben()` aufgerufen werden soll, die wir später definieren werden.

Im nächsten Schritt ist es notwendig, die `open()`-Methode auf das `XMLHttpRequest`-Objekt anzuwenden:

```
ajaxObj.open("GET", "nachrichten.txt", true);
```

Wie beim Übermitteln von Formularen muss man auch bei der Verwendung der `open()`-Methode mit den Begriffen `GET` oder `POST` die Art der Übermittlung vorgeben. Das spielt aber nur dann eine Rolle, wenn man mit AJAX auch Daten an den Server übermitteln will. Das ist in diesem Beispiel jedoch noch nicht der Fall. Daher müssen wir uns über diesen Punkt keine weiteren Gedanken machen. Da es jedoch notwendig ist, eine der beiden Alternativen auszuwählen, verwenden wir für die folgenden Beispiele die `GET`-Methode.

Danach steht die Datei, die aufgerufen werden soll. Der lokale Server ist unter der Adresse http://localhost erreichbar. Zu Beginn wurde in dessen Stammverzeichnis ein neuer Ordner mit der Bezeichnung **ajax** angelegt. Darin befindet sich die gewünschte Datei mit den Inhalten: **nachrichten.txt**. Das führt zu folgender Adresse: http://localhost/ajax/nachrichten.txt. Wenn man das Programm auf einem richtigen Webserver verwendet, muss man hierbei eine gewöhnliche URL eingeben. Es ist wichtig, darauf zu achten, dass es aus Sicherheitsgründen nicht möglich ist, Dateien von anderen *Domains* per AJAX einzubinden. Daher muss die Datei, die abgerufen werden soll immer auf dem gleichen Server wie die eigentliche Seite liegen. Wenn sich die Seite auf der gleichen Domain befindet, kann man die entsprechende Datei jedoch auch über ihre relative URL aufrufen. Das bedeutet, dass lediglich der Dateiname notwendig ist. Befindet sie sich in einem anderen Ordner, muss man außerdem den entsprechenden Pfad angeben.

Zum Schluss steht der Begriff `true`. Wie bereits in den vorherigen Abschnitten ausgeführt, besteht einer der großen Vorteile von AJAX darin, dass diese Technik asynchron arbeitet. Das bedeutet, dass das Programm während der Ladezeit weiterhin verfügbar ist. Allerdings kann man auch für einen synchronen Ablauf sorgen. Wenn man hier den Wert `false` eingibt, wartet das Programm, bis die Daten geladen sind und ist daher während dieser Zeit nicht für weitere Eingaben verfügbar.

Zum Schluss muss man noch die Methode `send()` aufrufen. Diese sorgt dafür, dass die Seite die entsprechende Anfrage an den Server absendet und auf diese Weise die Daten anfordert. Die komplette Funktion sieht dann wie folgt aus:

```
function laden() {
  let ajaxObj = new XMLHttpRequest();
  ajaxObj.onreadystatechange = ausgeben;
  ajaxObj.open("GET", "nachrichten.txt", true);
  ajaxObj.send();
}
```

Im letzten Schritt muss die Methode `ausgeben()` erstellt werden. Diese wird immer dann ausgeführt, wenn sich der Status der Anfrage ändert. Allerdings gibt es auch einige Status-Änderungen, auf die wir nicht reagieren wollen. Nur wenn die Daten erfolgreich übermittelt wurden, ist es notwendig, eine Aktion durchzuführen. In diesem Fall hat das `readyState`-Attribut den Wert 4. Daher steht der komplette Inhalt der Funktion innerhalb einer `if`-Abfrage, die überprüft, ob das `ready-State`-Attribut diesen Wert aufweist.

Darüber hinaus hat das `XMLHttpRequest`-Objekt ein Attribut mit der Bezeichnung `status`. Dieses gibt an, ob die Übermittlung erfolgreich war. Dafür steht der Wert 200. Da es nur bei einer erfolgreichen Übermittlung sinnvoll ist, die neuen Inhalte anzuzeigen, soll diese Bedingung ebenfalls in die if-Abfrage aufgenommen werden. Beide Attribute beziehen sich auf das aktuelle XMLHttpRequest-Objekt, das über den Begriff this zugänglich ist:

```
if (this.readyState == 4 && this.status == 200)
```

Die einzige Aufgabe dieser Funktion besteht darin, dem Textfeld den Inhalt zuzuweisen, den wir vom Server abgerufen haben. Dazu wählen wir dieses Feld über seine ID aus und weisen ihm per innerHTML den entsprechenden Inhalt zu. Dieser ist über das Attribut responseText zugänglich. Auch dieses bezieht sich wieder auf das XMLHttpRequest-Objekt und muss daher mit dem Begriff this verbunden werden:

```
document.getElementById("ausgabe").innerHTML = this.responseText;
```

Es ist auch möglich, XML-Dokumente anstelle der Informationen in Textform zu verwenden. In diesem Fall müsste man den Inhalt über das Attribut responseXML abrufen. Da das XML-Format jedoch nicht Gegenstand dieses Buchs ist, wird darauf an dieser Stelle nicht weiter eingegangen.

Nachdem die Funktion ausgeben erstellt ist, ist das Programm bereits abgeschlossen:

```
<html>
<body>

<h1>Nachrichten anzeigen</h1>
<textarea id="ausgabe" style = "height:150px; width:150px;">
</textarea><br><br>
<button type="button" onclick="laden()">Inhalt laden</button>

<script>
function ausgeben(){
   if (this.readyState == 4 && this.status == 200) {
      document.getElementById("ausgabe").innerHTML =
```

20

```
      this.responseText;
    }
}
function laden() {
  let ajaxObj = new XMLHttpRequest();
  ajaxObj.onreadystatechange = ausgeben;
  ajaxObj.open("GET", "nachrichten.txt", true);
  ajaxObj.send();
}
</script>

</body>
</html>
```

**Abb. 20.4** Im Textfeld erscheint der Inhalt der vorgegebenen Datei

## 20.4 Eine allgemeine Funktion für die Anforderung der Daten

Wenn man innerhalb einer Seite an mehreren Stellen Inhalte über AJAX einbinden will, kann man selbstverständlich jedes Mal eine eigene Funktion für diese Aufgabe erstellen. Insbesondere bei umfangreichen Seiten mit mehreren Abfragen macht das den Code jedoch sehr unübersichtlich. Aus diesem Grund ist es sinnvoll, eine allgemeine Funktion für diese Aufgabe zu erstellen. Diese kann man dann an allen erforderlichen Stellen einfach über ihren Namen aufrufen.

Wenn man AJAX an mehreren Stellen verwendet, sollen dabei in der Regel unterschiedliche Inhalte erscheinen. Diese stehen meistens in verschiedenen Dateien. Um eine allgemeine Funktion zu gestalten, ist es daher wichtig, vorzugeben, welche URL diese aufrufen soll. Das geschieht über einen Übergabewert.

Darüber sollen die Inhalte an verschiedenen Stellen erscheinen. Daher ist es sinnvoll, auch die ID des entsprechenden Elements zu übergeben. Daher wird die Funktion `laden` mit folgender Zeile eingeleitet:

```
function laden(url, element)
```

Zunächst ist es nun notwendig, auf die bekannte Weise ein `XMLHttpRequest`-Objekt zu erzeugen. Danach muss man dem `onreadystatechange`-Attribut eine entsprechende Funktion zuweisen. Diese haben wir im vorherigen Beispiel ausgelagert und über die `laden()`-Funktion geschrieben. Das bringt nun jedoch das Problem mit sich, dass die Aufgabe, die sie ausführen soll, nicht immer die gleiche ist. Sie soll die Inhalte in das Element schreiben, dessen ID als Übergabewert übermittelt wurde. Daher wäre es eigentlich sinnvoll, bei ihrem Aufruf ebenfalls die ID zu übergeben.

Genau wie bei der Verwendung von Event-Handlern ist dies an dieser Stelle jedoch nicht möglich. Wenn man hier den Übergabewert in Klammern einfügt, führt das dazu, dass dem `onreadystatechange`-Attribut nicht die Funktion, sondern deren Rückgabewert zugewiesen wird.

Dieses Problem umgehen wir, indem wir die bisherige Funktion `ausgeben()` innerhalb der Funktion `laden()` definieren. Auf diese Weise sind deren Variablen ebenfalls verfügbar. Dafür ist es nicht notwendig, der Funktion einen Namen zu geben. Ihre Definition erfolgt direkt im Rahmen der Zuweisung:

```
ajaxObj.onreadystatechange = function (){
    if (this.readyState == 4 && this.status == 200) {
        document.getElementById(element).innerHTML = this.responseText;
    }
};

```

Bei der `open()`-Methode muss man nun noch die feste Adresse durch den übermittelten Übergabewert ersetzen:

```
ajaxObj.open("GET", url, true);
```

Damit ist die allgemeine Funktion zum Abruf von Informationen fertiggestellt:

```
function laden(url, funktion) {
    let ajaxObj = new XMLHttpRequest();
    ajaxObj.onreadystatechange = function (){
        if (this.readyState == 4 && this.status == 200) {
            document.getElementById(element).innerHTML = this.
            responseText;
        }
    };
  ajaxObj.open("GET", url, true);
  ajaxObj.send();
}
```

Wie die allgemeine Funktion für den Abruf der Inhalte verwendet wird, zeigt das folgende Beispiel. Dieses erzeugt eine Seite, die für den Anwender genau gleich erscheint, wie das Beispiel aus dem vorherigen Abschnitt. Allerdings wird nun auch der Inhalt der Überschrift per AJAX eingefügt. An beiden Stellen wird jedoch die gleiche Funktion für den Abruf der Daten verwendet:

```
<html>
<body>
<h1 id = "ueberschrift"></h1>
<textarea id="ausgabe" style = "height:150px; width:150px;">
</textarea><br><br>
<button type="button" onclick="laden('nachrichten.txt',
'ausgabe')">Inhalt laden</button>

<script>

function laden(url, element) {
    let ajaxObj = new XMLHttpRequest();
    ajaxObj.onreadystatechange = function (){
        if (this.readyState == 4 && this.status == 200) {
            document.getElementById(element).innerHTML = this.
            responseText;
        }
    };
  ajaxObj.open("GET", url, true);
  ajaxObj.send();
}
laden("ueberschrift.txt", "ueberschrift");
</script>

</body>
</html>
```

## 20.5 AJAX und PHP: Beispiel für die Verbindung mit einer serverseitigen Skriptsprache

In den bisherigen Beispielen diente AJAX lediglich dazu, Informationen aus statischen Textdateien abzurufen. Das bietet bereits einige Vorteile. Beispielsweise kann man auf diese Weise die Seiteninhalte recht einfach verändern. Anstatt die komplette HTML-Seite inklusive der JavaScript-Skripte neu zu gestalten, muss man nun lediglich die neuen Inhalte in einer Text-Datei auf den Server laden.



AJAX bietet jedoch noch deutlich mehr Möglichkeiten. Diese Technik erlaubt es beispielsweise, Daten an den Server zu übermitteln und dort dauerhaft abzuspeichern. Auf diese Weise stehen sie beim nächsten Besuch wieder zur Verfügung. Es ist sogar möglich, sie mit anderen Anwendern zu teilen. Das ist beispielsweise bei der Gestaltung von Chats oder Foren sehr sinnvoll. Eine weitere Möglichkeit stellt es dar, dass der Server mit den Eingaben des Anwenders verschiedene Rechenprozesse durchführt und daraufhin die Ergebnisse in die Seite einbindet. Das ist sinnvoll, wenn man den Anwendern eine bestimmte Funktion zur Verfügung stellen will, ohne den Code dafür zu veröffentlichen. Wenn man in diesem Fall JavaScript verwenden würde, wären die Befehle für alle Besucher einsehbar. Auch wenn der Rechenprozess sehr umfangreich ist, kann es sinnvoll sein, diese Aufgabe auf dem Server auszuführen, da dieser in der Regel eine höhere Leistung bietet.

Für all diese Anwendungen ist es jedoch notwendig, eine serverseitige Skriptsprache zu verwenden. Diese muss die gewünschten Aktionen durchführen. Hierfür gibt es mehrere Möglichkeiten. Besonders häufig kommt zu diesem Zweck PHP zum Einsatz. Die folgenden Beispiele stellen vor, wie das Zusammenspiel von JavaScript, PHP und AJAX funktioniert.

Bevor wir uns diesem Beispiel zuwenden, muss jedoch gesagt werden, dass es sich bei PHP um eine eigene Programmiersprache handelt. Dieses Buch befasst sich jedoch mit JavaScript. Daher ist es nicht möglich, PHP mit allen Details vorzustellen. Daher werden an dieser Stelle nur die allerwichtigsten Eigenschaften erklärt. Wer sich intensiver mit AJAX oder mit der serverseitigen Programmierung befassen will, findet jedoch auch hierfür zahlreiche Lehrbücher.

Der Aufruf eines PHP-Programms erfolgt auf die gleiche Weise wie bei einer Text-Datei. Der einzige Unterschied besteht darin, dass die Endung der Datei nun **.php** lauten muss. Wenn wir wieder die allgemeine Funktion aus dem vorherigen Beispiel verwenden, müssen wir nun lediglich eine passende URL als Übergabewert verwenden:

```
<html>
<body>
<h1>Ausgabe mit PHP</h1>
<textarea id="ausgabe" style = "height:150px; width:150px;">
</textarea><br><br>
<button type="button" onclick="laden('nachrichten.php',
'ausgabe')">Inhalt laden</button>

<script>

function laden(url, element) {
    let ajaxObj = new XMLHttpRequest();
    ajaxObj.onreadystatechange = function (){
        if (this.readyState == 4 && this.status == 200) {
            document.getElementById(element).innerHTML = this.
            responseText;
        }
    };
  ajaxObj.open("GET", url, true);
  ajaxObj.send();
}
</script>

</body>
</html>
```

Nun ist es noch notwendig, das entsprechende PHP-Programm zu erstellen. Wie bereits gesagt, können an dieser Stelle die Details von PHP nicht erläutert werden. Daher kommt hier ein ganz einfaches Skript zum Einsatz, das nur einen kurzen Text ausgibt:

```
<?php
print ("Mit PHP ausgegebene Nachricht");
?>
```

PHP-Programme werden immer mit `<?php` eingeleitet und mit `?>` abgeschlossen. Dazwischen kann man beliebige Befehle eingeben. Für eine einfache Textausgabe dient der `print`-Befehl. Diese Codezeilen muss man nun unter der Bezeichnung nachrichten.php im gleichen Ordner wie die HTML-Datei mit dem JavaScript-Programm speichern. Wenn man diese nun aufruft, ergibt sich folgende Seite:

**Abb. 20.5** Die Ausgabe mit einem PHP-Programm

## 20.6 Mit AJAX Daten an den Server übermitteln

Im nächsten Beispiel soll vorgestellt werden, auf welche Weise man mit AJAX Daten an den Server übermitteln kann. Zu diesem Zweck erstellen wir ein Beispielprogramm, bei dem der Anweder eine Zahl in ein `input`-Feld schreiben kann. Das Programm übermittelt diese Zahl dann per AJAX an den Server. Das serverseitige Skript berechnet den doppelten Wert dieser Zahl. Dieses Ergebnis wird dann wieder an das JavaScript-Programm übergeben und dort in einem weiteren `input`-Feld ausgegeben.

Dazu ist es notwendig, die Funktion für das Abrufen der Inhalte zu verändern. Sie soll nun einen weiteren Übergabewert erhalten. Dabei handelt es sich um den Wert, der an den Server übermittelt werden soll.

Die Funktion soll aber weiterhin so allgemein gehalten werden, dass es auch möglich ist, damit lediglich Inhalte abzurufen, ohne Werte an den Server zu übermitteln. Daher soll sie auch korrekt ausgeführt werden, wenn man nur zwei Übergabewerte eingibt. Wenn eine Funktion, die eigentlich drei Übergabewerte erwartet, nur zwei erhält, dann wird der dritten Variablen der Wert `undefined` zugewiesen. In diesem Beispiel wäre es zwar möglich, auch hiermit zu arbeiten. Besser ist es jedoch, einen `default`-Wert zu verwenden. Diesen nimmt die Variable immer dann an, wenn kein entsprechender Übergabewert vorhanden ist. Dazu muss man bereits bei der Definition der Funktion der Variablen den gewünschten `default`-Wert zuweisen:

```
function laden(url, element, eingabe = "")
```

Wenn man die Inhalte lediglich laden will und daher nur zwei Argumente verwendet, dann erhält die Variable eingabe als Wert automatisch eine leere Zeichenkette. Wenn man jedoch drei Übergabewerte eingibt, nimmt sie wie gewohnt den Wert des dritten Parameters an.

Wenn wir die `GET`-Methode verwenden, müssen wir die Werte, die zu übermitteln sind, nach einem Fragezeichen an die URL anhängen. Dabei muss man zunächst eine Bezeichnung vorgeben: in diesem Beispiel `"wert"`. Darauf folgt ein Gleichheitszeichen und anschließend der gewünschte Inhalt. Da dieser in der Variablen `eingabe` gespeichert ist, führt das zu folgendem Befehl:

```
ajaxObj.open("GET", url + "?wert=" + eingabe, true);
```

Dieser Befehl führt dazu, dass lediglich ein Wert an den Server übermittelt wird. Wenn man mehrere Eingaben senden will, ist das allerdings ebenfalls möglich. Dazu muss man einen weiteren Bezeichner verwenden und diesen nach dem &-Zeichen einfügen. Danach stehen das Gleichheitszeichen und der Inhalt für das zweite Feld.

Darüber hinaus ist es wichtig, zu beachten, dass in diesem Fall die Werte von `input`-Feldern beeinflusst werden sollen. Das ist nicht über `innerHTML` möglich. Daher ist es notwendig, eine zweite Alternative für unsere Funktion `laden()` zu erstellen, die das `value`-Attribut verändert. Wenn man alle angesprochenen Änderungen umsetzt, sieht diese dann wie folgt aus:

```
function laden(url, element, eingabe = "") {
    let ajaxObj = new XMLHttpRequest();
    ajaxObj.onreadystatechange = function (){
        if (this.readyState == 4 && this.status == 200) {
            document.getElementById(element).value = this.responseText;
        }
    };
  ajaxObj.open("GET", url + "?wert=" + eingabe, true);
  ajaxObj.send();
}
```

Die letzte Änderung besteht darin, der Funktion die beim Klick auf den Button aufgerufen wird, ein weiteres Attribut hinzuzufügen. Dabei handelt es sich um den Wert des Eingabefelds. Damit ist das Skript abgeschlossen:

```
<html>
<body>
<h1>Ausgabe mit PHP</h1>
Eingabe: <input id = "eingabe"><br><br>
Ergebnis: <input id = "ausgabe"><br><br>
<button type="button" onclick="laden('berechnen.php', 'ausgabe',
document.getElementById('eingabe').value)">Doppelten Wert anzeigen</
button>

<script>

```

```

function laden(url, element, eingabe = "") {
    let ajaxObj = new XMLHttpRequest();
    ajaxObj.onreadystatechange = function (){
        if (this.readyState == 4 && this.status == 200) {
            document.getElementById(element).value = this.responseText;
        }
    };
  ajaxObj.open("GET", url + "?wert=" + eingabe, true);
  ajaxObj.send();
}
</script>

</body>
</html>
```

Das PHP Programm soll nun den übermittelten Wert aufnehmen. Dieser ist im Array `$_REQUEST` enthalten. Dabei muss man in einer eckigen Klammer den Namen angeben, den man für die Übermittlung gewählt hat – in diesem Fall also `"wert"` Das Programm verdoppelt diesen und gibt ihn per `print`-Befehl zurück:

```
<?php
print ($_REQUEST["wert"]*2);
?>
```

**Abb. 20.6** Die Berechnung des doppelten Werts

Um die Anwendungsmöglichkeiten aufzuzeigen, soll ein kleines Chat-Programm entstehen. Dafür benötigen wir ein PHP-Skript, das die vorhandenen Nachrichten aus einer Text-Datei abruft. Wenn der Anwender eine neue Nachricht eingegeben hat, fügt es diese außerdem zu den bereits vorhandenen Inhalten hinzu und speichert diese wieder in der entsprechenden Datei ab. Die Funktionsweise des PHP-Scripts kann an dieser Stelle nicht genau erläutert werden. In der Praxis übernimmt diese Aufgabe ein Backend-Programmierer. Damit das Programm funktionsfähig ist, muss man jedoch für dieses Beispiel folgenden Code in einer Datei mit der Bezeichnung **chat.php** abspeichern:

```
<?php
$handle = fopen("inhalt.txt","r");
$inhalt = "";

while (!feof($handle))
{
    $inhalt .= fgets($handle);
}

fclose($handle);

if ($_REQUEST["wert"] != "") {
    $inhalt .= $_REQUEST["wert"];
    $inhalt .= "\n\n";
}
print ($inhalt);

$handle = fopen("inhalt.txt","w");

fputs($handle, $inhalt);
fclose($handle);

?>
```

Darüber hinaus ist es notwendig, eine Datei mit Dem Titel **inhalt.txt** im gleichen Verzeichnis anzulegen. Hier wird der Chatverlauf gespeichert. Zu Beginn bleibt sie jedoch leer.

Nach diesen Vorarbeiten können wir uns dem eigentlichen JavaScript-Programm widmen. Für dieses Beispiel sind zwei Eingabefelder notwendig: ein etwas größeres für den Chatverlauf und ein kleineres für die Eingabe. Darunter steht ein Button, der es erlaubt, die Nachrichten abzuschicken:

```
<textarea id="ausgabe" style = "height:150px; width:150px;">
</textarea><br><br>
<textarea id="eingabe" style = "height:50px; width:150px;">
</textarea><br><br>
<button type="button" onclick="eingabe()">Abschicken</button>
```

Für dieses Programm ist wieder die Funktion `laden()` notwendig, die bereits im vorherigen Beispiel zum Einsatz kam. Diese kann an dieser Stelle unverändert übernommen werden. Der Button, mit dem die Nachrichten abgeschickt werden, ruft sie jedoch nicht direkt auf. Das liegt daran, dass beim Klick auf den Button noch einige weitere Aufgaben erledigt werden sollen. Daher ist es nun notwendig, die Funktion `eingabe()` zu erstellen:

```
function eingabe (){
    laden("chat.php", "ausgabe",document.getElementById("eingabe").
    value);
    document.getElementById("eingabe").value = "";
    document.getElementById("eingabe").focus();
}
```

Diese ruft zunächst die Funktion laden auf. Sie übergibt ihr die URL für das PHP-Skript, das wir soeben erstellt haben und das für die Speicherung unserer Nachrichten zuständig ist. Damit man nun gleich eine weitere Nachricht schreiben kann, löscht sie außerdem den Inhalt des Eingabefelds und setzt den Fokus wieder darauf.

Damit kann man das Programm schon einmal ausprobieren. Dafür ist es sinnvoll, es in zwei verschiedenen Tabs oder Fenstern aufzurufen. Das simuliert die beiden Chat-Partner. Wenn man nun eine Nachricht eingibt, erscheint diese zwar im eigenen Fenster. Der Chat-Partner sieht sie jedoch nicht. Nur wenn er selbst eine Nachricht eingibt (oder ohne eine Nachricht eingegeben zu haben auf den Abschicken-Button klickt), wird die Nachricht hier angezeigt.

Um das zu ändern, ist es notwendig, dass das Programm die Inhalte immer wieder selbstständig lädt. Damit direkt nach dem Aufruf der Seite die bereits vorhandenen Nachrichten angezeigt werden, ist es notwendig, im Hauptprogramm zunächst die Funktion `laden()` aufzurufen – allerdings ohne einen Wert an den Server zu übermitteln:

```
laden("chat.php", "ausgabe");
```

Damit wird die Seite jedoch nur ein einziges Mal geladen. Damit die Nachrichten immer wieder erneuert werden, ist es sinnvoll, die `setInterval()`-Methode zu verwenden. Diese ruft die Funktion `f()` alle 3 Sekunden auf:

```
setInterval(f, 3000);
```

Nun muss man nur noch die zugehörige Funktion definieren. Diese ruft lediglich die Funktion `laden()` auf, ohne einen Inhalt an den Server zu übermitteln:

```
function f(){
    laden("chat.php", "ausgabe");
}
```

Damit ist das kleine Chat-Programm bereits voll funktionsfähig. Der komplette Code dafür sieht so aus:

```
<html>
<body>
<h1>Chat</h1>
<textarea id="ausgabe" style = "height:150px; width:150px;"></
textarea><br><br>
<textarea id="eingabe" style = "height:50px; width:150px;"></
textarea><br><br>
<button type="button" onclick="eingabe()">Abschicken</button>

<script>

function laden(url, element, eingabe = "") {
```

```
    let ajaxObj = new XMLHttpRequest();
    ajaxObj.onreadystatechange = function (){
        if (this.readyState == 4 && this.status == 200) {
            document.getElementById(element).value = this.
            responseText;
        }
    };
  ajaxObj.open("GET", url + "?wert=" + eingabe, true);
  ajaxObj.send();
}

function eingabe (){
    laden("chat.php","ausgabe",document.getElementById("eingabe").value);
    document.getElementById("eingabe").value = "";
    document.getElementById("eingabe").focus();
}

function f(){
    laden("chat.php", "ausgabe");
}


laden("chat.php", "ausgabe");
setInterval(f, 3000);
</script>

</body>
```

**Abb. 20.7** Das fertige Chat-Programm

An diesem kleinen Programm sieht man nochmals deutlich die Vorteile, die AJAX bietet. Mit dieser Technik kann man die Inhalte alle drei Sekunden aktualisieren. Dadurch bleibt die Seite stets auf dem aktuellen Stand. Wenn man hierfür gewöhnliches JavaScript verwendet, wird die Seite jedes Mal komplett neu geladen. Das würde nicht nur dazu führen, dass erhebliche Wartezeiten entstehen. Wenn der Anwender gerade eine Nachricht schreibt, geht der bisherige Text außerdem verloren, wenn die Seite neu geladen wird, bevor er auf den Abschicken-Button gedrückt hat. Das würde den Nutzungskomfort erheblich einschränken.

## 20.7 Übungsaufgabe: Internetseiten mit AJAX gestalten

1. Gestalten Sie eine Seite mit einer Überschrift, einer Unterüberschrift und mit einem Absatz. Dabei sollen jedoch nur die entsprechenden HTML-Tags vorhanden sein. Die Inhalte werden nach der Betätigung eines Buttons per AJAX abgerufen – aus drei unterschiedlichen Dateien. Verwenden Sie für den Abruf der Inhalte in allen drei Fällen die gleiche Funktion.

2. Gestalten Sie eine Seite mit einer beliebigen Überschrift und einem Absatz, der jedoch zunächst leer bleibt. Füllen Sie den Absatz beim Laden der Seite mit dem Inhalt des PHP-Skripts **nachrichten.php**, das bereits in einem der vorherigen Abschnitte zum Einsatz kam.

## Lösungen:

**1.**

```
<html>
<body>
<h1 id = "ueberschrift1'></h1>
<h2 id = "ueberschrift2'></h2>
<p id = "absatz"></p>

<button type="button" onclick="anzeigen()">Inhalte anzeigen</button>

<script>

function laden(url, element, eingabe = "") {
    let ajaxObj = new XMLHttpRequest();
    ajaxObj.onreadystatechange = function (){
        if (this.readyState == 4 && this.status == 200) {
            document.getElementById(element).innerHTML = this.
            responseText;
        }
    };
  ajaxObj.open("GET", url + "?wert=" + eingabe, true);
  ajaxObj.send();
}
function anzeigen(){
    laden("ueberschrift1.txt", "ueberschrift1");
    laden("ueberschrift2.txt", "ueberschrift2");
    laden("absatz.txt", "absatz");
}

</script>

</body>
</html>
```

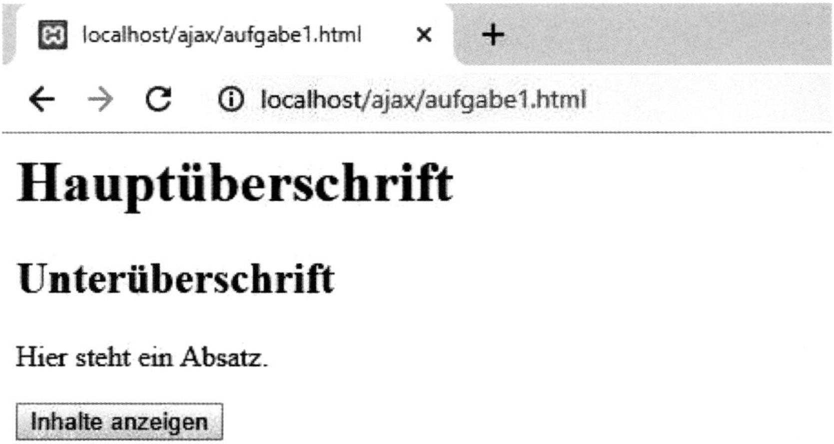


**Abb. 20.8** Die Seite mit den Inhalten aus den Textdokumenten

**2.**

```
<html>
<body>
<h1>&Uuml;berschrift</h1>
<p id = "absatz"></p>

<script>

function laden(url, element, eingabe = "") {
    let ajaxObj = new XMLHttpRequest();
    ajaxObj.onreadystatechange = function (){
        if (this.readyState == 4 && this.status == 200) {
            document.getElementById(element).innerHTML = this.
            responseText;
        }
    };
  ajaxObj.open("GET", url + "?wert=" + eingabe, true);
  ajaxObj.send();
}
```

```
laden("nachrichten.php", "absatz");

</script>

</body>
</html>
```

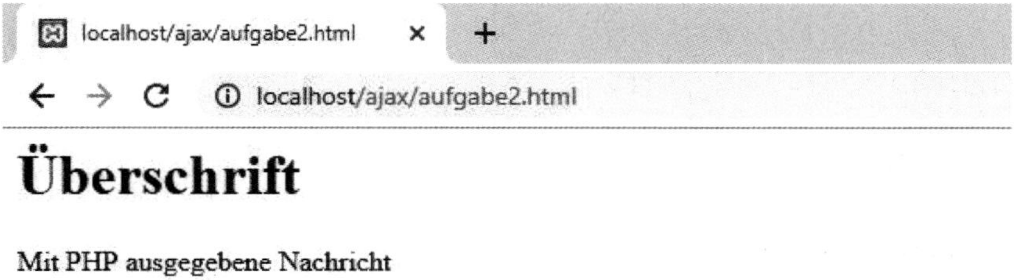


**Abb. 20.9** Die Ausgabe per PHP-Skript

https://bmu-verlag.de/javascript/
**Downloadcode:** 24tufrghd

**Besuchen Sie auch unsere Website:**

Hier finden Sie alle unsere Programmierbücher und können sich Leseproben gratis downloaden:

www.bmu-verlag.de

**Probleme? Fragen? Anregungen?**

Sie können den Autor jederzeit unter fuchs@bmu-verlag.de kontaktieren!

**Hat Ihnen das Buch gefallen?**

Helfen Sie anderen Lesern und bewerten Sie das Buch auf Amazon:

http://amazon.de/ryp

# Anhang: Index

## Symbols



## A



## B



## C



## D

**Java Programmieren für Einsteiger: Der leichte Weg zum Java-Experten (357 Seiten)**

Java ist eine der beliebtesten Programmiersprachen der Welt, und das nicht ohne Grund: Java ist besonders leicht zu erlernen, vielfältig einsetzbar und läuft auf so gut wie allen Systemen. Egal ob du Apps für das Smartphone, Computerspiele oder Serveranwendungen schreiben willst, mit dieser Programmiersprache kannst du all diese Projekte umsetzen.

Dieses Buch wird dich dabei unterstützen. Beginnend mit den Grundlagen wird die Programmierung in Java leicht und verständlich erklärt. Besonderer Fokus wird dabei auf die Objektorientierte Programmierung und das Erstellen von grafischen Oberflächen mit Hilfe von JavaFX gelegt. Jedes Kapitel beinhaltet Übungsaufgaben, durch die man das Gelernte direkt anwenden kann. Nach dem Durcharbeiten des Buches kann der Leser eigene komplexere Java Anwendungen inklusive grafischer Oberfläche programmieren.

2. Auflage: komplett neu verfasst

Hier informieren: http://bmu-verlag.de/java-programmieren/

**Python 3 Programmieren für Einsteiger: Der leichte Weg zum Python-Experten (310 Seiten)**

Python ist eine weit verbreitete, universell einsetzbare und leicht zu erlernende Programmiersprache und eignet sich daher bestens zum Programmieren lernen!

In diesem Buch wird das Programmieren in Python beginnend mit den Grundlagen leicht und verständlich erklärt, ohne dass dabei Vorkenntnisse vorausgesetzt werden. Ein besonderer Fokus wird dabei auf die Objektorientiere Programmierung (OOP) und das Erstellen von grafischen Oberflächen gelegt.

Jedes Kapitel beinhaltet Übungsaufgaben, durch die man das Gelernte direkt anwenden kann. Nach dem Durcharbeiten des Buches kann der Leser eigene komplexere Python Anwendungen inklusive grafischer Oberfläche programmieren.

2. Auflage: aktualisiert und erweitert

Hier informieren: http://bmu-verlag.de/python/

**C++ Programmieren für Einsteiger: Der leichte Weg zum C++-Experten (278 Seiten)**

Beginnend mit den Grundlagen der Programmierung wird die Programmiersprache C++ vermittelt, ohne, dass dabei Vorkenntnisse vorausgesetzt werden. Besonderer Fokus liegt dabei auf Objektorientierter Programmierung und dem Erstellen grafischer Oberflächen mit Hilfe von MFC.

Auch auf C++ Besonderheiten, wie die Arbeit mit Zeigern und Referenzen, wird ausführlich eingegangen. Jedes Kapitel beinhaltet Übungsaufgaben, durch die man das Gelernte direkt anwenden kann. Nach dem Durcharbeiten des Buches kann der Leser eigene komplexe C++ Anwendungen inklusive grafischer Oberflächen erstellen.

2. Auflage: aktualisiert und erweitert

Hier informieren: http://bmu-verlag.de/cpp_programmieren/

**C# Programmieren für Einsteiger: Der leichte Weg zum C#-Experten (323 Seiten)**

C# ist eine weit verbreitete, leicht zu erlernende plattformunabhängige Allzweckprogrammiersprache und eignet sich daher bestens zum Programmieren lernen!

In diesem Buch wird das Programmieren mit C# und Visual Studio 2017 beginnend mit den Grundlagen leicht und verständlich erklärt, ohne, dass dabei Vorkenntnisse vorausgesetzt werden. Ein besonderer Fokus wird dabei auf Objektorientiere Programmierung (OOP) und das Erstellen von grafischen Oberflächen mit Hilfe des modernen Windows Presentation Foundation gelegt.

Jedes Kapitel beinhaltet Übungsaufgaben, durch die man das Gelernte anhand praktischer Beispiele direkt anwenden kann.Nach dem Durcharbeiten des Buches kann der Leser eigene komplexere C# Anwendungen inklusive grafischer Oberfläche programmieren.

2. Auflage: aktualisiert und erweitert

Hier informieren: http://bmu-verlag.de/cs-programmieren/